Basiswissen Pädagogik
Aktuelle Schulkonzepte

Band 6

D1867232

Schule und Qualität

Herausgegeben von

Hans Döbert / Christian Ernst

Schneider Verlag Hohengehren GmbH

Umschlaggestaltung:
Regina Herrmann, 73666 Baltmannsweiler

Die Deutsche Bibliothek – CIP-Einheitsaufnahme

Basiswissen Pädagogik : aktuelle Schulkonzepte /
hrsg. von Hans Döbert und Christian Ernst. –
Baltmannsweiler : Schneider-Verl. Hohengehren
ISBN 3-89676-468-3

Bd. 6. Schule und Qualität. – 2001
ISBN 3-89676-467-5

Alle Rechte, insbesondere das Recht der Vervielfältigung sowie der Übersetzung, vorbehalten. Kein Teil des Werkes darf in irgendeiner Form (durch Fotokopie, Mikrofilm oder ein anderes Verfahren) ohne schriftliche Genehmigung des Verlages reproduziert werden.

© Schneider Verlag Hohengehren, 2001.
Printed in Germany. Druck: Frech, Stuttgart

Inhaltsverzeichnis

Band VI: Schule und Qualität

Einführung: Schule und Qualität

In Erziehungswissenschaft und Pädagogik liegen zahlreiche Lexika, Wörterbücher, Handbücher oder sonstige Nachschlagewerke zu schulpädagogischen Inhalten vor. Sie unterscheiden sich zwar hinsichtlich Adressaten, Inhalt, pädagogischem Ansatz und Struktur voneinander, doch haben sie alle den vordringlichen Zweck zu informieren, was zu einem bestimmten Stichwort oder Sachverhalt Grundlegendes wie Weiterführendes mit Blick auf die Schule zu sagen ist.

Nun liegen auf Anregung des Schneider-Verlags im Rahmen einer Buchreihe „Basiswissen Pädagogik" sechs Bände zu „Aktuellen Schulkonzepten" vor, deren hauptsächlicher Zweck es demgegenüber ist, wesentliche aktuelle Erkenntnisse und Entwicklungen in Erziehungswissenschaft und Pädagogik zur Schule wissenschaftlich fundiert in ihrem pädagogischen Anspruch und in ihrer Bedeutung für die Schulpraxis zu entfalten. Diese aktuelle überblicksartige Einführung in Konzepte, Probleme und Erfahrungen gegenwärtiger Schulentwicklung ist auf die Darbietung und Erhellung in der Öffentlichkeit zunehmend nachgefragter pädagogischer Tatbestände gerichtet.

Viel hat sich gerade im Bereich der Schulentwicklung in den letzten Jahren getan. Nicht nur neue Begriffe wie „Public-Private-Partnership", „Fundraising", „Schulfirmen" oder bekannte Begriffe in neuem Gewand wie „Leitbild", „neue Lehr- und Lernkultur" haben in die Schulentwicklung Eingang gefunden. Mit ihnen sind zugleich neue pädagogische Fragestellungen und Denkweisen entstanden. Ihre Verwendung war und ist – nicht zuletzt auch wegen eines überwiegend auf „Insider" konzentrierten Kontextverständnisses – nicht selten mit Verkürzungen, Vereinfachungen und Missverständnissen verbunden. Unter Praktikern, Lernenden und Studierenden sowie in der pädagogisch interessierten Öffentlichkeit besteht somit ein sichtbares Bedürfnis nach thematisch zwar relativ breit angelegten, dennoch in zusammenhängenden Inhaltskomplexen dargebotenen Informationen über diese neueren Entwicklungen und Konzepte zur Schule. Die vorliegenden Bände wollen daher Überblick, Querschnitt und Vertiefung in leicht zugänglicher, handlicher und verständlicher Form in einem bieten. Es lag dabei sowohl in der Absicht der Herausgeber als auch der einzelnen Autoren, eine Balance zwischen dem grundlegenden, bleibenden Bestand der Pädagogik in Bezug auf die Schule einerseits und neueren erziehungswissenschaftlichen Erkenntnissen und schulpraktischen Entwicklungen andererseits herzustellen.

Eine auch nur einigermaßen umfassende Darstellung aktueller schultheoretischer und schulpraktischer Erkenntnisse und Entwicklungen in ihren vielfältigen und komplexen Aspekten, Bezügen und Handlungsfeldern kann heute kaum, auch nicht in sechs Bänden geleistet werden. Die sechs Bände sind daher vor allem als Versuch gedacht, die ungewöhnlich breiten und vielschichtigen Diskussionen und Entwicklungen im Schulbereich zu strukturieren und zu einem Wissensfundus zusammenzustellen. In manchen Teilbereichen ging es auch darum, ein gewisses „Grundlagenwissen“ erst einmal ansatzweise zu sichern. Die Herausgeber haben sich bemüht, Überschneidungen zwischen den thematischen Teilbereichen in den sechs Bänden zu begrenzen. Da aber jeder Band für sich sowie die sechs Bände insgesamt Einblicke in die differenzierten schulpädagogischen Tätigkeitsgebiete vermitteln, „neue Wege“ von Schulen im nationalen wie im internationalen Rahmen beschreiben sowie explizite Auskunft über entsprechende Forschungen geben sollen, konnten diese Überschneidungen auch im Interesse des Überblicks für die Leser/-innen nicht völlig vermieden werden.

Die große Heterogenität der Gegenstände sowie der Basischarakter der Darstellung ließen es nicht zu, die einzelnen Ansätze und Entwicklungen in ihrer Genese und in ihren jeweiligen historischen Bezügen, in ihren personalen, schulspezifischen, nationalen und internationalen Zusammenhängen zu entfalten. Hierzu muss auf anderweitige ausführlichere Veröffentlichungen verwiesen werden. In der Regel findet sie der Leser bzw. die Leserin in den Literaturverzeichnissen der einzelnen Beiträge. Gleichfalls wird mancher interessierte Nutzer der „Aktuellen Schulkonzepte" grundlegende Informationen etwa zur Struktur des Schulwesens in den deutschen Bundesländern oder in anderen europäischen Staaten, zu den einzelnen Schulformen bzw. -arten sowie zu Standardbegriffen o.Ä. vermissen. Die sechs Bände setzen ein gewisses Maß an Kenntnissen voraus. Um an solchen Informationen interessierten Lesern diese leichter zugänglich zu machen, ist ein Verzeichnis ausgewählter grundlegender Literatur zu Schule und Schulpädagogik aufgenommen worden. Es befindet sich am Ende jedes Bandes. Damit das Überschauen der Zusammmenhänge erleichtert, die innere Verbindung der einzelnen Beiträge sichtbarer und die Nutzbarkeit der Bände erhöht wird, wurde ein Sachwortverzeichnis aufgenommen. Die Sachworte sind allerdings auf grundlegende und praxisorientierte Begriffe beschränkt.

In die Beiträge der einzelnen Autoren sind ungeachtet des Bemühens um Objektivität subjektive Stellungnahmen und Urteile eingegangen. Diese wie auch die inhaltlichen Aussagen in den Beiträgen verantworten die jeweiligen Autoren selbst. Die Herausgeber haben darauf verzichtet, abweichende Darstellungen oder Urteile einander anzugleichen. Ebenso wurde keine sprachliche und stilistische Einheit angestrebt, zumal die Bände auch durch die verschiedenen inhaltlichen und stilistischen „Handschriften" der Beiträge gewinnen dürften.

Es gibt verschiedene Möglichkeiten, sich dem erziehungswissenschaftlichen und pädagogischen Themenfeld Schule zu nähern. Die Herausgeber haben sich bei den in Rede stehenden sechs Bänden der „Aktuellen Schulkonzepte" für einen inhaltlichen Zugang entschieden, der möglichst breit das gegenwärtige Diskussions- und Entwicklungsspektrum in und um Schule umfassen sollte. Die Beiträge in den sechs Bänden wurden daher um die folgenden Themenbereiche versammelt: Neue Schulkultur, Finanzierung und Öffnung von Schule, Schulen in staatlicher und freier Trägerschaft, Schulen mit besonderem pädagogischen Profil, Flexibilisierung von Bildungsgängen sowie Schule und Qualität. Der vorliegende Band „Schule und Qualität" beleuchtet die Thematik aus der Perspektive von acht Beiträgen. Das Bemühen der Autoren war es, neben nationalen auch internationale Trends zu berücksichtigen.

Unterrichts-, Schul- und Bildungsqualität thematisieren die Beiträge dieses Bandes in ihren Konzeptionen und Positionen. Zu den traditionellen Indikatoren schulischer Qualität gehört der Leistungsbegriff, der im Beitrag VON SALDERNS aus unterschiedlicher Sicht beleuchtet wird. Vom Leistungsbegriff über die Schulleistung und ihren Erwartungen in der Gesellschaft bis hin zu Funktionen der Leistungsmessung in der Schule spannt sich der Rahmen dieses Beitrags. Der Evaluation von Schule geht PFEIFFER in seinem Beitrag anhand interner und externer Formen der Evaluation nach. Entwicklungslinien der Evaluation von Schulen, Handlungs- und Aktionsforschung, Organisationsentwicklung von Schule, Sicherung der Leistung und Qualität von Schule sowie internationale Trends bei der Evaluation von Schulen sind die Hauptaspekte des Beitrages; Erfahrungen mit Evaluationen von Schulen schließen den Beitrag.

Erfahrungen zur Qualitätsentwicklung und Qualitätssicherung sind ebenso Thema der folgenden drei Beiträge aus Hessen, Brandenburg und Mecklenburg-Vorpommern. Der Beitrag von MARKSTHALER / STEFFENS verknüpft die Diskussion um Qualität mit bildungspolitischen Entwicklungen in

Hessen. Das hessische Autonomiekonzept als Rahmen der Qualitätssorge wird vorgestellt, die spezifische Rolle von Lehrplänen in diesem Konzept dargelegt sowie auf dieser Grundlage Verfahren und Instrumente schulinterner Unterrichtsevaluation und erste Erfahrungen beschrieben. SPIEß gibt einen Erfahrungsbericht aus dem Modellversuch „Selbständige Schulen und Schulaufsicht" der Bund-Länder-Kommission für Bildungsplanung und Forschungsförderung unter dem Thema Qualitätsentwicklung in der Schule – eine gemeinsame Aufgabe von Lehrkräften, Schulleitern und Schulaufsicht. BECKER thematisiert in seinem Beitrag einen anderen wichtigen Aspekt der Qualitätssorge, nämlich Förderstrategien zur Reduzierung der Lese-Rechtschreib-Schwäche in Mecklenburg-Vorpommern.

EDER / THONHAUSER berichten über die Qualitätsentwicklung und Qualitätssicherung in Schulen Österreichs. Die Neuorientierung der Bildungspolitik, Maßnahmen zur Unterstützung von Qualitätsentwicklung und Qualitätssicherung, Überlegungen zu einer Externalisierung der Qualitätsevaluation sowie Zielperspektiven für Qualität sind die Themen des Beitrages. Der Beitrag macht das Gesamtkonzept der Qualitätsentwicklung und Qualitätssicherung in Österreich sichtbar. In Konkretisierung dieses Beitrages stellt RADNITZKY die Initiative Qualität in Schulen vor, die vom Bildungsministerium in Österreich angeregt wurde. Sie hat das Ziel, Schulen darin zu bestärken, selbst ihre Qualität zu hinterfragen, zu überprüfen und weiterzuentwickeln. Die gemeinsame und systematische Beschäftigung der an Schule Beteiligten soll auf lange Sicht ein fester Bestandteil von Schulkultur werden. Die tragenden Säulen der Initiative sind Qualitätsdiskussion, Schulprogramm und Selbstevaluation.

Internationale und nationale Leistungsvergleiche haben in jüngster Zeit Konjunktur. Abkürzungen wie TIMSS, PISA, DESI, IGLU, PIRLS usw. stehen stellvertretend für diese Entwicklung. Die Studien werden vehement verteidigt, grundlegend in Frage gestellt oder einfach auch nur hingenommen. Ohne den Anspruch erheben zu wollen, einen Überblick über alle Typen und Varianten von Schulleistungsstudien zu geben, beschreiben STANAT / ARTELT die Besonderheiten des „Programme for International Student Assessment (PISA)“ der Organisation für wirtschaftliche Zusammenarbeit und Entwicklung (OECD). Im Mittelpunkt des Beitrages steht die Darstellung der Rahmenkonzeption des deutschen PISA-Konsortiums.

Wenn die „Aktuellen Schulkonzepte“ und insbesondere der Band „Schule und Qualität“ zu einem nützlichen Handbuch für Studium, Schulpraxis und interessierte Öffentlichkeit werden, dann gebührt das Verdienst daran in erster Linie den Autorinnen und Autoren aus Praxis, Verwaltung und Wissenschaft. Ihnen gilt der besondere Dank der Herausgeber.

Ohne die tatkräftige und verlässliche Mitarbeit von Frau Heike Balzer, Berlin, hätte diese Publikation so rasch nicht druckreif vorgelegen. Auch ihr danken wir sehr herzlich.

Berlin, im Mai 2001

Hans Döbert
Christian Ernst

MATTHIAS VON SALDERN

Schulleistung in der Diskussion

Alltägliche Diskussionen zwischen Eltern, Lehrern und Schülern über Schule betreffen meist die Leistungsanforderungen, denen die Kinder und Jugendlichen ausgesetzt sind. Im Folgenden sollen die Kernpunkte dieser Diskussionen aus unterschiedlicher Sicht beleuchtet werden. Erst wird der Leistungsbegriff erläutert, dann wird diskutiert, ob die Leistung in der Schule der Leistungsgesellschaft entspricht. Es folgt eine Darstellung darüber, was überhaupt gelehrt werden soll und welche Funktionen die Leistungsmessung in der Schule hat.

Leistungsbegriff

In der Pädagogik unterscheidet man vier Leistungsbegriffe:

- Im schulischen Bereich spielt Leistung als Erreichen von Lernzielen eine große Rolle. Curricula sind heute allerdings meist durch vage formulierte Lehrpläne ersetzt.
- Leistung als Prozess ist Gegenstand der Lernforschung. Hier gilt es, den Lernprozess zu analysieren und schließlich zu optimieren.
- Auch Leistung als Ergebnis ist Gegenstand der Lernforschung. Hier soll der Lernerfolg, der Lernertrag gemessen werden. In diesen Bereich fällt der Begriff der Leistungsmessung.
- Von Leistung als Verdienst wird dann gesprochen, wenn sich jemand für etwas verdient gemacht hat und dafür z. B. einen Orden (Bundesverdienstkreuz) oder einen Vermerk im Zeugnis erhält.

Leistung wird also nicht über Inhalte definiert, sondern über die beiden formalen Merkmale:

- Bewertung: Leistung ist immer eine Bewertung (Gütemaßstab, Norm, definierter Schwierigkeitsgrad oder Standard), d.h., dass es in der Schule auch Handlungen gibt, die nicht bewertet werden. In der Schule wird Leistung derzeit vorrangig (durch die Lehrkraft) fremd bewertet. Die pädagogischen Möglichkeiten einer Selbstbewertung der Schüler sind noch nicht hinreichend genutzt.

- Produkt und Prozess: Leistung ist ein Prozess (Vollzug) und ein Produkt (Ergebnis). Leistung wird von Lehrkräften meist am „Produkt" gemessen. Dem Prozess muss aber eine gleichrangige Bedeutung zugemessen werden. Dabei sind vorrangig die Bedingungen, unter denen Leistungen erbracht werden, zu berücksichtigen. Dazu gehört z.B. die Entwicklung eines Kenntnisstandes und der Vorgang einer gezeigten Problemlösung.

Abb. 1 Definition von Leistung

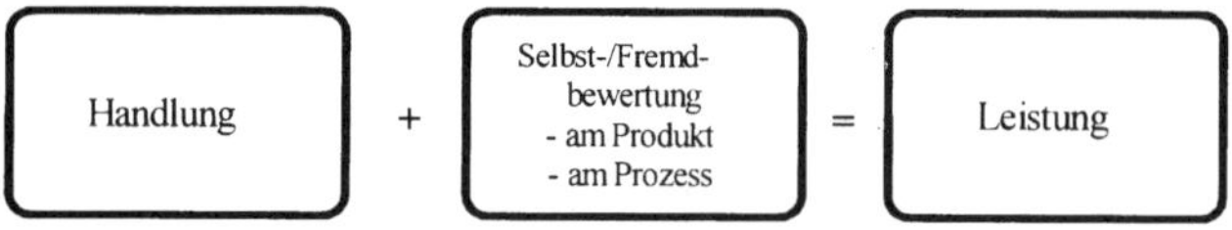

In manchen Definitionen findet man zudem den Gedanken, Leistung müsse mit Anstrengung verbunden sein. Dieser Aspekt ist für die Schule allerdings irrelevant: Schülerinnen und Schüler müssen soviel lernen, dass sie eine Hürde nehmen können. Dabei ist es gleichgültig, wie schwer oder wie leicht dies einem Schüler fällt.

Ein weiterer Irrtum liegt in der Annahme, Leistung sei nur in Konkurrenzsituationen abrufbar. Die Praxis zeigt aber, dass auch ohne Konkurrenz Leistungsdifferenzierung möglich ist. Ein hohes gemeinsames Ziel kann auch Leistungsbereitschaft folgen lassen, was in Katastrophensituationen immer wieder deutlich wird. Auch beim Hobby werden oft große Leistungen erbracht, ohne dass unbedingt Konkurrenz vorhanden sein muss.

Leistungsprinzip und Leistungsgesellschaft

Leistung hatte ursprünglich eine emanzipatorische Funktion: Nicht die Herkunft nach Geburt, sondern die Leistung sollte über das Fortkommen entscheiden. Der deutsche Staat versucht dies auch rechtlich abzusichern, so z. B. in Art. 33 des GG: „Jeder Deutsche hat nach seiner Eignung, Befähigung und fachlichen Leistung gleichen Zugang zu jedem öffentlichen Amt". Historisch gesehen ist also Selektion durch Leistung ein junges Konzept und wird zudem kulturell unterschiedlich gehandhabt (V. SALDERN, 1999 b).

Schule soll auf das Leben vorbereiten. Dazu gehört auch der Umgang mit Leistungsanforderungen. Die Frage ist, ob das Leistungssystem in der Schule der Gesellschaft „draußen" entspricht. Leben wir in einer Leistungsgesellschaft? Eine Leistungsgesellschaft ist eine Gesellschaft, die soziale Ränge, Chancen, Positionen, Aufstieg, Entlohnung, Einfluss und Reputation allein nach der individuellen Leistung zuteilt und nicht mehr nach Status oder Herkunft. Materielle und soziale Chancen sollen durch dieses Prinzip gerecht verteilt werden. Angenommen, das *Leistungsprinzip* gelte allumfassend, dann könnte es nach BOLTE (1979, S. 32) folgende Funktionen erhalten:

- Allokationsfunktion (Verteilung der Positionen nach Leistungsbefähigung und -bereitschaft),
- Statuszuteilungsfunktion (leistungsgerechte Zuordnung von Einkommen, Ansehen und besonderen Privilegien),
- Entschädigungsfunktion (Entschädigung für erbrachte Vorleistungen, z. B. Ausbildung),
- Äquivalenzfunktion (Außerkraftsetzung nicht leistungsgerechter Zuteilungen und Verhinderung anderer problematischer Zuteilungen),
- Befriedigungsfunktion (Verteilung der Früchte der Arbeit nach geltenden Werten, wodurch Ausbeutung verhindert und Konflikte vermieden werden können),

- Leistungsmobilisationsfunktion (mehr Motivation durch Leistung)
- Orientierungsfunktion (der Mensch weiß, was zu tun ist, um sich bestimmte Wünsche zu erfüllen).

Die Spannungen zwischen dem Leistungsprinzip (Chancen persönlicher Entfaltung; vertikale Differenzierung) und dem *Sozialprinzip* (gleiche Chancen zur Teilnahme an der Gesellschaft; horizontale Differenzierung) sind besonders hoch. Die Allein- oder Vorherrschaft eines dieser Prinzipien würde zu einer starken Veränderung der Gesellschaft führen. Mit dem Sozialprinzip ist aber nur eines der möglichen Zuteilungsprinzipien genannt. Weiterhin gehören dazu das …

- Prinzip der politischen Entscheidung (z.B. Subventionen an Wirtschaftsunternehmen),
- Verhandlungs- und Kampfprinzip (z.B. Tarifauseinandersetzungen),
- Vererbungsprinzip (Zuteilung von Chancen über die Leistung vorhergehender Generationen),
- Besitzprinzip (z.B. Zuteilung von Chancen durch Aktienbesitz),
- Lebensalterprinzip (z.B. Höchst- und Mindestalter bei Stellenbesetzungen),
- Anciennitätsprinzip (Zuweisung auf Grund des Dienstalters, z.B. Lohnerhöhung bei Beamten und Angestellten im öffentlichen Dienst),
- Herkunftsprinzip (z.B. Stellenbesetzung auf Grund der Nationalität),
- Gesundheitsprinzip (z.B. frühe Pensionierung von Piloten aus Sicherheitsgründen),
- Familienstandsprinzip (z.B. Aufnahme nur lediger Personen bei bestimmten Sicherheitskräften),
- Geschlechtsprinzip (z.B. keine Zulassung von Frauen zu bestimmten Teilen der Bundeswehr),

- Wahlprinzip (z. B. erhält jemand Macht, weil er/sie als Politiker demokratisch gewählt wurde),
- Alimentationsprinzip (z. B. leistungsunabhängige Bezahlung der Beamten),
- Zufallsprinzip (z. B. Gewinn in der Lotterie).

Neben diesen legalen Zuteilungsprinzipien gibt es auch noch illegale wie Zuteilung über Wirtschaftsverbrechen usw. Nicht zu unterschätzen sind weiterhin Benachteiligungen auf Grund des Wohnortes, des Geschlechtes, der sozialen Schicht usw. Es muss also festgehalten werden, dass das Leistungsprinzip nicht alleiniger Zuteilungsmechanismus in Deutschland ist. Viele der anderen Zuteilungsprinzipien sollen ja die Nachteile des reinen Leistungsprinzips abschwächen. Diese Haltung begründet sich durch das Sozialstaatsprinzip.

Das Leistungsprinzip greift zudem nur dort, wo jeder die gleiche Chance hat, sein Leistungsoptimum zu entfalten. Unser heutiges Schulsystem und besonders die Leistungsbeurteilung spielen in diesem Zusammenhang eine eher kontraproduktive Rolle, wie noch gezeigt werden wird. Deutschland nutzt derzeit nicht die Chance, jedem zu seinem Optimum zu verhelfen. Denn solange eine der Funktionen der Schule die Selektion nach der 4. bzw. 6. Klasse ist, wird sie sich auch und gerade durch die Leistungsbeurteilung in einem Spannungsverhältnis zwischen Leistungs- und Sozialstaatsprinzip befinden.

Die Schule lehrt also ein Bild von der Rolle der Leistung, das es so in der Gesellschaft gar nicht gibt. Man darf nicht übersehen, dass die Lehrer und Schüler sich dieser Diskrepanz nicht bewusst wären. Die Frage nach dem Sinn von Schule muss zwangsläufig auftauchen und immer wieder beantwortet werden. Der Hinweis auf non scolae, sed vitae discimus genügt nicht mehr. Tatsächlich hieß der Satz, den SENECA (55 v. u.Z.-40 n.u.Z.) im 106. Brief der epistula morales schrieb: non vitae, sed scolae discimus.

Funktion von Leistungsfeststellung

Leistungsfeststellung hat die Primärfunktion, objektive Aussagen über die Leistung der Schülerinnen und Schüler zu machen. Das Problem liegt darin, dass durch *Leistungsmessung* auch Effekte erzielt werden, die man eigentlich gar nicht will, weil sie z. B. kontraproduktiv sind, oder dass die Leistungsmessung Funktionen erhalten kann, die vom Konzept her gar nicht intendiert sind.

Erziehungsmittel

Leistungsmessung hat nicht nur den Charakter von Messung. Sie ist gleichzeitig Belohnung und/oder Strafe. Die Tatsache, dass sich alle Aktivitäten von Schülern, aber auch Lehrern ständig unter diesem Horizont abspielen, zwingt allen Beteiligten eine bestimmte Perspektive auf. Nicht die Inhalte sind wichtig, sondern dass man sie zum geforderten Zeitpunkt angemessen reproduzieren kann, um die gewünschten Belohnungen (z. B. Noten) zu erhalten. Es ergibt sich ein Lernen für die Prüfung. Hier liegt die Gefahr für eine prinzipielle Gleichgültigkeit gegenüber den Inhalten und – noch schlimmer – die Gefahr, dass Schüler kurzfristig erfolgreiche Lernstrategien entwickeln, die den nachschulischen Anforderungen nicht mehr entsprechen. Die Folgen sind hinlänglich bekannt: „Junge Menschen verlieren durch die Überbewertung von Noten und Zeugnissen ihre Lust und ihre Freude am Lernen (DOSENBACH et al., 1993, S. 75). „War der Prügelstock im 18./19. Jahrhundert Herrschaftsinsigne des im Übrigen unterprivilegierten Schulmeisters, so ist der Makel durch das Notenbüchlein trefflich ersetzt worden" (RAUSCHENBERGER, 1970, zit. n. HANSEL, 1991). Die Abschaffung der Note würde manchen Lehrkräften vermutlich ein Disziplinierungsmittel wegnehmen. Es ist auch einseitig zu behaupten, Leistungsüberprüfungen hätten eine Motivationsfunktion (so z. B.

SCHILMÜLLER, 1990). Leistenwollen setzt das Leistenkönnen voraus. Schlechte Noten fördern nicht die Motivation.

Selektion und Elite

Selektion war immer ein normaler Prozess der Zuweisung des Status innerhalb der Gesellschaft. Neu war mit Einführung der Schulpflicht die Ablösung der ständischen Selektion durch den Modus der Bildungsselektion (NATH, 2000, 2001; TITZE, 2000). Vergleicht man das Bildungssystem der europäischen Länder, dann fällt auf, dass sich in den Bildungssystemen zwei alte bekannte Ansprüche wiederfinden:

- Typ 1: Ziel der Schule ist die persönliche Entfaltung und die Förderung des individuellen Lernfortschritts
- Typ 2: Ziel der Schule ist die Selektion über Prüfung und Auslese

Ob ein Schulsystem selektiert, wird an zwei weiteren Parametern deutlich: an der Möglichkeit, Klassen zu wiederholen und an dem Zwang zu einer ersten Schullaufbahnentscheidung. Es ist bekannt, dass Deutschland europaweit am frühesten zur Laufbahnentscheidung zwingt. Es gibt zwar die Orientierungsstufe (OS), die eigentliche Idee wird aber durch die Leistungsgruppierung innerhalb der OS und den geringen Übergangszahlen zwischen den Leistungsgruppen von verschiedenen Bundesländern zunehmend unterlaufen. Dies ist deshalb problematisch, weil bei früherer schulischer Selektion die oberen sozialen Schichten besser abschneiden als die unteren. Bei späterer Selektion (z. B. über die berufliche Leistung) haben die unteren Schichten bessere Chancen (TITZE, 1998). Frühe Selektion scheint den Zugang der oberen Schichten zu höheren gesellschaftlichen Positionen zu sichern.[1]

[1] Die Diskussion um die richtige Schulform verläuft weitgehend irrational, weil bereits die Grundschule ebenso wie die Berufsschule ja eigentlich

Von der International Educational Assessment (IEA) wurde mehrfach hervorgehoben:

- Schulsysteme mit selektiven Strukturen bilden keine breitere intellektuelle Elite heran.
- Ein systematischer Zusammenhang zwischen dem Anteil der Schüler mit guten Leistungen und dem Anteil der Schüler mit schwachen Leistungen ist nicht zu beobachten.

Kurz, die Heranbildung einer Elite lässt sich nicht ohne weiteres um den Preis einer größeren Auslese erreichen, wobei die Schwächerbegabten in Schulformen mit weniger Prestige (und möglicherweise weniger Anregungen) verwiesen werden oder aus dem Schulsystem gedrängt werden. Vor diesem Hintergrund stellt sich die Frage, warum in deutschen Schulen so früh selektiert wird.

Die Selektion hat zusammengefasst folgende Nachteile:

- Sie setzt zu sehr auf Prognose, weniger auf Bewährung.
- Sie setzt zu früh ein.
- Sie arbeitet mit schichtspezifischen Verzerrungen.
- Sie stigmatisiert Schüler als Versager.
- Sie ist endgültig.
- Sie ist wegen der Form der derzeitigen Leistungsbeurteilung fragwürdig.

Selektion hat nur Sinn, um optimale Lernumwelten für den Einzelnen zu schaffen, als Auslese für die Elite bzw. als Allokationshilfe ist Selektion vor dem Hintergrund der Standortdiskussion kontraproduktiv.

Gesamtschulen, teilweise sogar ohne innere Differenzierung sind. Nimmt man einmal die Oberstufe für die zukünftigen Abiturienten heraus und klammert ebenso die Orientierungsstufe (Klassen 5 und 6) aus, dann geht es ausschließlich um die Klassen 7–10, also eine Zeitspanne von vier Jahren, um die sich die ganze Diskussion dreht. Andere Nationen müssen schon einen etwas seltsamen Eindruck über die deutsche bildungspolitische Diskussion haben.

Es geht also nicht um Verdammung der Selektion, sondern um die Erkenntnis, dass erst einmal Förderung wichtig ist und nicht in erster Linie Selektion. Um dies noch einmal an einem Beispiel zu verdeutlichen: Ein Trainer eines Hochspringers wird nicht fordern können, die Latte zu senken, so dass sein Schützling sie überspringt. Er wird seinen Schützling trainieren (fördern), so dass die Chancen steigen, dass er sie schafft. Er wird Neulingen nicht nur einen Versuch ohne vorherige Übung geben, um so zu selektieren, er wird erst trainieren, und dann kommt die Selektion durch den Wettkampf. Der Trainer wird das Alter der Schützlinge beachten, bevor er das Maximum fordert, und nicht selektieren, bevor seine Schützlinge die Leistung überhaupt zu zeigen in der Lage sind.

Die Jahrgangsklasse führt im Verhältnis zwischen Schulsystem und einzelnem Schüler zu Friktionen, weil die individuellen Voraussetzungen und Lernbiographien unterschiedlich sind und weil die Klasse sich im Gleichschritt weiter bewegen sollte. Während der Zeitpunkt des Eintritts in das Schulsystem im engen Rahmen gewählt werden kann, hat die Schule für Schüler und Schülerinnen, die besonders langsam oder schnell lernen, eigentlich nur rabiate Mittel zur Verfügung: Sitzenbleiben oder Überspringen.

Sitzenbleiben

Das Sitzenbleiben ist neben der Zurückstellung und der verspäteten Einschulung eine Form des Schulversagens und spielt wegen seiner Häufigkeit eine besondere Rolle. Nach ROẞBACH & TIETZE (1996, S. 146) ist fast jedes fünfte Kind im Laufe seiner Grundschulzeit mit Klassenwiederholung, Zurückstellung oder Sonderschulüberweisung konfrontiert. BELLENBERG & KLEMM (1998, S. 585) fassen ein Ergebnis der Essener Bildungsverlaufsstudie wie folgt zusammen: „Bis zum Ende der Sekundarstufe I, bis zur 10. Klasse also, haben in der Hauptschule 30 %, in der Realschule 25 %, in der Gesamtschule 16 % und im Gymnasium 11 % aller Schülerinnen und Schüler der Klassen 10 mindestens eine Jahrgangsklasse in der Grundschule oder der Sekundarstufe I wiederholt". In der Übersicht von HILDESCHMIDT (1998) wird deutlich, dass sich die Anzahl der *Wiederholer*, unter denen die Jungen den größeren Anteil stellen, auf die Schularten des deutschen Schulsystems unterschiedlich verteilt: Am häufigsten bleibt man in der Realschule (1992: 5,5 %) sitzen, gefolgt von den kombinierten Haupt- und Realschulen, den Hauptschulen. Am wenigsten bleibt man im Gymnasium und in der Orientierungsstufe sitzen. Die Zahlen für das Gymnasium sind aber nur zu verstehen, wenn man die drop outs mit hinzuzieht: Sitzenbleiber in dieser Schulform wechseln zur Hälfte die Schule.

Die Wiederholung einer Klassenstufe wird in vielen Ländern Europas als Förderung gesehen. Die Idee ist, den Kindern mehr Zeit zur Bewältigung der Schulzeit zu geben. Diese Argumentation ist auch in Deutschland geläufig. Automatisches Vorrücken wird allerdings in Dänemark, Irland und im Vereinigten Königreich praktiziert, aber auch in Japan, das bei den internationalen Vergleichsstudien erfolgreich abgeschnitten hat, bis Klassenstufe 9.

Die Klassenwiederholung ist allerdings in vielen Fällen nicht nur wirkungslos, sie ist häufig auch das Ergebnis einer subjektiven Entscheidung der Lehrkraft oder der Schul- oder Klassenkonferenzen. Dies macht das Verfahren ungerecht und führt dazu, dass die Auswirkungen von Beurteilungen auf der Ebene der einzelnen Schule so gefürchtet sind. Schwerer wiegt, dass die Klassenwiederholung, das Vertrauen des Schülers in seine Fähigkeiten beeinträchtigt. Um das Verhängnisvolle an diesem Vorgang anzudeuten, hat DWECK den Begriff der learned helplessness („erlernte Hilflosigkeit") geprägt. Diese amerikanische Forscherin hat gezeigt, dass das Sitzenbleiben eine negative Bewertung mit sich bringt, die die ganze Person trifft. Kurz, das Kind lernt, seine Schwierigkeiten nicht als Hindernisse einzuschätzen, die es zu überwinden gilt, sondern sieht darin geradezu den Beweis seiner Unfähigkeit. Am Ende dieses Prozesses stehen Fatalismus und Resignation.

Im Übrigen scheint es fragwürdig zu sein, dass ein Schüler ein Schuljahr auch in den Fächern wiederholt, in denen er gute oder befriedigende Leistungen gezeigt hat. Dies kann geradezu als Strafe wirken. Zumindest ist es verlorene Zeit in der gesamten Verweildauer.

Die Bilanz der Forschung ist eindeutig: Die Wiederholung ist in der Mehrzahl der Fälle für die Entwicklung des Kindes nachteilig, aber das automatische Vorrücken allein kann ebenso wenig alle Probleme beseitigen (EINSIEDLER & GLUMPLER, 1989). Das Sitzenbleiben sollte durch gezielte Förderung der Schwachstellen einzelner Schülerinnen und Schüler ersetzt werden.

Das Wiederholen einer Klasse scheint also pädagogisch nicht sinnvoll zu sein. Wer allerdings keinen Zugang zu solchen pädagogischen Argumenten hat, sei auf die ökonomische Seite verwiesen: Pro Jahr bleiben in Deutschland ca. 250.000 Schülerinnen und Schüler sitzen. Dies entspricht ungefähr 10.000 Schulklassen. Man könnte also Geld einsparen. Sinnvoller wäre natürlich, diese Mittel zu verwenden, um andere Mängel des Schulsystems abzumildern oder Förderkurse bzw. kleinere Klassen zu finanzieren. Die Nachteile des Sitzenbleibens müssten zuvorderst den Lehrkräften aufgezeigt werden.

Überspringen

Für begabte Kinder gibt es eine andere Maßnahme: Das Überspringen ist äußerst selten zu beobachten, und wenn, dann vorwiegend in den ersten beiden Schuljahren. Wegen der damit vermuteten Überforderung wird es von Lehrkräften und Eltern eher abgelehnt. Dieses mag der Grund dafür sein, dass z. B. in Niedersachsen die Schulen angewiesen sind, bei einem Notenbild 2 oder besser das Überspringen ernsthaft zu prüfen. Man muss sehen, dass es derzeit nicht viele empirische

Untersuchungen zum Überspringen gibt. Man weiß, dass die Noten sich erst einmal um ca. eine halbe Note verschlechtern, oder z. B. dass Schüler auch nach dem Überspringen unterfordert sein können.

Informationserhalt

Die Leistungsfeststellung dient somit auch dazu, der Lehrkraft Rückmeldung über das Ergebnis ihrer unterrichtlichen Bemühungen zu geben. Dennoch stellen sich folgende Fragen:

Warum muss eine Bewertung von Schülerleistung, die die Funktion der Information der Lehrkraft im oben beschriebenen Sinne darstellt, über eine Zensur / Ziffer ausgedrückt werden?

- Wie wirkt die Fremdbewertung, die insbesondere den o. a. Informationswert haben soll, in die Welt des Kindes?
- Wie sollte die Verfahrensweise bei der Rückmeldung von Schülerleistungen im Sinne der Informationsgabe an den Lehrer gestaltet sein?
- Wie ist in diesem Zusammenhang die Befindlichkeit der Lehrkraft zu bewerten?

Deutlich wird wohl, dass die Rückmeldefunktion für die Lehrkraft aus der Perspektive der Planung didaktischer Situationen die wichtigste ist. Erfahrene und gute Lehrkräfte werden sich nie auf Noten z. B. des Vorjahres verlassen, sondern holen sich meist zusätzlich Informationen, um den Schülerinnen und Schülern gerecht zu werden. Wenn dem so ist, dann stellt sich die Frage nach dem Sinn von Noten in einem Zeugnis. Wäre es nicht angemessen, über freie Beschreibungen (vielleicht der Einfachheit halber reduziert auf eine übersichtlich Anzahl von Kategorien pro Fach) eine Aussage über das Kind zu machen? Schließlich werden in einem Gespräch in einer Elternsprechstunde auch nicht nur Zahlen (Noten) ausgetauscht.

Rückmeldung für Schüler

In ihrer Rückmeldefunktion für Schülerinnen und Schüler unterliegt die Note sehr unterschiedlichen, von außen schwer zu kontrollierenden Interpretationsmöglichkeiten. Diese werden gesteuert von den Interessen der Schüler sowie ihrem Selbstbild. Das Messergebnis und seine Bewertung liefert dem Schüler zum Beispiel folgende Informationen:

- Wie nahe bin ich an die Maßgabe der von dieser Lehrkraft, vom Lehrplan vorgegebenen Anforderungen herangekommen und wie wird das bewertet?
- Wie ist das im Vergleich zu früheren Versuchen (Maß und Bewertung)?
- Wie ist meine Stellung in der Rangskala der Gruppe?
- Ist diese Position verändert, hat sie sich stabilisiert?
- Wie weit habe ich meinem Selbstanspruch genügt / nicht genügt?

Der Schüler kann die Bewertung auch als Antwort auf solche Fragen interpretieren, die von seinem Selbstbild abhängen, wie zum Beispiel:

- Habe ich genug / nicht genug gelernt?
- Habe ich mich genügend / nicht genügend angestrengt?
- Bin ich überfordert / ich kann mehr leisten?

Funktional wirkt die Information des Messens und Bewertens auf die Motivation, die Anstrengungsbereitschaft bzw. Lernbereitschaft, das Selbstwertgefühl u. a. Die Vielfalt der Rückmeldeaspekte und möglichen Interpretationen kann die Ziffernnote in ihrer Uneindeutigkeit pädagogisch verantwortbar nicht leisten. Ihre Wirkung ist weder steuerbar, noch kontrollierbar. Aus pädagogischer Sicht macht sie keinen Sinn.

Was soll gelehrt werden?

„Die Schule ist weitgehend eine Vernichtung der natürlichen Fähigkeiten des Menschen“ – so DANIEL GOEUDEVERT, einer der bekanntesten Manager in Deutschland (FR vom 11.1.1999, Nr. 8, S. 7). Dieses harte Urteil zwingt geradezu dazu, sich über die Ziele von Schule Gedanken zu machen.

Antwort durch Schulgesetze

In den deutschen Schulgesetzen ist der Auftrag der Schule üblicherweise in den ersten Artikeln niedergelegt. Der Schwerpunkt liegt auf der Bildung der Persönlichkeit. Die reine Faktenvermittlung ist dabei nur einer der vielen Wege dorthin. Die Schulgesetze sind offenbar sehr modern formuliert, allerdings lassen sie offen, was zu einer Persönlichkeit gehört. Eine Antwort darauf kann die Pädagogik geben.

Antwort der Pädagogik

Nach WOLFGANG KLAFKI muss Bildung verstanden werden als selbsttätig erarbeiteter und persönlich verantworteter Zusammenhang der folgenden drei Grundfähigkeiten:

- Moralische Dimension: moralische Verantwortlichkeit, moralische Handlungsbereitschaft und -fähigkeit.
- Kognitive Dimension: Erkennen und Denken; Verstand als instrumentelle Rationalität und Vernunft als Reflexion von Rationalität.
- Ästhetische Dimension: Empfindungsvermögen, Einbildungskraft, Geschmack, Genussfähigkeit (auch: Geselligkeit, Volksmusik, Spiele, Feste, Erotik usw.).
- Praktische Dimension: Praktisch-werktätige Fähigkeiten.

Diese Dimensionen sind zeitlos wichtig, werden aber in der Schule unterschiedlich gewichtet. Gerne spart man am Musik- oder Sportunterricht. Die weiterführende Frage lautet daher: Was ist heute wichtig?

Kompetenzen für die Zukunft

Ein Versuch einer Antwort auf diese Frage stellt die Delphi-Studie 1997/98 dar, die vier Felder des Allgemeinwissens unterscheidet:

Tab. 1 Vier Felder des Allgemeinwissens (Delphi-Studie 1997/98)

Instrumentelle Kompetenzen	• Allgemeine Grundlagen und Kulturtechniken: Fremdsprachenkenntnisse, klassische Kulturtechniken, Logik, Kreativtechniken, Technikverständnis • Umgang mit Informationstechniken: Kenntnis moderner Medien, Beherrschung von Programmen, gezieltes Suchen und Auswählen von Informationen
Personale Kompetenzen	• Persönliches Erfahrungswissen: Selbstbewusstsein, Identität, Handlungskompetenz, Selbstmanagement, Strukturierung, kulturelles Erleben, Umgang mit Gefühlen, Erfahrung von sozialer Zugehörigkeit, Umgang mit Tod, Ethik, Religion • Persönliche Fähigkeiten zum Umgang mit Wissen: Neugier, Offenheit, kritische Auseinandersetzung, Reflexionsfähigkeit, Urteilsvermögen
Soziale Kompetenzen	• Kommunikative Kompetenzen: Sprachliche Ausdrucksfähigkeit, Teamfähigkeit, Moderation, Selbstdarstellung, persönlicher Umgang innerhalb von Partnerschaft und sozialen Beziehungen • Soziale Verantwortung: Toleranz, Verantwortungsbereitschaft, Rücksicht, Solidarität, prosoziales Verhalten
Inhaltliches Basiswissen	• Inhaltliches Wissen über aktuelle Probleme: Bildung und Beruf, Ökologie, europäische Integration und weltweite Abhängigkeiten • Inhaltliche Grundlagen: Alltagswissen über Geld, Wirtschaft, Erziehung ... Grundlagen aus Soziologie, Pädagogik, Geschichte, Religion, Literatur, Philosophie, Politik, Technik, Geographie, Biologie ...

Fazit dieser Studie: „Dies bestätigt die These, dass es für die Orientierung in der Wissensgesellschaft zentral auf personale und soziale Kompetenzen ankommt, um sich überhaupt die wachsende Fülle des inhaltlichen Wissens erschließen zu können."

Forderungen der Wirtschaft

Die Wirtschaft ist als Abnehmer der Schule an ihr interessiert. Sie hat allerdings einen breiteren Leistungsbegriff als dies in der Schule erkennbar ist. So werden also nicht nur Fachkenntnisse erwartet, sondern auch Grundhaltungen wie Selbstständigkeit und Kreativität sowie soziale Einstellungen wie Teamfähigkeit, Höflichkeit, Konfliktfähigkeit und Toleranz. In der Staufenbiehl-Studie 1999 (www.staufenbiel.de) wurden Stellenanzeigen für Nachwuchskräfte ausgewertet: „Unternehmen bewerten Nachwuchskräfte, die sich um eine Anfangsposition bewerben, nach verschiedenen Kriterien. Diese Anforderungen können in die Kategorien fachbezogene Merkmale (z.B. Examensnote), personenbezogene Kriterien (z.B. Teamfähigkeit) und Zusatzqualifikationen (z.B. Praktika) untergliedert werden. Die Auswertung der in der Firmen-Dokumentation START 1999 angegebenen Einstellungskriterien macht deutlich, dass die rein fachbezogenen Merkmale zwar eine notwendige, aber keine allein hinreichende Voraussetzung mehr sind. Der Praxiskontakt vor oder während des Studiums sowie das Training persönlicher Fähigkeiten haben einen mindestens ebenso hohen Stellenwert.

Es wird also deutlich, dass die Wirtschaft sehr moderne Forderungen stellt, die durch die Schule noch nicht eingelöst werden. In zwei Punkten allerdings vertritt die Wirtschaft Thesen, die nicht haltbar sind. Wir würden zu lange ausbilden und: In Deutschland würden die Schülerinnen und Schüler immer schlechter.

Zur Dauer der Ausbildung

Zieht man einmal einen Vergleich zwischen den europäischen Staaten auf der Basis der Zahl der Unterrichtsstunden bis zur Hochschulreife (im Durchschnitt 11653 Stunden), dann ergibt sich ein differenzierteres Bild (EUROPÄISCHE KOMMISSION, 1994). Nach v. Saldern (1999 a) liegt Deutschland mit 21,7 Jahren nur 1,2 Jahre über dem europäischen Durchschnitt des Eintritts in die Universität (20,5 Jahre).

Die Diskussion macht überhaupt nur dann Sinn, wenn man die gesamte Zeitdauer der Ausbildung in der Schule und an der Universität bzw. im Betrieb berücksichtigt. Wo dann schließlich die Schnittstellen liegen, ist eigentlich beliebig. Fragwürdig wird es nur dann, wenn die Ausbildung in den staatlichen Bildungsinstitutionen einer reinen Anpassungsqualifizierung gleichkommt. Der Aspekt der Persönlichkeitsbildung (Auftrag der Schule) darf nicht verloren gehen. Und zudem müssen diejenigen, die die Schulzeit kürzen wollen, auch sagen, welche Inhalte gestrichen werden sollen.

Zur Leistungsentwicklung

Die Stimmen aus der Wirtschaft, weisen immer auf den vermeintlichen Mangel der Schule hin, die Schülerinnen und Schüler würden immer schlechter. Die jeweils älteren Generationen haben aber z. T. andere Dinge gelernt. Unsere Abgänger beherrschen neue Inhalte, die vor ein bis zwei Generationen noch gar keine Rolle spielten. Ein Beispiel wäre der Bereich der ITG (Informationstechnischen Grundbildung). Man kann eben nicht – wie geschehen – der Schule neue Inhalte auferlegen oder die Schulzeit sogar verkürzen wollen, ohne bei den herkömmlichen Inhalten Abstriche zu machen. Es bedarf einer dauernden Diskussion darüber, welche Inhalte relevant sind. Und die nicht wenigen Inhalte und Kompetenzen, die die Wirtschaft fordert, sind durchaus modern, wie gezeigt werden konnte. Es ist sogar verwunderlich, dass unsere Kinder trotz zurecht beklagter Reizüberflutung und beobachtbaren Medieneinflusses noch so viel von den alten sog. Kulturtechniken beherrschen. Man kann durchaus behaupten, dass der Umgang mit dem PC heute eine wesentliche Kulturtechnik ist, die über der Rechtschreibleistung steht. Die Veränderung der Rechtschreibleistungen sind keineswegs dramatisch und durch zwei Dinge zu erklären: die Zunahme der Kinder mit fremder Muttersprache und die Abwanderung guter Schüler in höhere Schulen.

KARLHEINZ INGENKAMP fragte, warum die älteren Generationen der nachfolgenden scheinbar so leichtfertig einen Leistungsabfall bescheinigen. Er deutet dies über seine „Verklärungsthese“, die besagt, dass die Älteren ihre eigene Leistungsfähigkeit zur Zeit ihrer Jugend aus Gründen des Selbstschutzes überschätzen.

Kompetenzen für weiterführende Bildungssysteme

Innerhalb des Bildungssystems selbst hat sich auch eine Abnehmerperspektive aufgebaut. Es handelt sich vorwiegend um zwei Nahtstellen: Der Übergang von der Grundschule zur weiterführenden Schule und von der Oberstufe zur Universität.

Übergang Grundschule – Weiterführende Schule

Als die amerikanischen Besatzungsmächte in ihrer Kontrollratsdirektive Nr. 54 die achtjährige Schule für Deutschland vorsahen, haben sie vielleicht weise vorausgesehen, welche Übergangsprobleme sich stellen, wenn man bereits nach vier Jahren Selektionsmechanismen greifen lässt. Die Vielzahl der – auch sozialen und psychischen – Probleme des Übergangs kann hier nicht dargelegt werden. Es wäre in einem ersten Schritt die Einführung der sechsjährigen Grundschule zu erhoffen, wie es sie derzeit in Berlin und Brandenburg schon gibt. Im Weiteren wäre zu wünschen, dass die Erkenntnisse der Grundschuldidaktik insbesondere mit der Öffnung des Unterrichts auf die weiterführenden Systeme wirkt. Dies setzt allerdings eine veränderte Lehrerausbildung voraus. Eine Alternative wäre es – wie auf dem Forum 1 des Bildungskongresses des Bayerischen Staatsministeriums 1999 gefordert – auch den Übergang auf die weiterführenden Schulen zu flexibilisieren, um den Leistungsdruck in den dritten und vierten Grundschulklassen zu mildern. Die Schullaufbahnentscheidung nach der vierten Grundschulklasse wurde skeptisch bewertet.

Übergang Oberstufe – Universität

Die Anforderungen an das Abitur werden immer wieder diskutiert. Auf der 274. Plenarsitzung der KMK Ende 1995 in Mainz wurden neue „Richtungsentscheidungen zur Weiterentwicklung der Prinzipien der gymnasialen Oberstufe und des Abiturs“ getroffen. Darin wird Studierfähigkeit wie folgt definiert: sprachliche Ausdrucksfähigkeit, insbesondere die schriftliche Darlegung eines konzisen Gedankenganges, verständiges Lesen komplexer fremdsprachlicher Texte und sicherer Umgang mit mathematischen Symbolen und Modellen. Dafür sollen Deutsch, Mathematik und eine Fremdsprache durchgängig belegt werden. Es wäre schon ein Fortschritt, wenn man auf den Begriff der Reife verzichten würde: Schüler reifen nicht wie Äpfel an Bäumen, sondern entwickeln sich durch professionelle Ausbildung und Selbsterfahrung.

Schlechte Studienanfänger?

Die Aussagen, dass die Studienanfänger immer schlechter würden, finden sich häufig. „Die Klage über mangelnde Studierfähigkeit sind älter als alle Schulreformen, die sie angeblich verhunzt haben, nämlich mindestens so alt wie das idealistische Universitätskonzept selbst, das – seinen Vätern wohl bewusst – Selbstständigkeit der Studenten kontrafaktisch voraussetzte, um sie so zu erzeugen. Für die gegenwärtigen Klagen ist charakteristisch, dass sie sich entweder vielfach widersprechen: nicht nur in „Skandal!“ rufenden Zeitungsartikeln, sondern auch in Hochschullehrerbefragungen“ (HUBER, 1994). In der einen Studie (KAZEMZADEH et al., 1987) beurteilt die Mehrheit der Hochschullehrer z. B. Denkvermögen und Fleiß der Studierenden negativ, ihre Kenntnisse elementarer Methoden positiv, in der anderen (HELDMANN, 1987, z. B. S. 251) ist es umgekehrt. Oder sie addieren sich so, dass nur noch die Frage bleibt, warum ein dergestalt Studierfähiger überhaupt noch studieren muss.

INGENKAMP (1986) hat in einem Übersichtsartikel die Forschungsarbeiten zu den Leistungen unserer Berufs- und Studienanfänger zusammengestellt. Das Ergebnis ist ernüchternd: Die Qualität der „Forschungsarbeiten“ sei so schlecht, dass keine gültigen Aussagen getroffen werden können. Die Entwicklung in der Methodologie in den empirischen Sozialwissenschaften scheine spurlos an den verschiedenen Autoren vorbeigegangen zu sein. So sei auch die Feststellung, dass die Abgänger aus unseren Bildungsinstitutionen schlechtere Leistungen bringen, mit Vorsicht zu genießen.

Diskussion der Anforderungen

Nun stellt sich die Frage, inwieweit die Schule die genannten Kompetenzen auszubilden vermag. Es ist keine Frage, dass die Lehrpläne (oder Bildungspläne) vorwiegend die fachlichen Inhalte umschreiben. Die anderen Kompetenzen sind thematisch nicht vorgegeben. Sie sind nur erreichbar über eine sensibilisierende Lehrerausbildung und teilweise fachimmanente Anforderungen (z. B. Kommunikationsfähigkeit in den Sprachen). Insofern ist das oft aufgebaute Dilemma, Schule müsse für die Wirtschaft ausbilden und gleichzeitig Bildung vermitteln, im Aufweichen begriffen – zumindest solange die Wirtschaft beim derzeitigen Anforderungsprofil bleibt.

Ein Weiteres sei bedacht: Wenn hier neutral von verschiedenen Kompetenzen gesprochen wird und diese aus der gesellschaftlichen Notwendigkeit heraus begründet werden, so darf doch nicht übersehen werden, dass als Leistung immer gilt, „was mächtige gesellschaftliche Gruppen als solche definieren“ (SACHER, 1992, S. 3). Die Handlungen werden auf Grund der gesellschaftlichen Nachfrage als Leistung definiert.

Konsequenzen für Schule und Unterricht

Die Leistungsanforderungen der Schule werden ja nirgends so deutlich wie im Unterricht. Zeitmanagement, Lerntempo, didaktisches Material, Aufgabenstellungen, Notwendigkeit von Hilfe, Differenzierung usw. sind unmittelbare Konsequenzen aus dem Umgang mit der Leistungsfrage. Derzeit besteht ein Spannungsverhältnis zwischen den sog. „neuen“ Unterrichtsformen und traditionellen Formen der *Leistungsbewertung*, die viele Lehrerinnen und Lehrer davon abhält, alternative Unterrichtsformen im Schulalltag anzuwenden. Darin äußert sich eine wachsende Unsicherheit bezüglich herkömmlicher Methoden der Leistungsbeurteilung. Angesichts der Verbreitung moderner Unterrichtsformen wird ein Bedürfnis nach Leitlinien und neuen Möglichkeiten deutlich.

Die angestrebte Stärkung der Schulung von Methoden und Sozialkompetenzen hat zwangsläufig einen Effekt auf die Unterrichtsformen und -methoden. So lässt sich beispielsweise die Kompetenz zur Selbstbildung zweifelsohne nicht durch darbietende Unterrichtsverfahren in frontaler Sozialform erzielen, sondern es müssen vielmehr Unterrichtsverfahren zum Einsatz kommen, welche selbsttätiges, möglichst entdeckendes Lernen ermöglichen und zum Erwerb entsprechender Methoden führen, die zur selbstständigen Aneignung von Bildung verhelfen können. Kompetenzen zur Selbstbildung, sozialen Interaktion, Kommunikation, Team- und Kooperationsfähigkeit, Selbstbestimmungskompetenz und Partizipation sind Ziele, die vor allem auch in Unterrichtsformen gefördert und gefordert werden, die bereits aus der reformpädagogischen Diskussion bekannt sind. Dabei sind Formen offenen Unterrichtens wie Tagesplan- oder Wochenplanarbeit, Freiarbeit, Projektunterricht, Situationen entdeckenden Lernens, aber auch Referate, darstellendes Spiel usw. Arbeitsformen, die in Partner- oder Gruppenarbeit Partizipation und insbesondere eine selbstständige Organisation des Lernprozesses ermöglichen.

In der Delphi-Studie 1997/98 wurde den befragten Experten folgende Frage gestellt: „Was setzt erfolgversprechendes Lernen in der bzw. für die Wissensgesellschaft 2020 voraus? Wenn der Erwerb der beschriebenen Kernkompetenzen von Lernkompetenz über soziale Kompetenz bis hin zur interkulturellen Kompetenz gewährleistet werden soll, müssen wesentliche Voraussetzungen und Bedingungen für das Lernen geschaffen sein, die in unterschiedlichen Akzentuierungen für alle Bildungsbereiche gelten. Zu den lernfördernden Faktoren zählen den in den Workshops verdichteten Einschätzungen der Experten zufolge vor allem folgende Aspekte:

- Lernen sollte an bedeutsamen Inhalten und relevanten Themen erfolgen. Mit dem Bezug zum Leben des Lernenden bzw. zu seinen Interessensgebieten können ein hohes Interesse, starke Motivation und die Nachhaltigkeit des Gelernten gesichert werden.
- Lernen in Echtsituationen bzw. im unmittelbaren Praxiskontext wirkt sich ebenfalls fördernd aus. Es zeigt die Relevanz der Inhalte für den Lernenden und schafft die Verknüpfung abstrakter Lerninhalte mit der Praxis.
- Selbstverantwortliches, selbstgesteuertes Lernen kann das Vertrauen in Selbstwirksamkeit stärken, sollte aber vor allem in der Anfangsphase bei Bedarf mit pädagogischer Beratung als „Auffangnetz“ kombiniert werden.
- Fördernden Einfluss auf das Lernen haben Lernsituationen, in denen ein glaubwürdiges Feedback gegeben wird und die Übungen zur Selbst-/ Fremdwahrnehmung enthalten.

- Lernen sollte die Chance zur Verantwortung und zu Gestaltungsfreiräumen bieten, um Entwicklungen hin zur Mündigkeit zu unterstützen. Lernsituationen sollten Partizipationsmöglichkeiten in Bezug auf die Gestaltung von Inhalten und Methoden für die Lernenden bieten.
- Kognitives Lernen und subjektives Erfahrungslernen sind oft nicht eindeutig trennbar und für den Erwerb vieler Kompetenzen komplementär wichtig. Für zahlreiche Lernbereiche ist das Konzept des „learning by acquaintance“ förderlich, welches individuelle Erfahrungen von Relevanz fordert; für andere Bereiche bietet sich abstraktes Lernen und für wieder andere ein spielerisch-intuitiver Zugang an. Eine Überprüfung der jeweils geeigneten Ansätze bedeutet, zwischen einer fördernden oder hemmenden Lernsituation zu entscheiden.
- Auf den Erwerb einer Vielzahl fachlicher und überfachlicher Kompetenzen übt die enge Vernetzung mit anderen bzw. das Lernen im Team einen positiven Einfluss aus.
- Lernen sollte in einer Atmosphäre stattfinden, die dem Lernenden auch Fehler gestattet und es zulässt, daraus zu lernen.
- Umstritten sind die Erfolgschancen des Lernens durch Versuch und Irrtum, von Lernen in „Laborsituationen“ und des „Lernens in autoritären Strukturen.“

Diese Ergebnisse aus der Delphi-Befragung sprechen für sich.

Die Betroffenen

Meinungen der Eltern

Ein Großteil der Leistung eines Kindes oder Jugendlichen lässt sich erklären durch die familiäre Unterstützung. Es scheint aber nicht unbedingt Überwachung und Kontrolle zu sein, sondern der positive familiäre Zusammenhalt fördert gute Schulleistungen (ULICH & JERUSALEM, 1996, S. 184). Elterliche Erziehungsziele haben andere Schwerpunkte, wie z. B. PAETZOLD (1986) ermittelte:

- glücklich sein
- ehrlich sein
- selbstständig sein
- selbstbewusst sein
- aufgeschlossen sein
- zuverlässig sein

Die Kooperation zwischen Schule und Elternhaus ist meist nicht gut: Erst wenn Probleme auftreten (Hausaufgaben, Lernstörungen usw.), wird der Kontakt intensiver. Nach verbreiteter Einschätzung von Lehrkräften und Eltern hat sich das Lern- und Sozialverhalten der Kinder und Jugendlichen in den letzten Jahren deutlich verändert. Die Schülerinnen und Schüler erscheinen unruhiger, weniger ausdauernd, deutlich ichzentrierter und wenig bereit, Pflichten um ihrer selbst willen zu übernehmen.

Die Rolle der Schule ist deshalb nicht einfach, weil sie beide Perspektiven berücksichtigen muss. Hondrich beobachtet diese Zentrierung auf Leistung aber nicht nur für die Eltern, sondern als gesamtgesellschaftliches Phänomen: „Bemerkenswert ist ..., mit welchem Eifern, ja mit welcher Verbissenheit sich die ganz große Mehrheit der Menschen hierzulande in den Prozess der Leistungssteigerung, in dem ja für viele das Leistungsversagen einprogrammiert ist, hineinstürzt. Leistung ... ist zu einem unbefragbaren Wert geworden" (HONDRICH, 1998, S. 496). Dies hat allerdings Gründe: Eltern vermuten richtigerweise, dass Einkommen und Schulabschluss zusammenhängen.

Eltern haben differenzierte Gründe, warum sie der klassischen Leistungsfeststellung eher positiv gegenüberstehen, was ja sogar so weit führt, dass manche Eltern entgegen allgemeinem pädagogischen Gedankengut Noten schon in der ersten Klasse der Grundschule wünschen. Diese Haltung begründet sich aber nicht durch die Leistungsfeststellung selbst, sondern durch den Mechanismus, der der klassischen Leistungsfeststellung zugeschrieben wird: Sicherung des erfolgreichen Lebensweges ihrer Kinder. Außerdem sind sie durch die Vorerfahrung geprägt, selbst benotet worden zu sein und durch die Hoffnung, dass gute Noten helfen, die Zukunft ihrer Kinder zu sichern. So ist es nicht verwunderlich, wenn Eltern die abnehmerorientierte Haltung von Wirtschaft und weiteren Bildungseinrichtungen übernehmen. Sie tun dies, obwohl sie fast täglich mit den negativen Folgen der Sachzentriertheit und Notengebung konfrontiert werden, denen zudem oft sogar medikamentös entgegengetreten werden soll.

Reaktionen der Schülerinnen und Schüler

Schülerinnen und Schüler haben seit Anbeginn der Schule ganz eigene Mechanismen entwickelt, um mit den Leistungsanforderungen umzugehen (oder: sie zu umgehen). Oft zeigen sie ein Ausweichverhalten, wenn sie merken, dass sie mit den Anforderungen nicht zurechtkommen (BECKER, 1995):

- sie sagen dem andern bei der Arbeit vor,
- sie schreiben voneinander ab,
- sie verpetzen andere Schüler, die abgeschrieben haben,
- sie fertigen Spickzettel an,
- sie fehlen, wenn eine Arbeit geschrieben werden soll,
- sie kommen zu spät, wenn eine Arbeit ansteht,
- die Klasse weigert sich, eine Arbeit zu schreiben,
- ein Schüler sagt laut eine Lösung während der Klassenarbeit,
- sie arbeiten mit Klopfzeichen,
- sie bitten beim Diktat um Wiederholung, um Zeit zu gewinnen,
- sie verlieren die Nerven und sind blockiert,
- sie verbessern eine Arbeit nach der Korrektur,
- sie fälschen die Unterschriften von Eltern, um sich häuslichen Ärger zu ersparen,

– sie beschweren sich über die Art der Aufgabenstellung,
– sie empfinden die Benotung als ungerecht usw.

BECKER nennt damit eher Merkmale einer gemäßigt sekundären Anpassung: Mogeln, Abschreiben, Schwindeln, geheucheltes Interesse, Streiche, Blödeleien, Nebenengagement. Die destruktive sekundäre Anpassung ist allerdings auch zu beobachten: Zerstörung, Provokation, Schwänzen, Lernverweigerung, Flucht, Rückzug.

Eine oft vertretene Meinung ist, dass Kinder leisten wollen und deshalb auch Leistungsanforderungen unterworfen werden müssen. Dieses alte Argument taucht immer dann auf, wenn um Leistung in der Schule diskutiert wird. Mit diesem Argument werden aber zwei Dinge vermischt: Die kindliche Leistung unterscheidet sich gerade unter dem soeben umrissenen Leistungsbegriff deutlich von der in der Schule verlangten Leistung. Aus Gründen der Anschaulichkeit seien diese beiden Positionen als Gegensätze formuliert:

Tab. 2 Unterschiedliche Leistungsbegriffe von Kind und Schule

	Tätigkeit / Handlung	Bewertung
Leistung des Kindes	selbst gewählt	Selbstbewertung
Leistung in der Schule	andere wählen aus	Fremdbewertung

Die vom Kind erbrachte Leistung unterscheidet sich also von der in der Schule verlangten Leistung darin, dass die Art der Tätigkeit im ersten Fall ebenso selbst bestimmt ist, wie die sich anschließende Bewertung. In der Schule werden Handlungen von anderen gesetzt und auch von diesen bewertet. Dabei ist klar, dass Formen der Selbstbewertung und die Suche nach Bestätigung erlernt werden. Die Rechtfertigung für schulischen Leistungsdruck durch den kindlichen Willen zur Leistung ist also so einfach gesehen falsch.

Für die Lehrkräfte ist wichtig: Leistungsprinzip und gute Atmosphäre dürfen sich also nicht widersprechen. Leistung stellt ja dort kein Problem dar, wo die Leistungshandlung Spaß macht. Daraus ergibt sich eine einfache Forderung: Lernen muss Spaß machen. Dies aber nicht nur der Freude wegen, denn Leistung ist umgekehrt nur in einer guten Atmosphäre möglich. Bei einer reinen Strafpädagogik ist die Leistungsbereitschaft bald gelöscht. Bestleistungen oder außergewöhnliche Leistungssteigerungen sind nicht durch Zwangsmaßnahmen gegenüber anderen zu erzielen (LENK, 1976, S. 70). Zum Marschieren, aber nicht zu einem Weltrekord im Marathonlauf kann man jemanden zwingen. Aufbau einer Leistungsmotivation wäre damit eines der zentralen Ziele von Schule. Wenn man immer wieder hört, dass Leistung etwas mit Unlust zu tun haben muss und keinen Spaß machen darf, dann widerspricht dies psychologischen Erkenntnissen und ist auch leicht zu überprüfen an den eigenen Emotionen, wenn man intensiv einem Hobby nachgeht. PEKRUN & SCHIEFELE (1996, S. 164) haben die lernrelevanten Emotionen wie folgt zusammengefasst:

Tab. 3 Klassifikationen lernrelevanter Emotionen

		positiv	negativ
aufgaben-bezogen	Prozessbezogen	Lernfreude	Langeweile
	Prospektiv	Hoffnung Vorfreude	Angst Hoffnungslosigkeit
	retrospektiv	Ergebnisfreude Erleichterung Stolz	Traurigkeit Enttäuschung Scham / Schuld
sozial		Dankbarkeit Empathie Bewunderung Sympathie / Liebe	Ärger Neid Verachtung Antipathie / Hass

Dass Lernen und Leisten etwas mit Leiden und „Wehtun" zu tun haben müssen, ist wohl eher die Übertragung eigener negativer Lernerlebnisse auf die jüngere Generation.

Fazit

Die Frage rückt in den Mittelpunkt, wie wir in der Schule lernen, und weiter, was die Ursachen dieses Lernens und Begründungen dafür sind. Es zeigt sich, dass das schulische Lernen nicht über den Zugang optimales Lernen definiert, sondern über den Zugang optimale Leistungsbeurteilung bestimmt wird: „Es spricht manches für die Vermutung, dass die Leistungsbeurteilung sich verselbstständigt hat. Eine für die pädagogische Arbeit nebensächliche Erscheinung ist zur Hauptsache geworden" (SOLL, 1993, S. 3). Dies führt zu einer Verarmung und damit zu einem überholten Lernen. Es scheint möglich, über die Leistungsdiskussion, welche ja Kern der Schule ist, die Schule selbst – auch in rein organisatorischen Bereichen – Veränderungen erfahren zu lassen, um ihren Auftrag den Herausforderungen der Zukunft angemessen anzupassen.

Literatur

BECKER, G. E.: Lehrer lösen Konflikte. Weinheim 1995.

BELLENBERG, G. / KLEMM, K.: Von der Einschulung bis zum Abitur. Zur Rekonstruktion von Schullaufbahnen in Nordrhein-Westfalen. Zeitschrift für Erziehungswissenschaft, 1, 1998, 577–596.

BOLTE, K.: Leistung und Leistungsprinzip. Opladen 1979.

DOSENBACH, F. H. / FAIX, W. G. / HOFMANN, L. / STULLE, P. K.: Bildungskrise? Bildungskrise! Köln 1993.

EINSIEDLER, W. / GLUMPLER, E.: Analysen zur Entwicklung des Sitzenbleibens. Die deutsche Schule, 81, 1989, 248–259.

EUROPÄISCHE GEMEINSCHAFTEN – Kommission: Die Bekämpfung des Schulversagens: eine Herausforderung an ein vereintes Europa.

Luxemburg (Amt für amtliche Veröffentlichungen der Europäischen Gemeinschaften) 1994.

HANSEL, T.: Zum Verständnis der Grundschule als Leistungsschule. Lehrer Journal, 1991, 4–7.

HELDMANN, W.: Studierfähigkeit durch berufliche Ausbildung? Sinn und Ziel wissenschaftspropädeutischer Grundbildung. Krefeld 1987.

HILDESCHMIDT, A.: Schulvesagen. Aus: OERTER, R.; MONTADA, L. (Hrsg.): Entwicklungspsychologie. Weinheim 1998, S. 990–1005.

HONDRICH, K.O. / SCHUMACHER, J. / ARZBERGER, K. / SCHLIE, F. / STEGBAUER, C.: Krise der Leistungsgesellschaft? Opladen 1988.

HUBER, L.: Nur allgemeine Studierfähigkeit oder doch allgemeine Bildung? In: K. ERMERT (Hrsg.), (S. 53–72). Loccum 1994.

INGENKAMP, K.: Zur Diskussion über die Leistungen unserer Berufs- und Studienanfänger. Zeitschrift für Pädagogik, 32, 1986, 1–29.

KAZEMZADEH, F. et al. (Hrsg.): Studierfähigkeit – Eine Untersuchung des Übergangs vom Gymnasium zur Universität. Hannover (HIS) 1987.

LENK, H.: Sozialphilosophie des Leistungshandelns. Stuttgart 1976.

NATH, A.: Bildungssystem und soziale Differenzen. In: J. SCHLÖMER-KEMPER (Hrsg.), Differenzen (S. 63–86). Weinheim 2000.

NATH, A.: Die Perioden des modernen Bildungswachstums. In: H.-J. APEL; H. KEMNITZ / U. SANDFUCHS (Hrsg.) Das öffentliche Bildungswesen. Historische Entwicklung – gesellschaftliche Funktion – pädagogischer Streit. Bad Heilbrunn 2001.

PAETZOLD, B.: Familie und Schulanfang. Bad Heilbrunn 1988.

PEKRUN, R. / SCHIEFELE, U.: Emotions- und motivationspsychologische Bedingungen der Lernleistung. Aus: WEINERT, F. E. (Hrsg.): Psychologie des Lernens und der Instruktion. Göttingen (Hogrefe), 1996, S. 154–180.

ROßBACH, H. / TIETZE, W.: Schullaufbahnen in der Primarstufe: eine empirische Untersuchung zu Integration und Segregation von Grundschülern. Münster 1996.

SACHER, W.: Schulleistung. Forderung, Überprüfung, Beurteilung. Dillingen, Akademie für Lehrerfortbildung 1992.

SALDERN, M. v.: Schulleistung in Diskussion. Hohengehren 1999a.

SALDERN, M. v.: Timss-kulturell interpretiert. Die deutsche Schule, 1999b, 186–201.

SCHILMÖLLER, R.: Leistung und Leistungsbeurteilung in der Schule: Pädagogischer Sinn und gesellschaftliche Notwendigkeit. ForumE, 1990, 10–17.

SOLL, W.: Grundschule im Wandel; Leistungserziehung – Leistungsförderung – Leistungsbewertung. Wissenschaft und Praxis, 1993, 1–7.

TITZE, H.: Der historische Siegeszug der Bildungsselektion. Zeitschrift für Soziologie der Erziehung und Sozialisation, 18, 1998, 66–81.

TITZE, H.: Zensuren in der modernen Gesellschaft. In: J. SCHLÖMER-KEMPER (Hrsg.), Differenzen (S. 49--62). Weinheim 2000.

ULICH, D. / JERUSALEM, M.: Interpersonale Einflüsse auf die Lernleistung. 1986, S. 181–208.

HERMANN PFEIFFER

Interne und externe Evaluation von Schule

In diesem Beitrag geht es um Evaluation von Schule. Inzwischen – nach ca. zehn Jahren aktueller Debatte über das Thema in der Bundesrepublik Deutschland – wird kaum noch darum gestritten, ob Evaluation sinnvoll allein von außerhalb oder allein von innerhalb der Schulen kommen soll. Denn in unterschiedlichen Vorhaben, entweder freiwillig von Schulen begonnen, im Rahmen von Modellversuchen oder ausgelöst und veranlasst durch Erlasse und Schulgesetze sowie empirische Untersuchungen findet sowohl externe als auch interne Evaluation von Schule statt. Dabei entfaltet sie Wirkungen unterschiedlicher Art und wird entsprechend entweder begrüßt oder abgelehnt.

Hier soll und kann nicht die Frage nach grundsätzlicher Sinnhaftigkeit von Evaluation im Bildungswesen aufgeworfen und beantwortet werden, dafür fehlen trotz einer Reihe von Erfahrungen mit entsprechenden Vorhaben die dafür notwendigen empirischen Grundlagen. Trotzdem soll an passenden Stellen auf solche Erfahrungen Bezug genommen werden.

Im vorliegenden Zusammenhang scheint es allerdings sinnvoll zu sein danach zu fragen, was unter Evaluation von Schule verstanden wird (Abschnitt 1), welche Entwicklungs- und Begründungslinien für die aktuelle Konjunktur von Evaluation ausschlaggebend sind (Abschnitt 2), wie sich dies im internationalen Rahmen darstellt (Abschnitt 3) und schließlich welche – insgesamt eher vorläufigen – Erfahrungen mit der Evaluation von Schule gesammelt wurden und was daraus zu lernen ist.

Evaluation von Schule: Bestimmung des Gegenstands

In einem nach wie vor grundlegenden und lesenswerten Arbeitspapier der OECD wird zusammenfassend so beschrieben, worum es bei *Evaluation* geht:

„Erstens Informationen sammeln, die Auskunft darüber geben, wie gut ein System funktioniert; zweitens feststellen, welche seiner Elemente nicht zufriedenstellend arbeiten; drittens versuchen, die Situation zu verbessern" (CERI, 1994, S. 17).

Zwei zentrale Begriffe und Leitlinien, die sich in der Praxis überschneiden, werden in diesem Zusammenhang hervorgehoben:

- „*accountability*", was meist mit Rechenschaft übersetzt wird und meint, dass die von der Gesellschaft finanzierten Schulen auch die Aufgaben erfüllen sollen, die ihr von der Gesellschaft zugewiesen werden und
- „*school improvement*", also Weiterentwicklung und Verbesserung von Schule – damit wird die Leistung und Leistungsfähigkeit und deren Feststellung durch externe oder interne Evaluation in den Vordergrund gerückt.

Weitere Bestimmungs- und Definitionsversuche finden sich in zahlreichen Artikeln und Aufsätzen zum Thema, die in den letzten Jahren erschienen sind (BUHREN u. a., HOLTAPPELS, KEMPFERT / ROLFF). Hier sollen noch zwei davon angeführt werden, die in eher praxisorientierten Materialien für den Gebrauch in Schulen formuliert wurden. Der erste steht unter der Überschrift „Was ist Evaluation? – Arbeitsdefinitionen":

Evaluation ist	
die systematische Sammlung, Analyse und Bewertung von Informationen über schulische Arbeit	
Schulinterne Evaluation ist ...	Schulexterne Evaluation ist ...
- ein kontinuierlicher systematischer Lern- und Arbeitsprozess der Schule selbst,	- eine durch Verpflichtung oder Vereinbarung veranlasste,
- bei dem vor Ort, von den Beteiligten selbst,	- von schulexternem Personal (Schulaufsicht, anderen Schulen, Eltern) durchgeführte,
- Informationen bzw. Daten	- Analyse und Bewertung
- über das Lernen, den Unterricht und die Schule gesammelt werden, um	- vorhandener oder eigens erhobener Daten oder Informationen der Schule oder ihrer Mitglieder
- Erkenntnisse aus ihnen zu gewinnen und begründet zu bewerten.	- über Ergebnisse, Bedingungen und Qualität des Lernens, des Unterrichts und des Schullebens.
Wozu überhaupt Evaluation? - Die Notwendigkeit externer Evaluation	
Ziel der externen Evaluation ist es, - Schulen eine Rückmeldung über ihren Leistungsstand zu geben, - die Vergleichbarkeit der Schulen und ihrer Anforderungen zu sichern, - Schulentwicklung anzuregen, - Grundlagen für Bildungsberichterstattung zu gewinnen, - die Einhaltung von eingeräumten Frei- und Gestaltungsräumen zu gewährleisten.	

(BURKHARD/EIKENBUSCH, 2000, S. 23–24)

Um das Spektrum der verwendeten Definitionen aufzuzeigen eine weitere „Pragmatische Begriffsbestimmung“:

„Evaluation ist ein systematisches Verfahren zur Auswertung und Bewertung. Wer evaluiert, will

- geplant, strukturiert, methodisch, zielorientiert und auf solider Grundlage vorgehen,
- Evaluation als Instrument und nicht als Selbstzweck begreifen,
- auf bereits vorhandene oder praktikabel zu ermittelnde ‘Daten’ Bezug nehmen,
- kriterienorientiert urteilen,

um die Verwirklichung von Zielen und Umsetzung von Planungen offen zu legen und daraus praktische, sichtbare Konsequenzen zu ziehen.“ (SENATOR FÜR BILDUNG, WISSENSCHAFT, KUNST UND SPORT BREMEN 1996, S. 5)

Man kann nun mit Sinn die Frage aufwerfen, ob wir es bei der Evaluation von Schulen mit einem neuen „Modetrend“ zu tun haben oder ob damit eine viel zu lange vernachlässigte Aufgabe von Schulen aufgegriffen wird.

Zunächst einmal lässt sich beobachten, dass die interne Evaluation von Schulen durch Lehrerinnen und Lehrer bislang wenig systematisch praktiziert wird. Zwar haben viele Kollegien Erfahrung in der gemeinsamen Reflexion ihrer Arbeit, dennoch kann gelten, dass Traditionen systematischer Evaluation in Schulen nur rudimentär vorhanden sind. Ausnahmen bilden hier vermutlich nur „Modellschulen“ wie etwa die Laborschule in Bielefeld, bei der Selbstevaluation gleichsam zum Prinzip gehört (LÜTGERT, 1994). Vergleichbares gilt für die externe Evaluation der einzelnen Schulen als System, die in Deutschland in der Vergangenheit nur sporadisch erfolgte, z. B. als es um die Einführung und Bewährung der integrierten Gesamtschule ging. Allerdings haben die Diskussionen über Qualitätsentwicklung von Schule und internationale Vergleichsuntersuchungen wie TIMSS und PISA zur Folge, dass verstärkt Evaluation auf allen Ebenen der Schule gefordert wird. Entsprechend werden Vorhaben durch die Schulverwaltungen und die zuständigen Ministerien eingeleitet und z. T. in entsprechende Erlasse und Schulgesetze eingebracht.

Entwicklungslinien der Evaluation von Schulen

Vorreiter in diesem Feld waren in Deutschland die Universitäten und Hochschulen. Als zweiter Bereich des Bildungswesens wurde die berufliche und betriebliche Weiterbildung von der Diskussion um Verfahren des „Bildungscontrolling", der Erfolgsevaluation von Angeboten und des „Qualitätsmanagements" erfasst (vgl. FEUCHTHOFEN / SEVERING, 1995).

Im Schulbereich setzte die entsprechende Diskussion zwar verspätet, aber offenbar recht kräftig ein. Aktualität erhielt das Thema in letzter Zeit vor allem in der öffentlichen Diskussion über die Konsequenzen aus dem durchschnittlichen Abschneiden deutscher Schulen im internationalen Vergleich bei TIMSS. Vorher und inhaltlich wichtiger war aber insbesondere die sog. Autonomiedebatte (vgl. DASCHNER / ROLFF / STRYCK, 1995): Evaluation wird hier zum einen als Gestaltungsmittel für selbständig planende und handelnde Schulen verstanden, als Werkzeug einer selbstverantworteten Schulentwicklung also. Ferner wird Evaluation im Zusammenhang der Diskussion um eine veränderte Schulaufsicht als neue Form der Qualitätssicherung gefordert. Wenn Schulen mehr Selbständigkeit erhalten, staatliche Vorgaben also abgebaut werden, übernehmen die einzelnen Schulen in größerem Maße als bisher Verantwortung für die Qualität ihrer Arbeit und ihrer Ergebnisse. Um auch bei dann sehr unterschiedlichen Schulprofilen weiterhin eine Gleichwertigkeit der Ausbildung garantieren zu können, sollten Schulen deshalb interne Verfahren zur Qualitätssicherung und Evaluation ihrer Arbeit entwickeln und extern Rechenschaft über ihre erreichten Ziele ablegen (vgl. ROLFF, 1993; LIKET, 1993).

Wenn auch nicht immer unter dem Stichwort Evaluation, so gibt es dennoch bereits seit den 1970er-Jahren Strategien zur Schulentwicklung, die darauf setzten, Weiterentwicklung der Arbeit von Kollegien und Schulen auf der Grundlage systematischer Datenerhebungen zu Problemen oder zu Teilbereichen von Schulen zu betreiben. U. E. lassen sich auf einzelne Schulen bezogen im Wesentlichen drei Entwicklungslinien ausmachen, bei denen Evaluation mehr oder weniger explizit zum Thema wurde:

- Handlungsforschung und Aktionsforschung,
- Organisationsentwicklung von Schule,
- Qualitätssicherung von Schule.

Evaluation erfüllt bei diesen drei Handlungsansätzen durchaus unterschiedliche Funktionen. Während sie im Rahmen von Aktionsforschung vorrangig als Reflexionsinstrument und professionelles Arbeitsmittel von Lehrerinnen und Lehrern verstanden wird, kommt ihr bei der Organisationsentwicklung von Schule vor allem die Funktion als Gestaltungsmittel von Schulen als Systemen zu. Bei den Qualitätssicherungsansätzen wird schließlich der Aspekt von Evaluation als (Selbst-)Steuerungsmittel betont, das der „Qualitätssorge" der einzelnen Schule in Verbindung mit externer Evaluation, aber auch des gesamten Schulsystems dienen soll.

Handlungsforschung und Aktionsforschung

Der historisch älteste der hier betrachteten Ansätze zur datengestützen Reflexion schulischer Arbeit ist die Aktions- bzw. Handlungsforschung. Der Schritt der Forscher in die Praxis der Schulen hatte zum Ziel, gemeinsam mit den Mitgliedern der Organisation Probleme der Schulpraxis zu identifizieren und zu lösen. Der Einsatz sozialwissenschaftlicher Methoden sollte unmittelbar in den Dienst konkreter Praxisprobleme gestellt werden und Daten zur Verfügung stellen, die den Organisationsmitgliedern eine Basis für systematische Reflexion ihrer beruflichen Situation ermöglichten.

Trotz dieses Anspruchs lag in der Praxis vieler Handlungsforschungsprojekte die Initiative auf der Seite der Forscher. Die Hoffnung, durch „interventive Erziehungsforschung" (HAMEYER, 1984) zu einer unmittelbaren Weiterentwicklung der Situation von Schulen zu kommen, erfüllte sich allerdings nur zum Teil.

Anders verlief die Entwicklung im englischsprachigen Raum, wo Aktionsforschungsansätze weiterentwickelt wurden und das Ziel der Praxisveränderung wohl konsequenter verfolgt wurde als in den deutschen Projekten. Von besonderer Bedeutung in unserem Zusammenhang ist die sog. „Teacher-as-Researcher"-Bewegung (ELLIOTT, 1991). Ziel war hier nicht nur die Beratung und Unterstützung der Schulpraktiker durch Forscher, sondern Lehrerinnen und Lehrer sollten selbst dazu qualifiziert werden, Forschung über ihre eigene Praxis zu betreiben und sie als Reflexionsinstrument einzusetzen. Diese Ansätze wurden in der zweiten Hälfte der 1980er-Jahre maßgeblich von den Österreichern ALTRICHTER und POSCH aufgegriffen und für die deutschsprachige Schulentwicklung und Lehrerfortbildung nutzbar gemacht (1990).

ALTRICHTER / POSCH definieren mit ELLIOTT Aktionsforschung als „die systematische Untersuchung beruflicher Situationen, die von Lehrern selbst durchgeführt wird, in der Absicht, diese zu verbessern" (ELLIOTT,, zit. nach ALTRICHTER / POSCH, 1994, S. 11). Die Autoren gehen im Weiteren davon aus, dass technische Rationalität als Grundlage von Handlungen professioneller Praktiker wie die von Lehrerinnen und Lehrern zu Recht in Zweifel gezogen wird, da sie die Voraussetzungen dieser Praxissituationen gar nicht erfüllt, denn ihre Praxis ist nicht durch unzweifelhafte Ziele und stabile institutionelle Kontexte gekennzeichnet. Im Gegenteil müssen Lehrerinnen und Lehrer in komplexen, unsicheren, einzigartigen und durch Wert- und Interessenskonflikte gekennzeichneten Praxissituationen handeln und entscheiden. Dies bedeutet, dass „lokales Wissen" unerlässlich ist, um sinnvolles und bewusstes Handeln in solchen komplexen Situationen zu ermöglichen.

Das damit angesprochene Handlungsrepertoire, das als Aktionsforschung gefasst wird, wird nach ALTRICHTER / POSCH durch folgende charakteristische Merkmale gekennzeichnet (vgl. ALTRICHTER / POSCH, 1994, S. 13f.):

- Es liegt in der Verantwortung der von einer sozialen Situation unmittelbar Betroffenen und wird von ihnen selbst betrieben (ggf. unter Heranziehung externer Experten, den sog. critical friends).
- Es setzt an Fragen der schulischen Praxis an und will diese Praxis und das Wissen darüber weiterentwickeln.
- Es soll mit den pädagogischen Zielen der Schule und mit den bestehenden Bedingungen der Lehrerarbeit vereinbar sein.
- Es soll auf einfachen Methoden mit einem vertretbaren Verhältnis von Aufwand und Erfolg beruhen.
- Es soll das Handeln in der Praxis und das Schlüsse-Ziehen aus der Handlungserfahrung eng und immer wieder aufeinander beziehen.

In mehreren Fortbildungsprojekten wurde in Österreich mit dieser Form der systematischen Untersuchung von Arbeits- und Unterrichtssituationen durch Lehrerinnen und Lehrer experimentiert. Mit einem breiten Spektrum an Untersuchungsinstrumenten und Evaluationsverfahren, die – von Praktikern selbst entwickelt – vom Führen eines Tagebuchs über den Einsatz von Fragebögen bis hin zu Ton- und Videoaufzeichnungen reichen, wurden von Lehrerinnen und Lehrern Praxisprobleme analysiert und daran anschließend Handlungsstrategien entwickelt und erprobt.

Organisationsentwicklung von Schule

Im Unterschied zu dem eben geschilderten Ansatz geht es bei der Organisationsentwicklung um die Entwicklung, Gestaltung und Evaluation des gesamten Systems Schule.

Hier soll Organisationsentwicklung als „ein offenes, planmäßiges, zielorientiertes und langfristiges Vorgehen im Umgang mit Veränderungsforderungen und Veränderungsabsichten in sozialen Systemen" gefasst werden (ROLFF, 1993, S. 153). Organisationsentwicklung von Schule zielt demnach darauf ab, Schulen in die Lage zu versetzen, Probleme und Veränderungsanforderungen in eigener Verantwortung zu bewältigen und Entwicklungsprozesse selbständig planen und gestalten zu können. Die Selbsterneuerungsfähigkeit und Problemlösekompetenz von Schulen soll erhöht werden und Schulen sollen letztlich als „lernende, selbstreflexive Organisationen" begriffen werden (vgl. dazu bspw. die Darstellungen von DALIN, 1986 für den europäischen Raum und von SCHMUCK / RUNKEL, 1994 für den US-amerikanischen Raum).

Für den deutschsprachigen Raum wurden von DALIN und ROLFF internationale Ansätze zur Organisationsentwicklung von Schule unter dem Titel "Institutionelles Schulentwicklungsprogramm" (DALIN / ROLFF, 1990, Neubearbeitung als DALIN / ROLFF / BUCHEN, 1995) weiterentwickelt und zu einem schulischen Handlungskonzept komprimiert. Idealtypisch verläuft ein Organisationsentwicklungsprozess in sechs Phasen (vgl. DALIN / ROLFF / BUCHEN, 1995, 44 ff.). Nach der Phase des Einstiegs in den Organisationsentwicklungsprozess, bei der es im Wesentlichen um Klärungen und Vereinbarungen für die gemeinsame Arbeit geht, nimmt in der „Diagnosephase" das Kollegium auf der Grundlage einer die aktuelle Situation der Schule betreffenden Datensammlung eine Bestandsaufnahme und Selbstbewertung der eigenen Arbeit vor. Auf dieser Basis werden Entwicklungsziele für die gemeinsame Arbeit formuliert und Prioritäten für konkrete Arbeitsvorhaben gesetzt. Dies mündet in die gemeinsame Planung des Entwicklungsprozesses im engeren Sinne, die in der Umsetzungsphase in die Schulpraxis implementiert werden soll. Den Abschluss eines ersten Durchgangs bildet schließlich die Evaluation und Überprüfung der Zielerreichung und Ergebnisse.

Evaluation spielt in diesem Phasenmodell eines Organisationsentwicklungsprozesses explizit an zwei Stellen eine besondere Rolle: Zunächst in der Diagnosephase, in der es um eine Situationsanalyse der eigenen Schule unter Beteiligung und Mitwirkung möglichst aller Mitglieder eines Kollegiums geht, und als Hilfsmittel für Kollegien, um projektbezogen Ergebnisse und die Umsetzung von Zielen überprüfen zu können. Die datengestützte Diagnose der Situation einer Schule und die Evaluation von Vorhaben sind also bereits konstitutive Bestandteile dieser Form von schulinterner Entwicklungsarbeit.

Insbesondere für die in Organisationsentwicklungsprozessen sehr wichtige Phase der Bestandsaufnahme und Situationsanalyse wurden inzwischen eine Reihe von Verfahren und Instrumentarien entwickelt, die von Schulen und Kollegien zu diesem Zweck eingesetzt werden können. So liegen beispielsweise bereits komplette Fragebögen vor, mit denen Einstellungen der Kollegiumsmitglieder zu wichtigen Bereichen der Schule erfragt werden können. Darüber hinaus wird in Organisationsentwicklungsprozessen häufig auch mit offenen Befragungen zur Situationsbeschreibung durch die Mitarbeiter gearbeitet (für Beispiele: PHILIPP, 1992; HORSTER, 1992; SCHMUCK / RUNCKEL, 1994; IFS-BAROMETER, 1996, 1999).

Besondere Bedeutung kommt bei der Evaluation im Rahmen von Organisationsentwicklung der gemeinsamen Kommunikation und Analyse von Daten und Ergebnissen zu. Die Interpretation von Evaluationsergebnissen wird hier immer als Aufgabe möglichst aller Beteiligter verstanden. Neben Erfahrungen mit Instrumenten zur Diagnose der Institution liegen deshalb im Bereich der Organisationsentwicklung von Schule wichtige Erfahrungen zur Prozessgestaltung von Evaluation und zur Umsetzung von Ergebnissen in Arbeitsplanung vor.

Sicherung von Leistung und Qualität von Schule

Die jüngsten Ansätze, bei denen Evaluation von Einzelschulen eine Rolle spielt, sind Überlegungen zur *Qualitätssicherung* von Schule. Bei entsprechenden Überlegungen zur „Qualitätsfeststellung“, „Qualitätskontrolle“ oder „Qualitätssorge“ von Schule handelt es sich im Kern um ein konsequentes Weiterdenken der im letzten Abschnitt angesprochenen Ansätze der Organisationsentwicklung.

Eine in der Verantwortung der Beteiligten liegende Gestaltung der einzelnen Schule hat zur Voraussetzung, dass die Entwicklung in ihrer Richtung, Ausprägung und ihren Zielen weitgehend selbständig festgelegt werden kann. Da dabei bestimmte Rahmenbedingungen wie gesetzliche Regelungen oder der grundsätzliche Bildungsauftrag der Schule nicht infrage gestellt werden können, kann es sich immer nur um eine begrenzte, relative Autonomie handeln. Allerdings besteht trotzdem ein erheblicher Gestaltungsspielraum innerhalb der vorgegebenen Grenzen, der im Extremfall zu einer erheblichen Auseinanderentwicklung von Schulen führen könnte. Unterschiedliche Profile und Schwerpunktsetzungen einzelner Schulen sind nun an sich nicht verwerflich, sondern im Gegenteil erwünscht und für das Klima wie die erfolgreiche Arbeit einer Schule eher hilfreich. Das hat nicht zuletzt die Diskussion und Forschung über „Qualität von Schule“ deutlich gemacht; im Übrigen ist dies ja gerade ein wesentliches Ziel der Organisationsentwicklung der Schule. Dennoch bleibt die Frage, wie eine gleichwertige Qualität der Ausbildungsbedingungen und Lernchancen gesichert und garantiert werden kann.

Hierfür wird als „neues Steuerungsmodell“ von Schule ein System der Kombination und Kopplung von interner und externer Evaluation vorgeschlagen (ROLFF, 1995; NEVO, 1994; LIKET, 1993). Wesentlicher Bestandteil der entwickelten Konzepte ist zunächst die schulinterne Evaluation, wie sie bereits bei den Organisationsentwicklungsmodellen zum Einsatz kommt. Eine Erweiterung erfährt diese dann insofern, als bedacht werden muss,

- welche Daten aussagekräftig für die Qualität einer Schule sind,
- wie bei der internen Evaluation die Verbindung zu staatlichen Rahmenvorgaben hergestellt werden kann und
- in welcher Form Ergebnisse nicht nur innerhalb der Schule, sondern auch nach außen kommunizierbar gemacht werden können.

Die Frage der Organisation von „Rechenschaftslegung“ leitet über zur Frage der Gestaltung der externen Evaluation. Interne Evaluation bedarf notwendigerweise der „Spiegelung“ durch externe Evaluation, wenn die Qualität der Einzelschule nicht nur nach intern entwickelten Maßstäben bewertet wird, sondern darüber hinaus an übergeordneten, staatlichen Qualitätskriterien gemessen werden soll. Als sozusagen „klassischer“ Instanz käme diese Aufgabe einer veränderten *Schulaufsicht* zu. Statt Verfahren, die sich auf die Kontrolle von einzelnen Personen beziehen, wäre dann die Evaluation von Schulen als Systemen Kern eines Qualitätssicherungssytems von Schule durch Schulaufsicht.

In Deutschland greifen entsprechende Vorstellungen zur Qualitätssicherung von Schule inzwischen durch die Vorschläge von Bildungskommissionen (z.B. BILDUNGSKOMMISSION NRW, 1995), neue Schulgesetze (z.B. Bremen) oder angestoßen durch die schon erwähnten Ergebnisse internationaler Vergleichsuntersuchungen zunehmend Platz. Anders sieht die Situation in vielen anderen europäischen Staaten aus, in denen entsprechende Verfahren bereits traditionell Bestandteil des Schulsystems waren (bspw. die englische Schulinspektion) oder in den letzten Jahren entwickelt und erprobt wurden.

Internationale Trends bei der Evaluation von Schulen

Trotz der teilweise erheblichen Unterschiede zwischen den Schulsystemen verschiedener Staaten lassen sich gemeinsame Trends und Parallelitäten in den Problemlagen und Entwicklungsrichtungen von Schule beschreiben. Die sozialen, kulturellen und ökonomischen Herausforderungen der Gegenwart haben in vielen Ländern zu teilweise grundlegenden Veränderungen und Umstrukturierungen des Bildungssystems geführt. In dem o. a. Arbeitspapier des CERI (Center for Educational Research and Innovation, eine Unterorganisation der OECD), das einen guten Überblick über den Stand der internationalen Entwicklungen zur Evaluation von Einzelschulen gibt, werden folgende gemeinsame Trends benannt:

- Dezentralisierung von Verwaltung und Finanzierung von Schulen,
- Erweiterung der Selbstgestaltungsmöglichkeiten für einzelne Schulen,
- Formulieren von staatlichen Mindeststandards bzw. Minimalzielen als Rahmenvorgaben, die von den einzelnen Schulen erreicht werden sollen,
- Aufbau von Qualitätssicherungssystemen durch unterschiedliche Formen systembezogener Schulinspektion bzw. -evaluation (CERI, 1994, S. 13; vgl. dazu auch HAENISCH, 1994 und DALIN, 1995).

Die Steigerung der Qualität von Schule, die Organisation „effektiverer" Lernprozesse in Schulen ist in vielen Ländern also zu einem zentralen bildungspolitischen Ziel avanciert. Der

Evaluation kommen in diesem Zusammenhang durchaus widersprüchliche Funktionen zu: Einerseits wird sie als Mittel zur Selbstvergewisserung und systematischen Qualitätsentwicklung der einzelnen Schule und ihrer Untereinheiten verstanden, andererseits wird sie jedoch auch als Mittel zur Kontrolle, Aufsicht und Effektivierung eingesetzt.

Welche Formen und Funktionen von Evaluation sind im internationalen Überblick zu beobachten?

Interne Evaluation von Schule

Interne Evaluation wird in erster Linie als Werkzeug der Schulentwicklung verstanden und soll hauptsächlich den folgenden Zielen dienen:

- Mittels Evaluation sollen Stärken und Schwächen von Schulen festgestellt werden, die als Basis für Veränderungen und Verbesserungen herangezogen werden;
- die professionelle Kompetenz der Lehrerinnen und Lehrer soll durch Selbstevaluationsverfahren verbessert werden;
- effektivere Organisations- und Handlungsstrukturen sollen entwickelt und implementiert werden;
- Schulen sollen zu „lernenden Organisationen“ werden, d. h. zu solchen, die eine Kultur selbstgesteuerter Verbesserung und Evaluation entwickeln;
- Lernchancen, Lernbedingungen und Leistungen von Schülerinnen und Schülern sollen verbessert werden (vgl. CERI, 1994, S. 20).

In vielen Ländern wurde bereits Mitte der 1980er-Jahre damit begonnen, schulinterne Evaluation anzuregen. Wichtige Anstöße gingen dazu von einem OECD-Projekt aus, in dessen Rahmen Verfahren des „school based review“ entwickelt wurden (BOLLEN / HOPKINS, 1987). Ähnlich den Situationsanalysen im Rahmen der Organisationsentwicklung von Schule wird ein „school-based-review“ als Einstieg in Schulentwicklungsprozesse verstanden. Grundlage der Selbstuntersuchungen waren zumeist Kollegiumsbefragungen, aber auch Eltern- und Schülerbefragungen, bei denen Einstellungen und Meinungen zu möglichst vielen Bereichen der Schule eingeholt wurden.

Bei der schulinternen Evaluation sind international drei wichtige Entwicklungen festzustellen:

- Erstens wurde in einigen Staaten (insbesondere in Skandinavien) die schulinterne Evaluation zur gesetzlichen Pflichtaufgabe von Schulen. Die Relevanz von Evaluation für die Schulentwicklung wird offenbar in vielen Ländern von Schulpraktikern zunächst geringer bewertet als von Schulberatern oder Aufsichtsbehörden. Dies führte dazu, dass freiwillig angebotene Unterstützung und Förderung an Grenzen stieß und entsprechende Initiativen der Gesetzgeber als notwendig angesehen wurden.
- Zweitens wird bei den Verfahren schulinterner Evaluation versucht, über die Erhebung von Einstellungen und Meinungen zur Schulsituation hinauszugehen sowie Kriterien und Indikatoren zu finden, die relevante Aussagen über Arbeitsergebnisse und den Qualitätsstand einer Schule zulassen. Darüber hinaus ist zu beobachten, dass zunehmend mehr qualitative Verfahren der Datensammlung eingesetzt werden.
- Schulinterne Evaluation wird drittens in vielen Ländern unmittelbar auf Schulprogramme bezogen. Zum einen sollen in diesen neben pädagogischen Zielen schulspezifische Qualitätsstandards formuliert werden, deren Erreichen durch Evaluation konkret überprüfbar ist. Zum anderen werden in Schul- und Arbeitsprogrammen konkrete Konsequenzen und für notwendig erachtete Handlungsschritte als Folgen einer Evaluation festgehalten.

Im Vergleich mehr Material findet sich demgegenüber zur externen Evaluation.

Externe Evaluation (school inspection)

Zwei für die staatliche Steuerung von Schule sehr wesentliche Instrumente sind die Festlegung von Rahmenvorgaben für übergreifende, grundlegende pädagogische Ziele und für die inhaltliche Arbeit (Curricula, Lehrpläne) und die Qualitätssicherung der schulischen Arbeit. In den letzten Jahren ist international insofern ein grundlegender Wandel eingetreten, als nicht mehr einzelne Lehrkräfte, sondern Schulen als Einheiten überprüft werden, dass nicht mehr die Ausführung von staatlichen Vorgaben oder Anweisungen kontrolliert, sondern das Erreichen von curricularen Zielvorgaben sowie die Umsetzung der von der Schule selbst formulierten Entwicklungsziele evaluiert wird.

Zum Kern des Qualitätssicherungssystems ist in vielen Ländern die Inspektion und Evaluation von einzelnen Schulen durch Aufsichtsbehörden geworden. Bei der Organisation dieser Schulinspektion gibt es eine große Variationsbreite, was Verbindung mit und Unabhängigkeit von den zu untersuchenden Schulen wie auch die Gewichtung von beratender und evaluierender Rolle betrifft. Entsprechend verstehen sich die Inspektoren eher als externe Einrichtungen, wenn es vorrangig um Rechenschaftslegung („accountability") und eher als „kritische Freunde", wenn es um Verbesserung und Entwicklung der Schulen gehen soll (CERI, 1994, S. 22).

Die Schulinspektion verläuft in der Regel nach einem gleichartigen Muster. Die Planung und Durchführung der Inspektion erfolgt durch staatliche Schulinspektoren. Jede Schule wird regelmäßig (alle zwei bis vier) Jahre von einem Inspektionsteam, dem teilweise „Laien" angehören, evaluiert. Diese Evaluation besteht aus einer vorbereitenden Phase, in der Daten und Dokumente der Schule ausgewertet und analysiert sowie vorbereitende Gespräche mit den Schulleitungen geführt werden. In manchen Ländern werden Schulen in dieser Phase auch aufgefordert, interne Evaluationen und Selbstbewertungen durchzuführen. Beim Schulbesuch erheben die Inspektoren in der Regel weitere Daten durch Gespäche mit Kollegiumsvertretern, Eltern, Schülern und teilweise bei Unterrichtsbesuchen. Gegenstand der Untersuchungen sind Aspekte der Schulorganisation, des Unterrichts, der Lernergebnisse, der Leitungs- und Managementstrukturen sowie der Mittelverwendung. Die Ergebnisse der Evaluation werden von den Inspektoren in mündlichen und schriftlichen Berichten zusammengefasst und mit der Schule diskutiert. In den meisten Ländern erfolgt darüber hinaus eine Veröffentlichung der Ergebnisse zumindest gegenüber den Eltern und Schülern. Die Schulen sind aufgefordert, aus den Ergebnissen Konsequenzen zu ziehen und konkrete Arbeitsvorhaben zu formulieren. Schulen, bei denen erhebliche Schwierigkeiten festgestellt wurden, werden in relativ geringem zeitlichen Abstand erneut durch die Inspektoren besucht („Follow-up evaluation").

Insbesondere England hat in den letzten Jahren damit begonnen, ein entsprechendes Inspektionswesen aufzubauen. In weniger standardisierter Form als in England arbeiten jedoch die Aufsichtsbehörden vieler europäischer Staaten (bspw. Niederlande, Belgien, Frankreich) mit Inspektion als Mittel der Qualitätssicherung von Schulen.

Leistungs- und Erfolgsindikatoren („Performance Indicators") als Evaluationskriterien

Offensichtlich gibt es ein Dilemma zwischen der Absicht, Qualität, Leistungen und Ergebnisse der Schulen erkennbar, messbar und darstellbar zu machen, und den objektiven Schwierigkeiten, dies auf pädagogische Prozesse bezogen konsistent und mit validen und reliablen Instrumenten und Verfahren tun zu können. Um dem abzuhelfen, wird in verschiedenen Ländern zunehmend versucht, „*performance indicators*" zu identifizieren, die eben dies leisten sollen (RILEY / NUTTALL, 1993).

Solche Indikatoren werden in dreifacher Weise genutzt und eingesetzt: erstens werden Kennwerte als Teil des Rechenschaftssystems verstanden und veröffentlicht, um Eltern und der weiteren Öffentlichkeit die Beurteilung der Leistungsfähigkeit von Schulen, teilweise auch im Vergleich mit anderen, zu ermöglichen; zweitens werden sie von Schulinspektoren als Basis für ihre Arbeit der Schulbeurteilung herangezogen und drittens werden sie von den Schulen selbst als Hilfe bei der Selbstevaluation und Qualitätsverbesserung genutzt.

Im internationalen Überblick zeigt es sich, dass Prüfungs- und Testergebnisse die meist genutzten und im größten Umfang akzeptierten Indikatoren für die Qualität einer Schule sind (CERI, 1994, S. 24). In manchen Staaten werden Ranglisten mit Testergebnissen einzelner Schulen veröffentlicht (beispielsweise in England), die Eltern als Kriterien für die Schulwahl dienen sollen. Zwar ist hinreichend bekannt, dass Test- und Prüfungsresultate nur sehr ungenügend Lernerfolge und darüber hinaus die erfolgreiche Arbeit einer Schule erfassen oder gar messen können, dennoch werden sie nach wie vor als aussagekräftigster derzeit verfügbarer Indikator für Leistung angesehen.

Besonders im Hinblick auf die Verwendung solcher Punktlisten für die Messung erfolgreicher Arbeit einer Schule werden grundsätzliche Probleme von Indikatoren als Mittel der externen Evaluation deutlich. Bekanntermaßen unterscheiden sich Schülerpopulationen verschiedener Schulen erheblich. Deshalb geht aus solchen Kennwerten gewiss der sozioökonomische Hintergrund der Schüler hervor, viel weniger aber Leistung, Leistungsfähigkeit oder gar Qualität einer Schule. Um dieses Problem zu korrigieren, gibt es Ansätze, neue Messverfahren zu entwickeln, die die relative Leistung einer Schule auf den Lernfortschritt ihrer Schüler bezogen in einem bestimmten Zeitraum erfassen können. Hier besteht allerdings die entscheidende Schwierigkeit darin, Eingangs- und Ausgangsfertigkeiten und -kenntnisse der Schüler/-innen zuverlässig und vergleichbar zu erfassen.

Neben Schülerleistungen werden als weitere Qualitätsindikatoren beispielsweise die regelmäßige Anwesenheit von Schülerinnen und Schülern, die beruflichen Laufbahnen von Absolventen und Schulversagerquoten genutzt. Angesichts der aktuellen Debatte scheint es aber sinnvoll, deutlich darauf hinzuweisen, dass (z. T. fragwürdige) quantitative Indikatoren allein keinesfalls in der Lage sind, die Qualität und den Qualitätsfortschritt einer Schule zu erfassen. Deshalb werden zunehmend qualitative Aspekte (wie Schulklima oder Ethos einer Schule) eingefordert und eine angemessene Mischung aus quantitativen und qualitativen Indikatoren für eine aussagekräftige und faire Evaluation vorgeschlagen. (vgl. z. B. KEMPFERT / ROLFF, 1999, S. 77–86)

Erfahrungen mit Evaluation von Schulen

Thema dieses letzten Abschnitts sollen Erfahrungen mit Evaluation sein. Diese wurden wie z. T. oben dargestellt in unterschiedlichen Zusammenhängen gesammelt und in Berichten und Materialien, die Schulen zur Evaluation anregen sollen, zusammengefasst. Auch Fortbildungsmaßnahmen und Modellversuche haben Ergebnisse erbracht, die für zukünftige Evaluationsvorhaben wichtige Hinweise enthalten.

Insgesamt immer noch wenig ist über die *Wirkungen*, Effekte und den Nutzen von Evaluation für die Schulentwicklung bekannt, die Forschungslage ist als eher dürftig zu bezeichnen (vgl. DALIN, 1995, S. 331; BUHREN / KILLUS / MÜLLER, 2000, S. 327). Systematische Forschung über Wirkungen von Evaluation in Schulen ist international bislang sehr punktuell erfolgt.

Über die Wirkungen von externer Evaluation gibt es bislang ebenso wenig systematisches Wissen wie über Ergebnisse von interner Evaluation. Offenbar werden externe Evaluationen von Schulen jedoch eher akzeptiert und können größere Wirkung entfalten, wenn sie durch interne Evaluationen der Schulen vorbereitet wurden (vgl. COLEMAN, 1992).

In England werden seit 1994 Begleituntersuchungen zur Schulinspektion (s. o.) mit Fallstudien, Fragebögen und Interviews durchgeführt. Für welche konkreten Bereiche die Inspektion als hilfreich angesehen wurde oder welche innerschulischen Entwicklungen dadurch gefördert wurden, bleibt dabei weitgehend unklar. Man erhält im Gegenteil den Eindruck, dass die eigentliche Wirkung der externen Evaluation sich vor allem auf die Phase der Vorbereitung der Visitation bezog, und zwar insofern, als die Vorbereitung des Besuchs der Schulinspektion im überwiegenden Teil der Schulen erhebliche Ängste und Druck verursachte (vgl. FIDLER u. a., 1998, S. 260). Dass Evaluation im Rahmen von OfSTED vermutlich trotzdem einen Einfluss auf die Weiterentwicklung der Schulen hat, hängt wohl mit der Zuteilung von zusätzlichen Ressourcen zusammen, die mit einer positiven Beurteilung der Schulen einhergeht.

In den USA wird externe Evaluation von Schulen über mehrere Jahrzehnte mit standardisierten Tests zur Ermittlung von Schülerleistungen sowie der Evaluation von Lehrerhandeln in unterschiedlichen Dimensionen durchgeführt. In einer zusammenfassenden Analyse und Bewertung der unterschiedlichen Ansätze und Verfahren dieser seit vielen Jahren weit verbreiteten Praxis kommen MILLMAN und SYKES (1992) zu dem Ergebnis, dass es bisher keinerlei empirische Evidenz dafür gibt, dass diese Formen der Fremdevaluation einen positiven Einfluss auf Schulentwicklung haben (a. a. O., S. 5f.). Trotz dieses Befundes, der auch von anderen US-amerikanischen Schulforschern bestätigt wird, scheint der Trend ungebrochen zu sein, externe Leistungsevaluationen und deren Ergebnisse als einen wesentlichen Faktor von Schulqualität zu betrachten. In einer neuen Untersuchung der externen Evaluation von Schule in vier Bundesstaaten wird erneut danach gefragt, welche Wirkungen die Erhebung von Schülerleistungen auf Schulentwicklung hat und ob ein Zusammenhang zwischen Schülerleistung und Lehrerhandeln besteht (MILLMAN,

1997). Auch hier ist das Ergebnis, dass kein nachweisbarer Einfluss auf Schulentwicklung bzw. die Verbesserung der Schulqualität nachzuweisen ist (a.a.O., S. 243f.).

Was die Selbstevaluation betrifft, so lässt sich die Situation wie folgt kennzeichnen (vgl. BUHREN / KILLUS / MÜLLER, 2000): Teils auf der Grundlage von Verpflichtungen, teils freiwillig führen Schulen Selbstevaluation durch. Einzelne Schulen erhalten dabei externe Unterstützung, beispielsweise im Rahmen von Pilotprojekten oder Modellversuchen. Somit existieren einige Erfahrungen mit Selbstevaluation von Schule, die häufig in Projektberichten dokumentiert worden sind.

HAENISCH und KINDERVATER untersuchten im Rahmen des von der Europäischen Kommission initiierten Projekts „Evaluation der Qualität von Schule und Unterricht", an dem insgesamt 100 Schulen (Sekundarstufe I und II) aus 18 Ländern teilnahmen, neun deutsche Schulen aus fünf Bundesländern. Dazu haben sie nach Abschluss des einjährigen Projekts im Sommer / Herbst 1998 Interviews mit den beteiligten Lehrern geführt. Danach scheint die systematische Sammlung und Auswertung von Daten im Rahmen von Selbstevaluation einiges zu bewirken: „Selbstevaluation – so wird gesagt – führt zu einer bewussteren Wahrnehmung der schulischen Aufgaben, setzt Reserven frei, befördert die Selbständigkeit von Schule und ermöglicht es, sich schneller auf Veränderungen einzustellen. Außerdem stärkt sie die Professionalisierung der Lehrerschaft – auch dadurch, dass sie Schwachpunkte aufdecken hilft und einen distanzierteren Blick auf die unterrichtliche Arbeit ermöglicht. Insgesamt hilft Selbstevaluation, die Schule weniger zufällig weiterzuentwickeln." (HAENISCH / KINDERVATER, 2000, S. 121) Darüber hinaus wird ein wichtiger Begleiteffekt in der Intensivierung der Kommunikation innerhalb des Kollegiums gesehen.

Das Hauptinteresse gilt dabei meist der Frage, wie in Schulen mit Hilfe von Selbstevaluation eine Kultur der Auseinandersetzung mit Qualität aufgebaut werden kann. Weil es sich hier um ein neues Forschungsfeld handelt, kommen vorwiegend Formen prozessbegleitender Evaluation und qualitative Erhebungsverfahren zum Tragen. Nicht durchgeführt wurden dagegen systematische Datenerhebungen mit dem Ziel, die Effektivität von Selbstevaluation eingehender zu untersuchen und das an empirisch überprüfbaren Kriterien wie Qualität des Unterrichts oder Lerneffekte bei den Schülern festzumachen. Stattdessen hat man die Akteure über subjektiv wahrgenommene Auswirkungen – sowohl auf der Prozess- als auch auf der Produktebene – befragt. Übereinstimmung besteht dahingehend, dass sich unter dem Einfluss von Selbstevaluation die Kommunikation und Kooperation im Kollegium, das Klima für innovatives Arbeiten sowie die methodischen Kompetenzen der Lehrer (z. B. im Hinblick auf feed-back oder Evaluation) nennenswert verbessert haben. Aufgrund unterschiedlicher Ausgangssituationen in den Schulen und dementsprechend unterschiedlicher Entwicklungsschwerpunkte gibt es aber nur wenige übereinstimmende Berichte über konkrete Auswirkungen.

Selbstevaluation von Schule hat Wirkungen ebenso wie Nebenwirkungen. Dabei sind die Wirkungen von Selbstevaluation in hohem Maße abhängig von dem jeweils gewählten Evaluationsbereich. Das heißt, je konkreter sich das Evaluationsvorhaben auf die alltägliche Praxis von Schule und Unterricht bezieht, umso deutlicher sind Wirkungen in Form von Veränderungen und Optimierungen der jeweiligen Praxis feststellbar. Diese beziehen sich insbesondere auf den pädagogisch-unterrichtlichen Bereich (z. B. stärkere Akzentuierung schülerorientierter Lernformen), aber auch auf den Bereich der sozialen oder leistungsbezogenen Entwicklung der Schülerinnen und Schüler sowie der institutionellen Entwicklung der ganzen Schule (z. B. Vereinbarungen über kollegiumsweite Fortbildungen).

Ebenso bedeutsam wie diese intendierten, mit bestimmten schulinternen Arbeitskonzepten im Zusammenhang stehenden Wirkungen erscheinen die von den Lehrern berichteten Begleiteffekte oder Nebenwirkungen der Selbstevaluation. Sie führten an vielen Schulen zu einer erhöhten Selbstreflexion und einer damit verbundenen größeren Sensibilität für notwendige Veränderungen, sie gaben den Anstoß für einen intensiven Dialog im Kollegium über Fragen der Qualität von Schule und Unterricht sowie für die Ausarbeitung entsprechender Zielkriterien und -indikatoren. Hierbei – ebenso wie bei den bereits erwähnten intendierten Wirkungen – muss allerdings berücksichtigt werden, dass es sich ausschließlich um von den Akteuren in den beteiligten Schulen wahrgenommene Auswirkungen handelt, die nicht durch entsprechende Forschung nachgewiesen worden sind. Die Tatsache der Wiederholung bestimmter Sachverhalte (vgl. hierzu STRITTMATTER, 2000; HAENISCH / KINDVATER, 2000; ALTRICHTER / MESSNER, 1998) lässt jedoch den Schluss zu, dass Selbstevaluation fördernde Wirkung für die Weiterentwicklung von Unterricht und Schule haben kann.

Insgesamt lassen sich aus den Ergebnissen bereits durchgeführter Entwicklungsprojekte zur Evaluation folgende wesentliche Erfahrungen ableiten.

- Evaluationsmaßnahmen haben nur dann längerfristige Wirkungen, wenn interne Überprüfungen zu zentralen Bestandteilen der Planungs- und Arbeitskultur einer Schule werden. Das bedeutet, dass sie systematisch angelegt und als regelmäßige gemeinsame Aktivität eines gesamten Kollegiums durchgeführt werden sollten (vgl. EKHOLM, 1993).

- Von entscheidender Bedeutung für die Wirksamkeit von schulinterner Evaluation ist die Einbindung von Evaluation in längerfristige Planungs- und Arbeitsprozesse einer Schule. Die Verknüpfung von Evaluation mit Verfahren der Zielklärung und Arbeitsplanung in Kollegien ist offenbar eine notwendige Bedingung für den Erfolg von Evaluation (vgl. DALIN, 1995).

- Eine weitere wichtige Gelingensbedingung von Evaluationsvorhaben scheint die zeitliche und inhaltliche Verbindlichkeit für alle Beteiligten zu sein. Die Bedeutung von Evaluationsvorhaben für die Einzelnen wie für die gesamte Institution steigt offenbar durch die Spiegelung der schulischen Innensicht mit einer schulfremden Außenperspektive, wie dies beispielsweise in peer-review-Verfahren versucht wird (vgl. FRANKE-WIKBERG, 1994).
- Zumindest in der Anfangsphase sind Schulen bei Evaluation auf ausreichende externe Unterstützung und Fortbildung angewiesen (vgl. CLIFT u. a., 1987).

Literatur

ALTRICHTER, H. / POSCH, P.: Lehrer erforschen ihren Unterricht. Bad Heilbrunn 1994.

ALTRICHTER, H. / MESSNER, E.: Wenn Schulen sich den Spiegel vorhalten. In: Pädagogik, (1998) 6, S. 30–33.

BILDUNGSKOMMISSION NRW: Zukunft der Bildung – Schule der Zukunft. Neuwied, Kriftel, Berlin 1995.

BOLLEN, R. / HOPKINS, D. (1987): School Based Review: Towards a Praxis. Leuven 1995.

BUCHEN, H. / BURKARD, C. / EIKENBUSCH, G.: Fortbildung und Unterstützung für eine erweiterte Selbständigkeit von Schule. In: DASCHNER, P. / ROLFF, H.-G. / STRYCK, T., 1995, 135–168.

BUCHEN, H. / EIKENBUSCH, G.: Organisationsentwicklung auf dem Weg in die Schule. In: Organisationsentwicklung 2, 1993, 34–42.

BUHREN, C. G. / KILLUS, D. / MÜLLER, S.: Implementation und Wirkung von Selbstevaluation in Schulen. In: ROLFF, H.-G. / BOS, W. / KLEMM, K. / PFEIFFER, H. / SCHULZ-ZANDER, R. (Hrsg.): Jahrbuch der Schulentwicklung, Band 11. Weinheim und München 2000, S. 327–364.

BURKARD, C.: Selbstevaluation – ein Instrument zur Qualitätsentwicklung von Einzelschulen? Soest 1995.

BURKARD, C. / PFEIFFER, H.: Evaluation von Einzelschulen – Entwicklungslinien und aktuelle Trends. In: Zeitschrift für Sozialisationsforschung und Erziehungssoziologie 15. Jg./H.4, 1995, S. 294–312.

CENTRE FOR EDUCATIONAL RESEARCH AND INNOVATION (CERI): What Works In Innovation. The Assessment Of School Performance. Strategies For The Assessment Of School Performance. Paris 1994.

CLIFT, P.S. / NUTTALL, D.L. / MCCORMICK, R. (Ed.): Studies in School Self-Evaluation. London 1987.

COLEMAN, P.: Quality Assurance: a case study of the work of local education authority inspectors and advisers in England. In: School Organisation 12, 1992, 201–235.

DALIN, P.: Organisationsentwicklung als Beitrag zur Schulentwicklung. Innovationsstrategien für die Schule. Paderborn 1986.

DALIN, P.: Ansätze schulinterner Evaluation im internationalen Vergleich. In: Landesinstitut, 1995, 311–328.

DALIN, P. / ROLFF, H.-G.: Institutionelles Schulentwicklungsprogramm. Soest 1990.

DALIN, P. / ROLFF, H.-G. / BUCHEN, H.: Institutioneller Schulentwicklungs-Prozess. Bönen 1995.

DASCHNER, P. / ROLFF, H.-G. / STRYCK, T. (Hrsg.): Schulautonomie – Chancen und Grenzen. Impulse für die Schulentwicklung. Weinheim, München 1995.

EIKENBUSCH, G.: (V)erfahrungen mit Evaluation – Wie setzt man Evaluationsprozesse in Gang? In: Landesinstitut, 1995, 267–289.

EKHOLM, M.: Evaluation als Bestandteil der Arbeitskultur von Schule. In: LSW (Hrsg.): Schulentwicklung und Qualitätssicherung. Entwicklungen, Diskussionen, Ansätze und Verfahren aus Schweden. Soest 1993, 121–129.

ELLIOTT, J.: Action Research For Educational Change. Milton Keynes 1991.

FEUCHTHOFEN, E.J. / SEVERING, E. (Hrsg.): Qualitätsmanagement und Qualitätssicherung in der Weiterbildung. Neuwied 1995.

FIDLER, B.: Teacher Gradings and OfSTED Inspections: Help or Hindrance as a Management Tool? In: School Leadership and Management, 18 (1998) 2, S. 257–270.

FRANKE-WIKBERG, S.: Qualitätsverbesserung durch Selbstevaluation. Ein praxisorientierter Ansatz. In: Pädagogische Führung 5, 1994, 67–71.

GUBA, E. / LINCOLN, Y.: Fourth Generation Evaluation. London 1989.

HAENISCH, H.: Qualitätssichernde Maßnahmen in der Schule. Soest: Landesinstitut für Schule und Weiterbildung 1994.

HAENISCH, H. / KINDERVATER, CH.: Evaluation der Qualität von Schule und Unterricht. EU-Pilotprojekt zur Selbstevaluation: Ergebnisse der deutschen Projektschulen. Bönen 1999.

HAMEYER, U.: Interventive Erziehungsforschung. In: LENZEN, DIETER (Hrsg.): Enzyklopädie Erziehungswissenschaft, Bd. 2, Stuttgart 1984, 145–181.

HOFFMANN, R. / LÜCKERT, G.: Die Diskussion über Schulautonomie in Bremen. In: Recht der Jugend und des Bildungswesens, 1994, 269–280.

HOPKINS, D.: Evaluation For School Development. Milton Keynes 1989.

HORSTER, L.: Wie Schulen sich entwickeln können. Soest: Soester Verlagskontor 1992.

KEMPFERT, G. / ROLFF, H.-G.: Pädagogische Qualitätsentwicklung. Weinheim und Basel 1999.

KROMREY, H.: Evaluation. Empirische Konzepte zur Bewertung von Handlungsprogrammen und die Schwierigkeiten ihrer Realisierung. In: Zeitschrift für Sozialisationsforschung und Erziehungssoziologie 15. Jg./ H.4, 1995, S. 313–336.

LANDESINSTITUT FÜR SCHULE UND WEITERBILDUNG (Hrsg.): Evaluation und Schulentwicklung. Ansätze, Beispiele und Perspektiven aus der Fortbildungsmaßnahme Schulentwicklung und Schulaufsicht. Soest 1995.

LIKET, T. M. E.: Freiheit und Verantwortung. Das niederländische Modell des Bildungswesens. Gütersloh 1993.

LÜTGERT, W.: Die Schulreform braucht Reformschulen. In: Neue Sammlung 34, 1994, 595–605.

MILLMAN, J. / SYKES, G.: The Assessment of Teaching Based on the Evidence of Student Learning. An Analysis. Washington 1992.

MILLMAN, J. (Ed.): Grading Teachers, Grading Schools. Is Student Achievement a Valid Evaluation Measure? Thousand Oaks, California 1997.

NEVO, D.: Combining Internal And External Evaluation: A Case For School-Based-Evaluation. In: Studies in Educational Evaluation 20, 1994, 87–98.

OFFICE FOR STANDARDS IN EDUCATION (OFSTED): Handbook for the Inspection of Schools. London 1993.

PHILIPP, E.: Gute Schule verwirklichen. Ein Arbeitsbuch mit Methoden, Übungen und Beispielen der Organisationsentwicklung. Weinheim, Basel 1992

RILEY, K. A. / NUTTALL, D. L. (Ed.): Measuring Quality. Education Indicators. London 1993.

ROLFF, H.-G.: Wandel durch Selbstorganisation. Weinheim, München 1993.

ROLFF, H.-G.: Steuerung, Entwicklung und Qualitätssicherung durch Evaluation. In: ders. (Hrsg.): Zukunftsfelder von Schulforschung. Weinheim 1995, 375–392.

SCHMUCK, R. S. / RUNCKEL, P. J.: The Handbook of Organization Development in Schools and Colleges. Forth Edition. Prospect Heights 1994.

SENATOR FÜR BILDUNG, WISSENSCHAFT, KUNST UND SPORT (Hrsg.): Schule entwickeln mit Programm. Eine Information der Schulinspektion zum Thema Interne Evaluation. Bremen 1996.

JÜRGEN MARKSTAHLER / GUIDO STEFFENS

Erfahrungen zur Qualitätsentwicklung und Qualitätssicherung in Hessen: Zwei Varianten der Qualitätssorge

Kontinuierliche Qualitätsdiskussion als theoretischer Hintergrund

Die im Bundesland Hessen beobachtbare Entwicklung kann in der gegenwärtigen Diskussion um die Qualität des Schulwesens von besonderem Interesse sein, da sich hier zwei voneinander abweichende Varianten der Qualitätssorge beobachten lassen, der jeweils unterschiedliche bildungspolitische Optionen zu Grund liegen. Beide Varianten sollen im Folgenden in chronologischer Reihenfolge näher vorgestellt werden. Wir verwenden in diesem Zusammenhang den Begriff der Qualitätssorge, der sowohl die Entwicklung als auch die Sicherung schulischer Qualität umfasst.

Als die im europäischen und außereuropäischen Ausland zur Qualität von Schule bereits seit längerem geführte Diskussion Anfang der 1990er-Jahre auch in Deutschland zunehmend Einfluss gewann, traf dies das Bundesland Hessen nicht unvorbereitet. Hier hatte sich bereits im Frühjahr 1985 der Arbeitskreis „Qualität von Schule" etabliert. Er wurde eingerichtet, um eine kontinuierliche Diskussion über Qualität von Schule und Unterricht anzuregen und zu bündeln. [1] Die Grün-

[1] Der Arbeitskreis „Qualität von Schule" besteht seit dem Frühjahr 1985. In diesem Arbeitskreis kommen in jährlichem Turnus und auf Einladung des Hessischen Instituts für Bildungsplanung und Schulentwicklung (HIBS) in Wiesbaden bzw. seit 1997 des Hessischen Landesinstituts für Pädagogik (HeLP) und der Forschungsgruppe Gesellschaft und Region e.V. in Konstanz Expertinnen und Experten aus Wissenschaft und Praxis

de, einer solchen Diskussion eine dauerhafte Grundlage zu verschaffen, liegen maßgeblich in der Einsicht, dass Schulen untereinander unterschiedlich sind und dass dafür – neben den Lernvoraussetzungen der Schülerinnen und Schüler, den schulischen Rahmenbedingungen sowie dem sozialen Umfeld – der Schule als pädagogischem Handlungsfeld entscheidende Bedeutung zukommt. Insoweit können die einzelnen Schulen als soziale Einheiten mit eigenen Gestaltungsmöglichkeiten jeweils für sich betrachtet werden. Schulen, so lässt sich aus dieser Sicht zugespitzt formulieren, sind „Individualitäten" mit eigenem Profil und unterschiedlicher Qualität. Aus dieser Erkenntnis, die sich auf empirische Untersuchungen und auf praktische Erfahrungen mit und in Schulen gründet, lassen sich zwei Folgerungen ziehen. Neben der Entwicklung des Schulsystems als Ganzem stellt sich die gezielte „innere" Erneuerung von Schulen als vordringliche Aufgabe. Und neben Fragen der Schulorganisation, der Schulformen und Lehrplangestaltung müssen solche der pädagogischen Gestaltung von Schulen und Unterricht beachtet werden. (vgl. MARKSTAHLER / STEFFENS / BARGEL, 1999, S. 5. vgl. auch STEFFENS / BARGEL, 1993, S. 59ff. und passim)

Wie erwähnt lassen sich in Hessen zwei Varianten der Qualitätssorge beobachten. In ihnen spiegeln sich die hier knapp umrissenen Erkenntnisse wider. Die dabei jeweils verfolgten Strategien setzen jedoch sehr unterschiedliche Akzente. Während Variante 1 eher den Weg der Dezentralisierung und stärkeren Eigenverantwortung der einzelnen Schule favorisiert,

---

zusammen. Dabei werden pädagogische Vorstellungen, empirische Befunde und praktische Erfahrungen zu schulischen Qualitätsmerkmalen, ihrer Entwicklung und Sicherung zusammengetragen. Ziel ist es, wesentliche Aspekte für das Gelingen von Schule und Unterricht herauszuarbeiten. Die Arbeitsergebnisse werden in den „Beiträgen aus dem Arbeitskreis Qualität von Schule" dokumentiert. Von dieser Reihe sind bisher zehn Hefte erschienen, die beim Hessischen Landesinstitut für Pädagogik (HeLP), Zentralstelle Publikationsmanagement, Walter-Hallstein-Str. 3, 65197 Wiesbaden erhältlich sind.

bevorzugt Variante 2 eher die klassische Steuerungsstrategie mittels zentraler Vorgaben.

Variante 1 bestimmte die hessische Schulpolitik bis Anfang 1999. Zu diesem Zeitpunkt fanden in Hessen Landtagswahlen statt, die zu einer Änderung der parlamentarischen Mehrheitsverhältnisse führten. Die bis dahin regierende rot-grüne Koalition wurde durch die bisherigen Oppositionsparteien CDU und FDP abgelöst. Damit wurden die bildungspolitischen Weichen neu gestellt. Durch eine Novellierung des Hessischen Schulgesetzes und neu gefasste administrative Regelungen wurde Variante 1 zu Gunsten von Variante 2 der Qualitätssorge zurückgenommen. Dabei wurden einzelne Konzeptbausteine von Variante 1 in die Variante 2 übernommen. Es sind also nicht nur historische Gründe, die dafür sprechen, Variante 1 genauer in den Blick zu nehmen, bevor wir uns der Variante 2 zuwenden.

Das hessische Autonomiekonzept (Variante 1)

Das Hessische Schulgesetz von 1992 – Autonomie als Angebot

Ausgangspunkt und rechtliche Grundlage des hessischen Autonomiekonzepts war das Hessische *Schulgesetz* (HSchG) von 1992. Es ermöglichte den Schulen ein größeres Maß an pädagogischer, organisatorischer und finanzieller Eigenständigkeit.[2] Ziel des Gesetzes war es, der Schule in einem rechtlich gesicherten und kontrollierbaren Rahmen die Handlungsfreiheit zu verschaffen, die sie benötigt, um neue Inhalte, Arbeitsformen und eine stärker betreuende Erziehung praktizieren zu können. Zugleich sollte die Öffnung der Schule zu ihrem

[2] Vgl. FROMMELT, 1995; KÖLLER, 1994, S. 283f. Zu den Leitvorstellungen des hessischen Autonomiekonzepts vgl. auch HOLZAPFEL, 1996.

sozio-kulturellem Umfeld begünstigt werden. Damit sollte die gesellschaftliche Akzeptanz des Schulwesens erhöht und die Identifikation der Schulgemeinde mit der eigenen Schule verstärkt werden. Als entscheidendes Instrument für die Erweiterung der Entscheidungskompetenz vor Ort war die im Gesetz verankerte Schulkonferenz vorgesehen. Sie verfügte über umfangreiche Entscheidungskompetenzen und sollte ihre Legitimation aus der Vertretung der Schulgemeinde in ihrer Gesamtheit beziehen (Schüler- und Elternschaft, Lehrkräfte). Diese gesetzlichen Regelungen von 1992 hatten keinen verpflichtenden Charakter, sondern stellten ein Angebot dar, das den einzelnen Schulen die Möglichkeit eröffnete, sich zu verändern und pädagogisch weiterzuentwickeln. Ein Umstand, der die Akzeptanz dieses Gesetzes zweifellos begünstigte (FROMMELT, 1995, S. 195).

Die mit dem HSchG von 1992 eingeleitete Initiative zur Weiterführung der Schulentwicklung wurde begleitet und ergänzt durch eine Reform der so genannten *Unterstützungssysteme* (Schulaufsicht, Studienseminare und Landesinstitute). Die bis dahin getrennten drei Landesinstitute mit ihren Arbeitsschwerpunkten im Bereich der Bildungsplanung und Schulentwicklung, der Lehrerfortbildung und der Medienbetreuung wurden zu dem neuen Hessischen Landesinstitut für Pädagogik (HeLP) zusammengefasst. Dieses ist in mehrere Pädagogische Institute untergliedert, die als regionale Agenturen der Schulentwicklung fungieren. Neben der Erzielung von Rationalisierungseffekten stand dabei die Idee im Vordergrund, Bemühungen zur Schulentwicklung von der zentralen stärker auf die regionale Ebene zu verlagern. Damit einher ging eine Neubestimmung der von dem neuen Landesinstitut wahrzunehmenden Aufgaben. Stärker als bis dahin geschehen sollten nunmehr und sollen auch weiterhin Systemaspekte des Bildungswesens in den Blick genommen werden, wie z.B. Fragen der Wirksamkeit von Unterricht, von pädagogischen Konzepten und dergleichen mehr. Darüber hinaus wurde das

Angebot des HeLP verstärkt auf den Unterstützungs- und Beratungsbedarf der einzelnen Schulen ausgerichtet. Daneben zielen die Angebote des HeLP auch weiterhin darauf ab, die Qualifikation von Lehrkräften, Schulleitungen, Schulaufsichtspersonal und den Mitarbeiterinnen und Mitarbeitern des HeLP selbst zu sichern und zu erweitern.

Aber nicht nur das HeLP, sondern auch die übrigen im Bereich der Schulentwicklung tätigen Institutionen, Studienseminare und Schulaufsichtsbehörden sollten in das Konzept der Regionalisierung eingebunden werden. In so genannten Regionalkonferenzen sollten diese drei Institutionen themen- und projektbezogen kooperieren und dabei enge Arbeitsabsprachen treffen, die primär auf die spezifische regionale Situation abgestimmt sein sollten.

Die *Schulaufsicht* wurde ihrer veränderten Aufgabenstellung entsprechend umorganisiert. An die Stelle einer dreistufigen trat eine zweistufige Organisation. Die Anzahl der auf der unteren Ebene angesiedelten Schulämter wurde unter Berücksichtigung regionaler Gesichtspunkte reduziert. Auch hierdurch sollten Rationalisierungseffekte erzielt und eine stärkere Dezentralisierung der Schulaufsicht erreicht werden. Die Aufgabenstellung der Schulaufsicht erfuhr dabei eine neue Akzentsetzung. Die erweiterten Handlungsspielräume der einzelnen Schulen und die damit verbundene größere Eigenverantwortung verlangten nach einer veränderten inhaltlichen Ausrichtung der Schulaufsicht. Neben der klassischen Aufsichtsfunktion wurde ihr vom HSchG von 1992 die übergreifende Aufgabe zugewiesen, die Schulen bei der Wahrnehmung ihres Bildungs- und Erziehungsauftrags sowie ihrer pädagogischen Weiterentwicklung zu beraten und zu unterstützen.

Das Hessische Schulgesetz von 1997 – Verordnete Autonomie

Wie erwähnt, hatte das HSchG von 1992 den Schulen ermöglicht, sich im Sinne des hessischen Autonomiekonzepts zu teilautonomen Einrichtungen weiterzuentwickeln, ohne sie indes zu größerer Eigenständigkeit und Eigenverantwortung zu verpflichten. Dies hatte zwar den Vorzug, mögliche Akzeptanzprobleme zu minimieren, führte aber im Ergebnis dazu, dass die von diesem Gesetz ausgehenden Impulse von den Schulen nur zögernd aufgenommen wurden. Es zeigte sich, dass „einzelne Maßnahmen für sich genommen nicht ausreichen, in den Schulen nachhaltige Wirkungen zu erzielen." Es gelte deshalb, „die Bemühungen um die verstärkte Selbstständigkeit der einzelnen Schule in einen organisierten Innovationszusammenhang zu stellen." (FROMMELT / STEFFENS, 1998, S. 33) Diesem Ziel diente die 1997 erfolgte Novellierung des Hessischen Schulgesetzes.

Aufgrund der besagten Erfahrungen mit dem HSchG von 1992 geht es von dem Grundsatz aus, dass sich die Entwicklung zur größeren Autonomie der Einzelschule in der Praxis nur dann wirklich befördern lasse, wenn sie auf verschiedenen Ebenen abgesichert wird. Diesem Postulat versuchte die Gesetzesnovelle von 1997 in drei zentralen Bereichen gerecht zu werden.

Erstens wurden den Schulen zusätzliche Entscheidungsräume eröffnet, die es ihnen erlauben sollten, ihre Ressourcen innerhalb eines begrenzten Rahmens selbstständig zu managen. Dies betrifft sowohl den Bereich der Sachmittel als auch die Bewirtschaftung der Personalmittel. Dieser Schritt hatte zur Folge, dass zweitens die Kompetenzen des zentralen innerschulischen Entscheidungsgremiums, der 1992 eingeführten Schulkonferenz, erweitert wurden mit dem Ziel, die Entscheidungsprozesse der einzelnen Schulen transparent zu machen und legitimatorisch abzusichern. Gemeinsame Entscheidungsprozesse setzen einen Verständigungsprozess innerhalb der Schulgemeinde über gemeinsame Ziele voraus. Um einem solchen Prozess der innerschulischen Verständigung einen institutionell abgesicherten Rahmen und eine verbindliche Grundlage zu verschaffen, verpflichtete das novellierte Gesetz die Schulen drittens, künftig als ein wesentliches Mittel der eigenen pädagogischen Gestaltung ein *Schulprogramm* zu erarbeiten. Im Schulprogramm sollten die wesentlichen Ziele der pädagogischen Arbeit, die Mittel und Wege zur Erreichung der festgelegten Ziele sowie die Art und Weise beschrieben werden, wie die Schule auf dem Wege der Selbstkontrolle überprüfen will, inwieweit sie die angestrebten Ziele tatsächlich erreicht hat. Dieser Doppelcharakter des Schulprogramms, einerseits Mittel und Medium bewusster pädagogischer Gestaltung der Einzelschule zu sein mit dem Ziel, die Qualität der schulischen Arbeit zu verbessern, und andererseits als Instrument interner und externer Qualitätskontrolle zu dienen, kommt in der folgenden Definition prägnant zum Ausdruck:

„Das Schulprogramm soll ein Instrument der austarierten Mitte darstellen zwischen der Binnensicht des Kollegiums einer Schule und den von außen an die Schule herangetragenen Ansprüchen der ‘Kundinnen und Kunden‘ dieses Dienstleistungsbetriebes mit dem Ziel einer mittel- und langfristig verbindlichen Zielverständigung und der Möglichkeit, auch bei knappen Ressourcen abwägende Entscheidungen zu treffen.

Es soll der Schulaufsicht und dem Hessischen Landesinstitut für Pädagogik die Möglichkeit geben, die Entwicklung der Schule zielorientiert fördern zu können.

Es soll als Reflex auf die erhöhte Selbstverantwortung dazu dienen, vor Beliebigkeit und Unübersichtlichkeit zu schützen, es soll Außenkontrolle ermöglichen, um Vergleichbarkeit zu sichern. Es ist zugleich Ansatz externer fachaufsichtlicher Kontrolle notwendiger Standards.“ (FROMMELT / STEFFENS, 1998, S. 32)

Die Rolle von Lehrplänen im *Autonomiekonzept*

Einen wichtigen Baustein im hessischen Autonomiekonzept stellen die Lehrpläne dar, die in der ersten Hälfte der 1990er-Jahre für die Grundschule und die Sekundarstufe I vollständig überarbeitet wurden. Sie sind als Rahmenpläne konzipiert und werden auch offiziell als solche bezeichnet.

Die Rahmenpläne bilden den wesentlichen inhaltlichen Bezugspunkt für die pädagogische Ausgestaltung der Einzelschule. Das bedeutete, dass die Pläne der erweiterten Gestaltungsautonomie der einzelnen Schule Rechnung tragen mussten. Für die Arbeit an den Rahmenplänen galt deshalb folgende Prämisse: „Die notwendigen allgemein verbindlichen Vorgaben müssen zurückgenommen werden, und die Schule muss die Möglichkeit erhalten, pädagogische Vielfalt zu pflegen, aber auch spezifische Schwerpunkte zu setzen und auf die besonderen Anforderungen ihres sozialen Umfelds zu antworten. Damit gewinnt Lehrplanentwicklung eine neue Qualität." (DINGELDEY, 1993, S. 5, zitiert in: ebd., S. 31)

Lehrpläne, die unter diesem Vorzeichen erstellt werden, müssen folglich den Charakter von Rahmenvorgaben haben, die für den größeren Teil der Unterrichtszeit in Gestalt eines so genannten Kerncurriculums verbindliche Festlegungen treffen, während die übrige Unterrichtszeit der Gestaltung durch ein schuleigenes *Curriculum* überlassen bleibt.

Die Rahmenpläne sind schulformübergreifend angelegt. Sie beschreiben zunächst das, was alle Schülerinnen und Schüler lernen sollen. Auch in diesem Sinne stellen sie ein Kerncurriculum dar. Darüber hinaus berücksichtigen die Pläne jedoch die verschiedenen Bildungsgänge und geben entsprechende Hinweise auf notwendige und mögliche Differenzierungen.

Mit dieser Balance zwischen verbindlichen zentralen Vorgaben, der Setzung pädagogischer und fachlicher Normen, auf der einen und der expliziten Gewährung curricularer Freiräume, die der pädagogischen Ausgestaltung durch die einzelne

Schule offen stehen sollten (gedacht war an ein Verhältnis von etwa 60 zu 40 %) auf der anderen Seite versuchen die Pläne im Bemühen um größtmögliche Chancengleichheit dem Recht aller Schülerinnen und Schüler auf vergleichbare Bildung und Qualifizierung gerecht zu werden und gleichzeitig eine übergeordnete Qualitätskontrolle zu ermöglichen. Daneben zielt dieses Lehrplankonzept darauf ab, die „kreative und autonome Gestaltungskraft der Subjekte und Institutionen" im Sinne der Dezentralisierungspolitik zu stärken. (DINGELDEY, 1993, S. 7f., zitiert in: FROMMELT / STEFFENS, 1998, S. 31)

Wie wirksam sind Lehrpläne?

Ihre Schlüsselrolle im hessischen Autonomiekonzept können die Rahmenpläne allerdings nur dann ausfüllen, wenn sie tatsächlich so wirken, wie es das Konzept vorsieht. Dies ist keineswegs selbstverständlich. Es hängt nicht nur von der Qualität der Pläne, sondern auch davon ab, wie die Lehrerinnen und Lehrer mit Lehrplänen umgehen. Um hierzu ein genaueres Bild zu erhalten, beauftragte der damals amtierende hessische Kultusminister ein Expertenteam mit der Durchführung eines empirischen Forschungsprojekts über „Lehrpläne und Lehreralltag". Dieses Projekt wurde unter Leitung des Bielefelder Erziehungswissenschaftlers KLAUS-JÜRGEN TILLMANN in den Jahren 1994-96 realisiert. Geklärt werden sollte vor allem, wie Lehrerinnen und Lehrer mit Lehrplänen umgehen und inwieweit Lehrpläne ihre innerschulische Orientierungsfunktion tatsächlich erfüllen (vgl. TILLMANN, 1999).

Die Ergebnisse dieser Studie sind ernüchternd. Sie zeigen, dass die Lehrpläne „im Schulsystem selbst nur höchst unzulänglich verarbeitet werden." Somit sei festzustellen, dass „die beanspruchte Orientierungsfunktion durch Lehrpläne nur äußerst unzulänglich erfüllt wird." (ebd., S. 130)

Bezogen auf das Autonomiekonzept lässt sich aus diesen Befunden folgern, dass die mit größerer Eigenständigkeit operierende Einzelschule auch einen höheren Grad an curricularer Verantwortung übernehmen müsse. Damit ist nun nicht mehr allein die Tatsache gemeint, dass die einzelnen Schulen den ihnen zur Verfügung stehenden curricularen Freiraum im Sinne des allgemeinen Bildungs- und Erziehungsauftrags inhaltlich ausgestalten sollen. Es geht vielmehr auch darum, im Sinne einer übergreifenden Kontrolle, dem Anspruch der Öffentlichkeit zu entsprechen, über die Qualität der schulischen Arbeit informiert zu werden. Darüber hinaus sei ein weiterer Aspekt von zentraler Bedeutung:

„Wenn man dies verbindet mit dem Interesse der Lehrkräfte, eine kritische Rückmeldung über den eigenen Unterricht zu erhalten, können daraus sinnvolle Formen der pädagogischen Qualitätskontrolle entwickelt werden. Dabei geht es um Methoden der 'Selbstevaluation', bei denen sich Lehrer in systematischer Weise Erkenntnisse über den Erfolg ihres Unterrichts und die Angemessenheit ihres schulbezogenen Lehrplans verschaffen. Diese Ergebnisse sollen dann innerhalb einer Schulöffentlichkeit – mit Schülern, Eltern, Lehrern und der Schulaufsicht – diskutiert werden, um daraus Folgerungen für die weitere Arbeit zu ziehen.“ (ebd., S. 132)

Als Ergebnis dieses hier knapp vorgestellten Forschungsprojekts wird deutlich erkennbar, dass sich der Aspekt der Qualitätssorge im Entwicklungsprozess des hessischen Autonomiekonzepts zunehmend auf den Bereich des Fachunterrichts konzentrierte. Diese Tendenz wurde durch den im Jahre 1997 ausgelösten so genannten TIMSS-Schock noch verstärkt.[3] Die Frage nach dem Stellenwert und der Qualität des Fachunter-

[3] Auslöser dafür waren die zu diesem Zeitpunkt veröffentlichen Ergebnisse einer internationalen Vergleichsstudie zu den Schülerleistungen in den mathematisch-naturwissenschaftlichen Fächern der Jahrgangsstufen 7 und 8. Die Ergebnisse zeigen, dass die Leistungen der deutschen Schülerinnen und Schüler im internationalen Vergleich nur mittelmäßig sind. Vgl. dazu im Einzelnen BAUMERT, J. u. a.: TIMSS – Mathematisch-naturwissenschaftlicher Unterricht im internationalen Vergleich: Deskriptive Befunde. Opladen 1997.

richts rückte wieder stärker in das Zentrum des schulpädagogischen Interesses. Erziehungswissenschaftler fragten sich, „ob nicht die fachlichen Leistungsziele bisher zu sehr vernachlässigt worden sind und ob nicht überhaupt die insbesondere an Grund- und Sekundarschulen entstandene neue Lernkultur – bei allem reformpädagogischem Charme – in ihrer Zeitnutzung zu wenig effektiv und in ihrem kognitiven Anforderungsniveau zu anspruchsarm und nivellierend ist“, so der langjährige Beobachter der Schulentwicklung RUDOLF MESSNER (1998, S. 102).

Vor diesem Hintergrund wurden die Bemühungen der Qualitätssorge verstärkt darauf gerichtet, Verfahren und Instrumente zu entwickeln, mit deren Hilfe die einzelnen Schulen die Ergebnisse des Fachunterrichts selbständig überprüfen können, um dessen Qualität zu sichern und wo nötig zu verbessern. Diese Aufgabe wurde der Arbeitsstelle „Bildungskonzeptionen, Qualitätsentwicklung und Qualitätssicherung“ im Hessischen Landesinstitut für Pädagogik übertragen. Sie erhielt den Auftrag, für ausgewählte Unterrichtsfächer so genannte Aufgabenformate und Aufgabenbeispiele zu entwickeln, die den einzelnen Schulen als Muster für die Durchführung schulinterner Vergleichsarbeiten dienen sollen.

Verfahren und Instrumente schulinterner Unterrichtsevaluation

Interne *Evaluation* oder Selbstevaluation des Unterrichts bezeichnet einen systematischen und kontinuierlichen Reflexionsprozess, der den nachhaltigen Ertrag des Unterrichts über einen längeren Zeitraum zum Gegenstand hat und der von den Unterrichtenden selbst organisiert wird. Sein Ziel ist, aus dem kritischen Vergleich von Anspruch an den Lernprozess und tatsächlichem, realisiertem Unterricht Informationen und Erkenntnisse zu gewinnen, die zu einer Verbesserung des Unterrichts führen. Interne oder Selbstevaluation unterscheidet sich von der individuellen Selbstreflexion des Unterrichts dadurch, dass sie als kollektiver Verständigungsprozess der Lehrpersonen eines Faches in einem Jahrgang, in einer Schulstufe oder in der Schule (Fachkonferenz oder Teilfachkonferenz) betrieben wird. Im Grunde geht es bei diesem Prozess um die Bearbeitung von drei Fragen:

- Was ist unser Anspruch im Rahmen der curricularen Vorgaben?
- Wie gut wird dieser Anspruch erfüllt?
- Welche Konsequenzen sind zu ziehen und welche Korrektur- bzw. Entwicklungsmassnahmen sind notwendig?

Vor dem Hintergrund des Befundes der TIMSS-Studie, der Ergebnisse der empirischen Studie TILLMANNS zur Rezeption der Curricula in Hessen und eigener Erfahrungen bei der Implementation der derzeitigen Rahmenplangeneration lässt sich festhalten: Die Diskrepanz zwischen den curricularen Ansprüchen und der unterrichtlichen Realisierung ist gravierend. Offensichtlich ist „in dem Prozess der Lehrplankonkretisierung, das meint den diskursiven Weg vom offiziellen Lehrplan über den schuleigenen zum individuellen Lehrplan, zu wenig gesichert …, auf welche Lernwege und –formen, die zu nachhaltigen und vergleichbaren Ergebnissen von Unterricht führen, nicht verzichtet werden darf." (MEYER-GÖRLICH / STEFFENS, G., 1999)

In diesem Zusammenhang kommt den schulinternen *Vergleichsarbeiten* eine wichtige Funktion zu. Im Unterschied zur externen Evaluation, im Sinne von zentralen Abschlusstests und landesweiten einheitlichen Vergleichsarbeiten, der es vorrangig um Prüfung und Kontrolle geht, zielt die interne Evaluation – hier in Form von Vergleichsarbeiten – auf die Auseinandersetzung mit curricularen Vorgaben, die Diskussion über vergleichbare Anforderungsniveaus und Standards sowie auf das Nachdenken über didaktische und methodische Ansätze. Über die Ergebnisse von Unterricht hinaus bezieht sich eine solche interne Evaluation auf den Prozess der Aneignung.

Konzeptuell im Zusammenhang der Variante 1 der Qualitätssorge entwickelt, werden Vergleichsarbeiten jedoch auch im Zusammenhang der Variante 2 von Bedeutung sein. Die Verordnung zur Gestaltung des Schulverhältnisses bietet für Vergleichsarbeiten die rechtliche Grundlage: „In den Jahrgangsstufen 6, 8 und 10 soll eine der pro Fach vorgesehenen Klassen- oder Kursarbeiten als schulinterne, bei schulformbezogenen Gesamtschulen bildungsgangbezogene Vergleichsarbeit angefertigt werden.“ (HESSISCHES KULTUSMINISTERIUM, VERORDNUNG, 2000)

Das Hessische Landesinstitut für Pädagogik entwickelt Aufgabenformate und beispielhafte Aufgabenstellungen als Maßstäbe für die Konzeption von schulinternen Vergleichsarbeiten. Dabei definieren die Aufgabenformate Qualifikationen, in die ausgewählte verbindliche Inhalte und Methoden der Rahmenpläne einfließen. Die beispielhaften Aufgabenstellungen, bei denen das Herstellen von Zusammenhängen, Verknüpfungen und Transferleistungen im Mittelpunkt stehen, wollen den Fachkonferenzen eine Orientierung bieten.

Die Vergleichsarbeiten sollen für die Fachkonferenzen eine Grundlage für die Bilanzierung nachhaltiger Erträge von Fachunterricht bieten, sie dienen nicht primär der Bewertung individueller Schülerleistungen. „Ein solches Verfahren fügt sich in das Konzept ‘Entwicklung von Schulprogrammen und Evaluation’ ein und ermöglicht einen innerfachlichen und innerschulischen Diskurs über die Tragfähigkeit und Umsetzbarkeit der Rahmenpläne, die ein wichtiges Steuerungsinstrument zur Qualitätssicherung des Unterrichts sind.“ (MEYER-GÖRLICH / STEFFENS, G., ebd.)

Das hessische Autonomiekonzept und die Praxis – erste Erfahrungen

Wie wir gesehen haben, basiert dieses Konzept dezentraler Qualitätssorge auf der Idee, einen wesentlichen Teil des Qualitätsmanagements an die einzelne Schule zu delegieren.

Diese soll die Schwerpunkte ihrer pädagogischen Arbeit verbindlich definieren, deren Qualität in eigener Regie fortlaufend kontrollieren, nach innen und nach außen transparent machen und festgestellte Defizite selbstständig beheben. Mittel und Medium dieses kontinuierlichen Qualitätsentwicklungsprozesses soll das Schulprogramm sein.

Die Arbeit am Schulprogramm steht folglich am Beginn dieses Prozesses. An seiner Erarbeitung sollen Schüler und Eltern beteiligt werden. Die Hauptakteure können jedoch naturgemäß nur die Lehrkräfte sein. Von ihnen hängt es im Wesentlichen ab, inwieweit ein Schulprogramm erfolgreich entwickelt und umgesetzt werden kann. Damit stellt sich die Frage, wie die Lehrkräfte dieses Instrument der Schulentwicklung einschätzen und welche Erwartungen sie damit verbinden.

Eine Projektgruppe der Johann Wolfgang Goethe-Universität in Frankfurt am Main hat hierzu im Auftrag des Hessischen Kultusministeriums eine empirische Untersuchung durchgeführt, deren erste Ergebnisse im November 1999 veröffentlicht wurden (SCHLÖMERKEMPER, 1999). Neben hessischen Lehrerinnen und Lehrern aller Schulformen wurden als Vergleichsgruppe auch Repräsentanten der hessischen Schulverwaltung schriftlich befragt.

Aus den gesammelten Daten ergibt sich ein uneinheitliches und zwiespältiges Bild. Während die befragten Angehörigen der Schulverwaltung von der Arbeit an und mit dem Schulprogramm überwiegend positive Auswirkungen erwarten, äußern sich die befragten Lehrerinnen und Lehrer wesentlich distanzierter. Zwar werden erweiterte Handlungsspielräume in der Gestaltung der eigenen Schule ebenso gewünscht wie eine intensivere Kommunikation im Kollegium und eine stärkere Identifikation mit der eigenen Berufstätigkeit. Ob diese Wünsche sich mit der Arbeit am Schulprogramm aber realisieren lassen, wird von vielen Lehrerinnen und Lehrern eher bezweifelt. Es besteht eher die Befürchtung, dass die Erstellung eines Schulprogramms auf Grund des zusätzlichen Arbeitsaufwands mit inakzeptabel hohen Belastungen verbunden sein werde. Zudem sei zu befürchten, dass die Gleichwertigkeit der einzelnen Schulen und damit der schulischen Abschlüsse durch zunehmende Konkurrenz zwischen den Schulen gefährdet werde. Trotz einiger positiver Aspekte verbinden die befragten Lehrkräfte mit dem Vorhaben „Schulprogramm und Evaluation" überwiegend negative Vorstellungen. Vor diesem Hintergrund beurteilt der Leiter der Studie die Erfolgsaussichten der Schulprogramm-Arbeit denn auch mit eher verhaltenem Optimismus, indem er dazu mahnt, die Risiken der Schulprogramm-Entwicklung nicht zu übersehen. (SCHLÖMERKEMPER, 1999, S. 30)

Auf welche Schwierigkeiten die Erarbeitung von Schulprogrammen in der Praxis stößt, wird auch aus anderer Perspektive deutlich. Eine im Hessischen Landesinstitut für Pädagogik (HeLP) Anfang 2000 fertiggestellte Analyse hat die Berichte verarbeitet, in denen die oben erwähnten Regionalkonferenzen die Erfahrungen schildern, die sie bis dahin mit der Schulprogramm-Arbeit gesammelt hatten. Neben Mitarbeiterinnen und Mitarbeitern des HeLP waren in diesen Konferenzen solche der regionalen Studienseminare, der regionalen Schulaufsicht sowie der so genannten *Pilotschulen* vertreten. Letzteren war als einer Art Vorhut der übrigen Schulen in Hessen die Aufgabe zugefallen, sich als Erste mit der Erstellung von Schulprogrammen zu befassen. Die Analyse lässt erkennen, dass nur denjenigen Schulen der Einstieg in den Arbeitsprozess einigermaßen problemlos gelang, die bereits an innovativen Vorhaben gearbeitet hatten. „Der Auftrag zur Schulprogrammentwicklung wirkt dann wie ein Katalysator, der die Reaktionsweise der Akteure verlangsamt und ihrer Arbeit plötzlich eine Richtung und eine Struktur gibt. An die Stelle der Exploration tritt eine Bestandsaufnahme, mit der das 'bisher Erreichte' noch einmal bewusst angeeignet und reflektiert wird – mit dem Ziel, es zu systematisieren und damit eine Programmentscheidung vorzubereiten. Das Schulprogramm ist kein Fremdkörper im Schulalltag, sondern eher so etwas wie das ‘Einbringen einer Ernte’. In all den Fällen, auf die diese Charakterisierung zutrifft, geht es deshalb vorrangig um den Aufbau einer entsprechenden Arbeitsorganisation, die den inhaltlichen pädagogischen Kern mit den kollegialen und administrativen Entscheidungsstrukturen vermittelt.“ (SCHEFFER, o. J. 2000, S. 28)

Für die Mehrheit der Schulen stellt sich die Situation allerdings erheblich anders dar

„Für solche Schulen, in denen sich bisher keine von dem Gesamtkollegium getragenen pädagogischen Initiativen entfalten konnten, wird die Phase der Initiierung und Analyse als die schwierigste bezeichnet.

Als kompliziert wird oft schon die Aufnahme der innerschulischen Kommunikation und die Entwicklung einer offenen produktiven Haltung gegenüber der Aufgabe erlebt. Schon die ersten Informationen über das ‘Schulprogramm’ machen den Kolleginnen und Kollegen deutlich, dass es diesmal um ein Vorhaben geht, bei dem die bisher gut funktionierenden Abdichtungsmechanismen gegenüber Veränderungen untauglich sind. Es geht um ein selbstbestimmtes Programm. Das bringt jedoch auch Erklärungsnöte mit sich. Viele Schulleiterinnen bzw. Schuleiter sagen, sie hätten sich lange nichts unter einem Schulprogramm vorstellen können. Gleichzeitig tritt ihnen aber auch die Unterentwicklung von Koordination, gemeinsamer Planung in ihrer Schule deutlich ins Bewusstsein und erzeugt ein weiteres Mal Unsicherheit.“ (ebd.)

So erstaunt es nicht, dass es unter den Pilotschulen neben einer Reihe geglückter „nicht wenige missglückte Anfänge“ gibt. Als eine entscheidende Ursache für diese Entwicklung wird fehlerhaftes Verhalten von Schulleitungen vermutet. „Deshalb muss diese Erfahrung auch als ein Hinweis darauf gelesen werden, dass die Schulleitungen vor der endgültigen Einführung des Schulprogramms sehr sorgfältig auf ihre neue Aufgabe vorbereitet werden müssen.“ (ebd., S. 29)

Zwar sei es in den Regionalkonferenzen teilweise gelungen, „missglückte Anfänge“ aufzufangen und in den betroffenen Schulen doch noch zu einer produktiven Arbeit am Schulprogramm zu gelangen. Dennoch seien in einigen Schulen gravierende Defizite zu verzeichnen gewesen, die die Schulprogramm-Arbeit ernsthaft behindert haben – trotz des in etlichen Schulen vorhandenen Engagements. Inwieweit hier ein größeres Maß an äußerer Unterstützung bzw. ein verändertes Unterstützungskonzept, wie in der zitierten Analyse vorgeschlagen, die erhoffte Abhilfe schaffen kann, ist zum gegenwärtigen Zeitpunkt nicht absehbar. Eine Prognose ist nicht zuletzt auch deshalb schwierig, weil die Regionalkonferenzen, wie die Analyse ebenfalls zeigt, ihre Unterstützungsaufgabe auf Grund interner institutioneller Spannungen bislang nicht immer optimal wahrgenommen haben.

Zusammenfassend lässt sich zur Entwicklung des hessischen Autonomiekozepts und damit zur Variante 1 der schulischen Qualitätssorge in Hessen feststellen, dass die innovativen Ansätze dieses Konzepts wie Schulprogramm und Evaluation zumindest in theoretischer Sicht geeignet erscheinen, die Entwicklung des Schulwesens voran zu bringen. Inwieweit sich diese Ansätze aber in der Praxis bewähren und die Qualität des Schulwesens tatsächlich verbessern können, muss sich erst noch zeigen. Dabei dürften das in den Schulen zur Verfügung stehende Zeitbudget sowie Art und Umfang externer schulischer Beratung von entscheidender Bedeutung sein. Aus gegenwärtiger Sicht steht jedenfalls fest, dass der mit dem Autonomiekonzept eingeschlagene Weg in Richtung auf eine weitgehende Dezentralisierung staatlicher Verantwortung für die schulische Qualitätssorge in Hessen so nicht weitergegangen wird. Mit der im Frühjahr 1999 neu gebildeten Landesregierung bestimmt nun Variante 2 der Qualitätssorge das Geschehen in der hessischen Bildungspolitik.

Differenz und Primat der zentralen Steuerung (Variante 2)

Wenige Wochen nach der Regierungsübernahme präsentierten und erläuterten die neue Kultusministerin und ihr Staatssekretär die bildungs- und schulpolitischen Leitsätze der neuen Landesregierung (WOLFF, 1999; MÜLLER-KINET, 1999). Schon im Wahlkampf hatten die jetzigen Regierungsparteien die Schulpolitik zu einem Schwerpunktthema gemacht. Im Mittelpunkt stand dabei die so genannte Unterrichtsgarantie. Es ging darum, die hohe Zahl ausfallender Unterrichtsstunden durch die Neueinstellung von Lehrkräften deutlich zu verringern und den Unterrichtsausfall nach und nach vollständig zu beseitigen. Dieses Vorhaben ist von der neuen Landesregierung inzwischen in Angriff genommen worden und wird von ihr als erster Baustein der von ihr angestrebten Reform des hessischen Schulwesens bezeichnet.

Als zweiten Baustein ihrer Schulpolitik nennt die neue Kultusministerin das am 1. August 1999 in Kraft getretene, offiziell so genannte „Erste Gesetz zur Qualitätssicherung in hessischen Schulen". Dieses Gesetz stellt eine Novelle des Hessischen Schulgesetzes dar und verändert es in entscheidender Weise. Bereits sein Titel macht deutlich, dass die neue Regierung die mit dem hessischen Autonomiekonzept eingeleiteten Bemühungen zur Entwicklung und Sicherung von Schulqualität für wenig geeignet hält, dieses Ziel tatsächlich zu erreichen. Ihre Kritik zielt im Kern darauf, dass das Autonomiekonzept mit seiner Stärkung dezentraler Verantwortlichkeiten die Bedeutung „staatlicher Verantwortung und damit auch der staatlichen Schulaufsicht" zu gering achte: „Mit einem Programm der Entstaatlichung kann man (...) die Qualität der Bildung im öffentlichen Schulwesen nicht gewährleisten." (Hervorhebung i. Orig.) (MÜLLER-KINET, 1999, S. 9) Notwendig sei vielmehr beides: „die Eigenverantwortlichkeit der Schule, ihre legitimierten und definierten Gestaltungsspielräume einerseits“ und andererseits „die Verlässlichkeit der Schulen als öffentliche Institution.“ Es müsse klargestellt werden, dass „staatliche Vorgaben immer die richtige Mitte zwischen den beiden Extrempositionen der starren Reglementierung und der Zulassung von Missbrauch und Wildwuchs einnehmen sollen.“ Unter der Vorgängerregierung sei in diesem Punkt eine gewisse Verwirrung eingetreten und der Eindruck entstanden, „es sei eine Sünde wider den Zeitgeist, Verbindlichkeit einzufordern.“ Dazu hätte eine oberflächliche Orientierung an Leitbilder aus der Wirtschaft beigetragen. Dabei sei übersehen worden, dass es für schulisches Handeln kein Marktkorrektiv gebe, „sondern – im Falle der Fehlentscheidung – nur die langfristigen Folgen versäumter oder verpfuschter Bildung und Ausbildung.“ (ebd., S. 10) Deshalb müsse es darum gehen, die Qualität der Schulbildung „nachprüfbar und vergleichend“ festzustellen. Dabei könnten festgestellte Stärken und Schwächen „die Grundlage für Bemühungen um Schulprogramme und insbesondere die Schwächen müssen Anlass zur schulaufsichtlichen Beratung sein.“ (ebd., S. 11)

Trotz grundsätzlicher Ablehnung des Autonomiekonzepts wird das Schulprogramm auch unter der neuen Regierung als ein wichtiges Instrument der Qualitätssorge angesehen. Die Erarbeitung und Realisierung eines Schulprogramms sowie geeigneter Formen seiner Evaluation bleiben deshalb Aufgaben einer jeden hessischen Schule. Allerdings räumt die neue Regierung in ihrem Erlass vom Juli 1999 den Schulen dafür einen größeren Zeitraum ein als die vorherige Regierung. Die Entwicklung des von der Schulaufsicht zu genehmigenden Schulprogramms soll demnach in jeder Schule bis zum Ende des Schuljahres 2001/2002 abgeschlossen sein, und mit seiner Realisierung soll spätestens ab dem Schuljahr 2002/2003 begonnen werden. Wie die Kopplung zwischen interner und externer Evaluation des Schulprogramms im Einzelnen gestaltet werden soll, wird im Kultusministerium zur Zeit diskutiert.

Wie in den oben zitierten Aussagen bereits angedeutet, hat die neue Regierung die rechtlichen Rahmenbedingungen für die Schulprogramm-Arbeit drastisch verändert. Die Leitidee ihrer als „Qualitätsoffensive“ präsentierten neuen Schulpolitik kommt in folgender Aussage exemplarisch zum Ausdruck: „Nur mit klaren Entscheidungsstrukturen und klaren Handlungsanweisungen wird Schule effektiv funktionieren können.“ (WOLFF, 1999) In diesem Sinne setzt die hessische „Qualitätsoffensive“, wie die weiteren Ausführungen zeigen, primär auf die steuernde Wirkung struktureller Eingriffe und zentraler Vorgaben. Folgt man dem bekannten Bildungsforscher und Schulentwicklungs-Experten H.-G. ROLFF, so scheint sich hierin ein allgemeiner Trend auszudrücken; „Man könnte sagen, die Thematisierung von Schulentwicklung hat eine Pendelbewegung vollzogen: Von der Gesamtsystemstrategie zur Einzelschule – und zurück. Das Zurückpendeln zur Gesamtsystemebene drückt sich u. a. in neuen Schulgesetzen und in der Einführung zentraler Tests aus.“ (ROLFF, 1998, S. 324)

Was hier als eher steuerungstechnischer Vorgang erscheint, bedeutet zumindest im Fall Hessen noch etwas anderes. Während das hessische Autonomiekonzept auf einem eher egalitär ausgerichtetem Verständnis von Chancengleichheit basierte, zeichnet sich die gegenwärtige Gesamtsystemstrategie in Hessen durch die Betonung von Differenz aus:

„Kein Qualitätsmerkmal der Schulbildung ist so umkämpft wie das der Differenzierung nach Begabungsschwerpunkten. Man muss aber auch an dieser Stelle Farbe bekennen: Qualitätssicherung gibt es nur mit differenzierenden Maßstäben, die für eine relativ homogene („begrenzt heterogene“) Spannbreite von Begabungen aufgestellt werden. (...) Je weniger differenziert die Leistungsmaßstäbe sind, desto wenige kann es gelingen, die Schüler in der ganzen Breite des Begabungsspektrums zur bestmöglichen Entfaltung ihrer Fähigkeiten zu führen.“ (MÜLLER-KINET, 1999, S. 10)

Dies sei aber nicht nur ein Gebot der Humanität, sondern auch ein soziales Erfordernis. Ein Bildungssystem, welches das Gebot der Differenzierung missachte, schade nämlich in erster Linie den Schwächeren, die „auf die Rolle der gesellschaftlichen Verlierer fixiert wären." (ebd.)

Als zwingende Konsequenz ergibt sich aus dieser Sicht: „Differenzierung und – daraus folgend – Gliederung und Wahrung des Eignungsgrundsatzes können also aus einem Programm der Qualitätssicherung nicht weggedacht werden." (ebd.)

Inzwischen hat die Landesregierung mit der erwähnten Novellierung des Hessischen Schulgesetzes (HSchG) und ergänzenden administrativen Regelungen den Kurs der hessischen Schulpolitik im Sinne dieser Leitvorstellungen grundlegend neu bestimmt.

So legt das HSchG fest, dass ab dem Schuljahr 2000/2001 neue Stundentafeln gelten, die nunmehr für Hauptschule, Realschule, Gymnasium und Gesamtschule unterschiedlich ausgestaltet sind. Auf dieser Grundlage werden zur Zeit neue Lehrpläne erarbeitet, die nun ebenfalls je nach Bildungsgang mit unterschiedlichen Inhalten konzipiert werden sollen.

Neben einer Stärkung der Fächer Deutsch, Mathematik, Naturwissenschaften und erster Fremdsprache zielt diese Ausdifferenzierung darauf ab, „die Schulformen durch eigenständige Stundentafeln und Lehrpläne zu profilieren" sowie „den Eignungsgrundsatz zu stärken". (ebd.)

Dem dient auch das Vorhaben, „die Hauptschule wieder zu einem attraktiven Bildungsangebot zu machen." (WOLFF, 2000, S. 4) Um ihre Chancen auf dem Ausbildungs- und Arbeitsmarkt zu erhöhen, erhalten die Schülerinnen und Schüler der Hauptschule zwei zusätzliche Unterrichtsstunden, die vor allem den Kernfächern Mathematik und Deutsch zugute kommen. Damit soll besonders auch eine Verbesserung der Deutschkenntnisse ausländischer Schülerinnen und Schüler erreicht und deren Integration in Beruf und Gesellschaft gefördert werden. (ebd., S. 4 u. 7))

Die Aufwertung der Bildungsgänge von Hauptschule und Realschule soll überdies durch die Einführung vergleichbarer Abschlussprüfungen erreicht werden. Solche Abschlussprüfungen sollen in Hessen in den nächsten Jahren für alle Bildungsgänge sukzessive Realität werden, wobei die Haupt- und Realschulen voraussichtlich im Jahr 2003 den Anfang machen sollen. „Mit den Abschlussprüfungen bekommen die Schülerinnen und Schüler bald ein aussagekräftiges Zeugnis an die Hand, um sich erfolgreich bewerben zu können." (ebd., S. 4) Diese neue Weichenstellung sei auch für den gymnasialen Bildungsgang von großer Bedeutung, „weil das Gymnasium nur dann blühen kann, wenn die Nachbarschulformen nicht dahinwelken." (MÜLLER-KINET, 1999, S. 8)

Den „Leistungsgedanken an den hessischen Schulen zu stärken" (WOLFF, 1999) ist auch Ziel von Überlegungen, die sich mit der Frage einer zentralen Abiturprüfung befassen. Dabei soll es darum gehen, die Qualität des Abiturs zu sichern und die Abiturprüfungen vergleichbarer zu machen. „Am Ende dieser Diskussion werden wir auch über ein 'Landesabitur' mit vergleichbaren Prüfungsaufgaben entscheiden." (WOLFF, 2000, S. 4)

Den „Leistungsgedanken" zu stärken und den „Eignungsgrundsatz" zu betonen, sind also zentrale Leitgedanken der neuen hessischen Schulpolitik. Daneben tritt als weitere Komponente die Idee einer „begabungsgerechten Förderung". Dieser Zielvorstellung entspricht es, dass die Regeln zur Versetzung in nachfolgende Jahrgangsstufen und für die Übergänge an weiterführende Schulen inzwischen enger gefasst wurden. Dies trage dazu bei, Überforderungen und damit schulische Misserfolge zu vermeiden. „Unser Ziel ist es, Misserfolgskarrieren möglichst schnell in Erfolgsgeschichten zu verwandeln." (ebd., S. 5) Aber auch am anderen Ende der Begabungsskala sollen „Erfolgsgeschichten" leichter möglich werden. Dem dienen spezielle Maßnahmen zur Förderung besonders begabter Schülerinnen und Schüler. (ebd., S. 7f.)

Mit der von ihr verfolgten Linie, die hier im Wesentlichen nachgezeichnet wurde, sieht sich die Landesregierung nach den Worten des Staatssekretärs im Hessischen Kultusministerium in Übereinstimmung mit einem durch den „TIMSS-Schock“ ausgelösten bildungspolitischen Paradigmenwechsel. „Auf diese grundlegende Klimaveränderung haben viele von uns lange gewartet. Sie erhalten jetzt Recht zu einem Zeitpunkt, da es immer sichtbarer und unausweichlicher wird, dass die jungen Menschen (...) in ihrem Leben als Erwachsene in weltweitem Wettbewerb standhalten müssen.“ (MÜLLER-KINET, 1999, S. 9)

Welche Auswirkungen der neue schulpolitische Kurs haben wird, ist schwer zu sagen. Die Perspektiven erscheinen zwiespältig. So wird man wohl vorhersagen können, dass die neue Linie die Selektivität des hessischen Schulsystems erhöhen wird. Zwar heißt es im Hessischen Schulgesetz im Zusammenhang mit Lehrplänen und Stundentafeln: „Der Grundsatz der Durchlässigkeit zwischen den Bildungsgängen und Schulformen ist zu berücksichtigen.“ (§ 4, 1; s. auch § 9, 1) In der Praxis bedeutet dies, dass die Stundentafeln der Klassenstufen fünf und sechs nahezu identisch sind, „um den Wechsel zwischen den einzelnen Bildungsgängen“ in diesen Klassen „möglichst zu erleichtern“ (WOLFF,, 2000, S. 3). Ob diese Regelung geeignet ist, dem verstärkten Selektionstrend entgegen zu wirken, ist allerdings zweifelhaft. Vor dem Hintergrund der neu gefassten Übergangsbestimmungen für den Wechsel zwischen der Grundstufe und den Schulen der Sekundarstufe I und angesichts der neuen Versetzungsbestimmungen ist eher mit einem gegenteiliger Effekt zu rechnen.

Höhere Selektivität, dies ist eine triviale Erkenntnis, führt aber nicht zwangsläufig zu besseren Schülerleistungen und zu einer höheren Schulqualität, sondern möglicherweise eher zu einer wachsenden Zahl von Bildungsverlierern. Die Landesregierung ist sich dieses Risikos offensichtlich bewusst. Dies zeigt die Tatsache, dass sie ein besonderes Augenmerk darauf richtet, den Bildungsgang der Hauptschule aufzuwerten und die Bemühungen zur Integration von Schülerinnen und Schülern ausländischer Herkunft zu verstärken. Inwieweit dies gelingt, ist nicht nur aus bildungspolitischer, sondern auch aus sozialpolitischer Sicht ein wichtiger Gradmesser für den Erfolg des neuen schulpolitischen Kurses. Insofern hieße es der Entwicklung vorzugreifen, wollte man ohne weiteres davon ausgehen, dass die mit dem neuen Hessischen Schulgesetz angestrebten qualitativen Verbesserungen des Schulwesens auch tatsächlich in der erwarteten Weise eintreten werden.

Literatur

DINGELDEY, ERIKA: Zur gegenwärtigen Lehrplanentwicklung in Hessen. In: Schulrecht. Ausgabe für das Land Hessen, K 12.2. Neuwied 1993.

FROMMELT, BERND: Auf dem Weg von der Lernschule zur Lebensschule. Das hessische Autonomiekonzept. In: DASCHNER; PETER / ROLFF, HANS-GÜNTER / STRYCK, TOM (Hrsg.): Schulautonomie, Chancen und Grenzen. Impulse für die Schulentwicklung. Weinheim und München 1995, S. 185–206.

FROMMELT, BERND / STEFFENS, ULRICH: Schulautonomie – Auf dem Weg zu einem neuen Verständnis von Schulgestaltung. In: Beiträge aus dem Arbeitskreis Qualität von Schule, Heft 8: Schule zwischen Autonomie und Aufsicht. Wiesbaden (Hessisches Landesinstitut für Pädagogik) 1998, S. 25–35.

HESSISCHES KULTUSMINISTERIUM, Referat für Presse- und Öffentlichkeitsarbeit (Hrsg.): Hessisches Schulgesetz vom 17. Juni 1992, zuletzt geändert durch Gesetz vom 30. Juni 1999.

HESSISCHES KULTUSMINISTERIUM, Verordnung zur Gestaltung des Schulverhältnisses vom 21.Juni 2000, Amtsblatt 7/00.

HOLZAPFEL, HARTMUT: Schule 2000. Bildungspolitische Thesen für die Schule von morgen. Frankfurt/Main 1996.

KÖLLER, FRANZ: Die Entwicklung des Schulrechts in Hessen in der Zeit von 1988-1993. In: Recht der Jugend und des Bildungswesens, Heft 2, 1994, S. 280–285.

MARKSTAHLER, JÜRGEN / STEFFENS, ULRICH / BARGEL, TINO: Qualitätssorge für Schule und Unterricht. – Einleitung in das Themenheft. In: Beiträge aus dem Arbeitskreis Qualität von Schule, Heft

10: Qualitätsentwicklung und Qualitätssicherung von Schulen. Strategien, Instrumente und Erfahrungen. Wiesbaden (Hessisches Landesinstitut für Pädagogik) 1999.

MEYER-GÖRLICH, WALTRAUD / STEFFENS, GUIDO: Lehrpläne und Qualitätssicherung des Unterrichts. In: Pro Schule, H.1/1999, S. 4ff.

MESSNER, RUDOLF: Pädagogische Schulentwicklung zwischen neuer Lernkultur und wachsendem Modernisierungsdruck. In: Beiträge zur Lehrerbildung, 16 (1), 1998, S. 86–110.

MÜLLER-KINET, HARTMUT: Neun Thesen einer qualitätsorientierten Schulpolitik. In: Blickpunkt Schule. Zeitschrift des Hessischen Philologenverbandes, Heft 5/1999, S. 8–11.

ROLFF, HANS-GÜNTER: Entwicklung von Einzelschulen: Viel Praxis, wenig Theorie und kaum Forschung. – Ein Versuch, Schulentwicklung zu systematisieren. In: ROLFF, HANS-GÜNTER u. a. (Hrsg.): Jahrbuch der Schulentwicklung, Band 10: Daten, Beispiele und Perspektiven. Weinheim und München 1998, S. 295–326.

SCHEFFER, URSULA: Regionale Planung, Gestaltung und Steuerung der Schulprogrammentwicklung durch Regionalkonferenzen. — Eine Analyse der Erfahrungsberichte. Padagogisches Institut Falkenstein im Hessischen Landesinstitut für Pädagogik, Typoskript o. J. (2000).

SCHLÖMERKEMPER, JÖRG: Schulprogramm: Wünsche und Wirkungen. Ergebnisse einer Befragung. In: PÄDAGOGIK, Heft 11, 1999, S. 28–30.

STEFFENS, ULRICH / BARGEL, TINO: Erkundungen zur Qualität von Schule. Neuwied, Kriftel, Berlin 1993.

TILLMANN, KLAUS-JÜRGEN: Brauchen Lehrer Lehrpläne? In: Beiträge aus dem Arbeitskreis Qualität von Schule, Heft 10: Qualitätsentwicklung und Qualitätssicherung von Schulen. Strategien, Instrumente und Erfahrungen. Wiesbaden (Hessisches Landesinstitut für Pädagogik) 1999, S. 122–133.

WOLFF, KARIN: Mehr Transparenz und Klarheit für Lehrende und Lernende. Presseinformation des Hessischen Kultusministeriums, Nr. 8 vom 26. Mai, Wiesbaden 1999.

WOLFF, KARIN: Elterninfo Nummer 1 des Hessischen Kultusministeriums, Wiesbaden 2000.

PIT SPIEß

Qualitätsentwicklung in der Schule – eine gemeinsame Aufgabe von Schulen und ihrer Schulaufsicht. Erfahrungsbericht aus dem BLK-Modellversuch „Selbstständige Schulen und Schulaufsicht"

Seit Ende 1999 beteiligt sich das Land Brandenburg am BLK-Programm „Qualitätsverbesserung durch Steigerung der Innovationsfähigkeit und der Selbstwirksamkeit in Schulen und Schulsystemen (QuiSS)[1]" mit dem Modellversuch „Selbstständige Schulen und Schulaufsicht (SeSuS)". Im Rahmen des BLK-Modellversuchs konkretisieren die beteiligten „Akteure" aus zwei staatlichen Schulämtern und insgesamt 13 Schulen ihre gesetzlich vorgegebenen Steuerungsbeziehungen[2] und bearbeiten folgende Handlungsfelder:

– die schulinternen Abläufe zur Verabredung von pädagogischen Zielen[3], wobei ein Zielbereich auf die Qualitätsentwicklung und -sicherung von Unterricht festgelegt ist;

---

[1] Siehe im Internet unter: www.blk-quiss.de

[2] Vgl. Brandenburgisches Schulgesetz von April 1996, § 129.3, letzter Satz.

[3] Das brandenburgische Schulgesetz verpflichtet nur Schulen „mit besonderer Prägung" zur Vorlage eines Schulprogramms (§ 8 Abs. 4). An anderer Stelle heißt es: Die Schulberatung wirkt insbesondere „auf eine verbindliche Verabredung von pädagogischen Zielen für die schulische Arbeit in einem Schulprogramm (gem. § 8 Abs. 4) oder darüber hinaus an anderen Schulen" hin (§ 129 Abs. 3). In diesem Sinn ist die Verabredung pädagogischer Ziele Teil eines Schulprogramms. Die Verabredung von pädagogischen Zielen – außerhalb eines Schulprogramms – ist nach Maßgabe näherer Bestimmungen Aufgabe der Schulen (§ 129 Abs. 3). Aussagen hierzu treffen z. B. die Verordnung über die Bildungsgänge in der Sekundarstufe I (§ 1 Abs. 4) und die Verordnung über den Bildungsgang der Grundschule (§ 2 Abs. 2).

- die schulinternen Abläufe zur Auswertung von Arbeitsergebnissen / der internen Evaluation;
- die Kommunikation / Kooperation zwischen den beteiligten Schulen im Sinne von Querberatung über Standardisierung von Zielverabredungen, Qualitätsindikatoren, Evaluationsinstrumente – Querberatung als schulübergreifende Ebene der Qualitätsentwicklung;
- die Schulberichterstattung an die Schulaufsicht und deren gemeinsame Bearbeitung und Auswertung zwischen Schulen und ihrer Schulaufsicht, externe Evaluation;
- die Steuerungsimpulse und die Unterstützung / Beratung durch die Schulaufsicht bei der Verabredung pädagogischer Ziele, der Auswertung von Arbeitsergebnissen und der Berichterstattung.

Das Bundesprogramm „QuiSS“ unterscheidet sich nach BROCKMEYER „(...) in seiner Zielsetzung, seiner planerischen Anlage und in der Kombination seiner Arbeitsschwerpunkte sowie in den erwartbaren innovativen Wirkungen von den meisten bisher geförderten Modellversuchen und Programmen. Im Mittelpunkt steht nicht die Weiterentwicklung eines fachlichen oder planerischen Teilbereichs und dessen qualitative Verbesserung. Vielmehr handelt es sich um die zentrale Frage nach der generellen Leistungsqualität und den dafür erforderlichen Rahmenbedingungen der Einzelschule und der die Einzelschule tragenden Schulsysteme.“[4]

Entwicklungsziel des Programms ist also die „Steigerung der Bildungsleistung“ auf der Ebene der Einzelschule und der beteiligten Schulaufsicht. Dabei sollen nicht Innovationen an sich neu konzipiert und implementiert werden, sondern die bereits bestehende Praxis der Qualitätsentwicklung der unterrichtlichen und pädagogischen Arbeit in den beteiligten Bundesländern soll überprüft und weiterentwickelt werden[5].

---

[4] RAINER BROCKMEYER, Qualitätsverbesserung in Schulen und Schulsystemen, Gutachten zum Programm; in BLK, Materialien zur Bildungsplanung und Forschungsförderung Heft 71, Bonn 1999, S. 5.

[5] s. S. 5.

Schulische Qualitätsentwicklung als gemeinsame Aufgabe von Lehrkräften, Schulleitungen und Schulaufsicht

„Wir sind nicht schlechter geworden, aber die anderen sind besser geworden, haben aufgeholt und bieten Alternativen. (…) Das heißt, unser Problem ist Anpassungs- und Gestaltungsfähigkeit, Innovationsfähigkeit, ja nicht nur in Produkten und Prozessen, sondern auch in Strukturen. Wir wissen, dass diese Anpassungsfähigkeit allein durch den Menschen kommen kann. Daher rücken wir diesen wieder in den Mittelpunkt des Geschehens (…)“[6]

Aufgrund dieser Erkenntnis hat in deutschen Unternehmen eine Abkehr von traditionellen Organisations- und Führungsgrundsätzen begonnen. Das „Kapital in den Köpfen“, d. h. intellektuelles Potenzial und die Kreativität der Mitarbeiterinnen und Mitarbeiter gilt als entscheidender Wettbewerbsfaktor[7]. Deren fehlende Beteiligung an Entscheidungsfindungsprozessen in Unternehmen und mangelnde Transparenz und Information seien „Führungsmängel“, als deren Auswirkung demotivierende Beschäftigte stünden[8]. Aus diesem Grund ist die Förderung des Humankapitals angesagt, der Schwerpunkt liegt jedoch sowohl auf der personellen Spitze eines jeden Unternehmens, als auch auf dem Mittelmanagement und dem einzelnen Mitarbeiter am Arbeitsplatz:

„Wenn Sie zu diesen Mitarbeitern gehen und als Vorgesetzter nicht anweisen oder anordnen, sondern fragen: „Was können

---

6 HANS-JÜRGEN WARNECKE (Präsidenten der Fraunhofer-Gesellschaft zur Förderung der angewandten Forschung e. V.), Leitlinien für Führung und Motivation in Unternehmen; in: Bertelsmann Stiftung, Auf den Menschen kommt es an, Gütersloh 1996, S. 177.

7 Vgl. RÜDIGER SOLTWEDEL (Institut für Weltwirtschaft an der Universität Kiel), Trends in der Führungsphilosophie und Unternehmensorganisation – Ergebnisse einer vergleichenden Führungskräftebefragung; in: ebenda, S. 16.

8 ebenda, S. 53.

wir hier denn mal verändern, was können wir hier verbessern?", dann werden Menschen, die sich auf diese Weise ernst genommen fühlen, immer irgendetwas haben, worüber Vorgesetzte, worüber das Management nachdenken muss und kann."[9]

Diese Zitate hätten auch eine Reaktion auf die Ergebnisse der TIMS-Studie sein können, durch die die Leistungsfähigkeit des deutschen Schulwesens in Frage gestellt wurde. Die Zitate machen deutlich, dass die Notwendigkeit eines „Paradigmenwechsels" sowohl in deutschen Unternehmen und in deutschen Schulen notwendig ist und sie liefern einen Begründungszusammenhang für die „erweiterte Selbstständigkeit der Schulen"! So betont das Brandenburgische *Schulgesetz* vom 12. April 1996 die Selbständigkeit der Schulen und erweitert die Gestaltungsmöglichkeiten und Verantwortung der einzelnen Schule. Danach bestimmen die Schulen im Rahmen der Gesetze ihre pädagogische, didaktische, fachliche und organisatorische Tätigkeit selbst, sie sollen mehr Entscheidungsbefugnisse über die Verwendung von Sach- und Personalmitteln erhalten und sind verpflichtet, ein vielfältiges Schulleben zu entwickeln und zu fördern[10].

„Selbständigkeit der Schule" in diesem Sinne folgt der o.g. Einsicht, dass qualitätsvolle Arbeit und gute Leistungen im komplexen Handlungsgefüge der Schule am besten dann erreicht werden können, wenn die Schule selbst die Verantwortung für die Qualitätssicherung und -entwicklung ihrer Arbeit übernimmt und dabei eigene Schwerpunkte setzt. Dies muss zielgerichtet und als gemeinsamer Prozess aller an der schulischen Arbeit Beteiligten – Schulleitung, Lehrkräfte, Schülerinnen und Schüler und deren Eltern – erfolgen. Daher ist die

[9] KARL-HEINZ BRIAM (ehem. Mitglied des Vorstandes der Volkswagen AG), in: Bertelsmann Stiftung, Auf den Menschen kommt es an, Gütersloh 1996, S. 137.

[10] Vgl. Brandenburgisches Schulgesetz (BbgSchulG) vom 12. April 1996, § 7.

„Mitwirkung“ ein wichtiger Aspekt der Selbstständigkeit der Schulen[11]. Für die Qualitätsentwicklung ihrer Arbeit benötigt die Schule ein „internes Qualitätsentwicklungssystem“, d. h. die Verabredung schulinterner *Standards* und Indikatoren für die Qualitätsentwicklung. Diese sind sozusagen die „Messlatten“ für die interne Qualitätsentwicklung und sollten im gleichen Maße für den Unterricht im engen fachlichen Sinne, für die methodisch-didaktischen Festlegungen und auch das Schulleben gelten. Weil sich Schulqualität, die erfolgreiches Lernen der Schülerinnen und Schüler befördert, aus einer Vielzahl von Faktoren zusammensetzt, ist es notwendig, dass eine verbindliche schulinterne Verständigung unter den Lehrkräften, aber auch mit den Schülerinnen und Schülern und deren Eltern besteht.

Die Herausforderung für die schulische Selbstständigkeit und Eigenverantwortung als Mittel der schulischen Qualitätsentwicklung liegt daher in der Abstimmung der eigenen Ziele mit den vorgegebenen Standards und der innerschulischen Entwicklung zu gemeinsamen Positionen über Wege zum Erreichen dieser Ziele und über angemessene Bewertungsmaßstäbe und -verfahren.

Dieser in der Fachliteratur beschriebene „Paradigmenwechsel“ hat Auswirkungen auf Lehrkräfte, Schulleitungen und ihre Schulaufsicht:

– Das zukünftige Leitbild der *Lehrkräfte* muss im unmittelbaren Zusammenhang mit der Idee einer „lernenden Schule“ stehen, die auf Entwicklung, Selbststeuerung und Kooperation angelegt ist[12]. Die Konzentration auf den „eigenen Unterricht“, auf die „eigene Lerngruppe“ als Ausprägung der eigenen „pädagogischen Freiheit“ ist nicht mehr zeitgemäß,

[11] Vgl. ebenda §§ 74 ff.

[12] Vgl. Bildungskommission NRW, Zukunft der Bildung – Schule der Zukunft; Denkschrift der Kommission „Zukunft der Bildung – Schule der Zukunft“ beim Ministerpräsidenten des Landes NRW; Neuwied 1995, S. 303 ff.

zukünftig sollten sich die Lehrkräfte mit ihrer ganzen Schule identifizieren. Schulische Qualitätsentwicklung bedeutet für jede einzelne Lehrkraft in der Schule die Berücksichtigung der „innerschulisch vereinbarten Unterrichts- und Lernkultur", die Verbindlichkeit der gemeinsam getroffenen Festlegungen und die Bereitschaft im Kollegium zu einer internen und vergleichenden Evaluation.

- Die *Schulleitungen* werden zukünftig den Erfolg ihres Schulleitungshandelns an der Frage messen lassen müssen, ob und wie sie die Etablierung, das Management und die Pflege des schulinternen Qualitätsentwicklungsprozesses ermöglicht haben. Sie werden zwar weiterhin für die Qualität ihrer Schule verantwortlich sein, diese wird allerdings maßgeblich davon abhängen, inwieweit die Lehrkräfte ihre Verantwortung für die schulische Qualitätsentwicklung annehmen, sich einbringen in die Entwicklung schulspezifischer pädagogischer Ziele und deren Auswertung im Rahmen eines Schulprogramms. Die Aufgaben der Schulleitungsmitglieder als Kommunikatoren, Mutmacher, Zielweiser, Zielklärer und Controller bergen zusätzlichen Konfliktstoff, versprechen aber energiefreier und befriedigender zu werden[13]. Hier ist Führungskompetenz notwendig.
- Die mit der erweiterten Selbständigkeit der Schulen seit der Verabschiedung des Brandenburgischen Schulgesetzes implizierte Zurücknahme detaillierter Regelungen und begleitender Kontrollen durch die *Schulaufsicht* hat zur Folge, dass die Schulen ihre Arbeit dokumentieren und offen legen. Dem entspricht auf der anderen Seite eine Weiterentwicklung der Schulaufsicht dahingehend, dass im Hinblick auf die Entwicklung zur erweiterten Selbständigkeit der Schulen deren Beratung besonders akzentuiert wird und eine Hinwendung zur Schule als System und zur Erfassung und Bewertung der Ergebnisse schulischer Arbeit erfolgt,

[13] Vgl. ELMAR OSSWALD: Stilwandel, Weg zur Schule der Zukunft, ... am wichtigsten ist der Mut; CH 6010 Kriens 1995, S. 21.

ohne die Verpflichtung zur Aufsicht außer Acht zu lassen. Auch hier ist Führungskompetenz notwendig.

Schulische Qualitätsentwicklung als gemeinsame Aufgabe: Realisierung im BLK-Modellversuch „SeSuS“

Am BLK-Modellversuch „SeSuS“ sind zwei staatliche Schulämter mit insgesamt 13 Schulen aller Schulformen und –stufen beteiligt. Alle Schulen werden im Modellversuch durch ein Mitglied der Schulleitung – i. d. R. der/die Schulleiter/in – sowie jeweils eine Lehrkraft vertreten, die staatlichen Schulämter durch einen verantwortlichen Schulrat. Vertreter dieser Akteure arbeiten auch in der „SeSuS“-Koordinierungsgruppe als „Delegierte“ mit, um die jeweiligen Planungen für alle Beteiligten transparent zu machen und die Bedürfnisse der schulischen bzw. schulaufsichtlichen Akteure in die Planungen des BLK-Modellversuchs einzubringen.

Die beiden beteiligten staatlichen Schulämter und die beteiligten Schulen in ihrem Schulaufsichtsbereich wurden über ein Bewerbungsverfahren ausgewählt. Das Auswahlverfahren wurde ausgelöst durch eine Ausschreibung unter den 18 staatlichen Schulämtern in Brandenburg im März 1999 mit der Aufforderung, das am Modellversuch zu beteiligende Schulset in den Bewerbungsunterlagen aufzuführen und die Auswahlkriterien offen zu legen. Schwerpunktmäßig waren Schulen der Sekundarstufen I und II (einschließlich OSZ) „mitzubringen“, darüber hinaus konnten Grund- und Förderschulen einbezogen werden. Teilnahmevoraussetzung war der gesicherte schulentwicklungsplanerische Bestand der jeweiligen Schule, eine Auflage, die aufgrund notwendiger Schulschließungen wegen rapide sinkender Schülerzahlen in Brandenburg notwendig wurde. Etwa die Hälfte der Schulen im jeweiligen Schulaufsichtsbereich sollten bereits über besondere Erfahrungen mit der Verabredung von pädagogischen Zielen und –

in Teilbereichen – mit der Auswertung eigener Arbeitsergebnisse sowie mit der Kooperation mit anderen Schulen verfügen.

Trotz hoher Heterogenität der Schulen (Grundschulen, Förderschulen, Kooperatives Schulzentrum aus Grund- und Förderschule, Gymnasien, Gesamtschulen, OSZ) sind im zweiten Jahr des BLK-Modellversuchs folgende Arbeitsschwerpunkte angesagt:

Die Fokussierung der pädagogischen Ziele auf den Gestaltungsspielraum in der Schule bei der Qualitätsentwicklung und -sicherung

Die Schulen hatten schon vor der Beteiligung am BLK-Modellversuch „SeSuS" mit unterschiedlicher Intensität pädagogische Ziele vereinbart. Der qualitätsentwickelnde Aspekt dieser Arbeit für die jeweilige Schule ist jedoch nicht in jedem Fall in den Blick genommen worden. Ziel der Arbeit im BLK-Modellversuch in den Schulen ist daher das innerschulische Qualitätsbewusstsein zu stärken, das heißt die Lehrkräfte und auch Schüler/-innen und deren Eltern in diese Diskussion einzubeziehen, um die schulische Aufgabe der Verabredung von pädagogischen Zielen und der Auswertung von Arbeitsergebnissen in diesem Sinne nutzbar zu machen. Die Vermutung liegt nahe, dass die Notwendigkeit der internen Qualitätsentwicklung und -sicherung anhand der Verabredung pädagogischer Ziele und der Auswertung von Arbeitsergebnissen in Brandenburg offensichtlich insgesamt nur gering ausgeprägt ist. Für die Schulen war nicht immer deutlich, ob die Arbeit an der Verabredung pädagogischer Ziele in innerschulische „Arbeitsprogramme" zur Qualitätsentwicklung, in denen konkrete Vorhaben beschrieben und die Evaluation nach angegebenen Methoden und Formen geplant sind, oder aber in „pädagogische Konzepte", die pädagogisch entfaltet und begründet werden, münden sollen. Daher beschränkten sich die im

Rahmen des BLK-Modellversuchs analysierten pädagogischen Ziele in der Regel auf Schulbeschreibungen einschließlich einer Darstellung und Einschätzung der jeweiligen pädagogischen Angebote und dienen so als „Werbebroschüren“.

Das mag auch durch frühere Erfahrungen der Lehrkräfte begünstigt sein: In der DDR gab es die Tradition, den Schulen jährliche Arbeitspläne abzufordern. Diese Arbeitspläne hatten jedoch eher deskriptiven Charakter, verordneten kollektive Arbeitsformen und beruhten kaum auf schulinternen Verabredungen. So wurden nicht nur die Themenfelder zur Verwirklichung der Bildungs- und Erziehungsaufgaben, sondern auch die Modalitäten der Erstellung vorgeschrieben: Der Arbeitsplan wurde vom Direktor einer Schule im Zusammenwirken mit der Leitung der Schulgewerkschaftsorganisation unter Beteiligung der Lehrer und Erzieher ausgearbeitet[14], der Schwerpunkt lag nicht auf der innerschulischen Diskussion und Verabredung.

Die Berücksichtigung der Qualitätsentwicklung des Unterrichts bei der Verabredung pädagogischer Ziele, für die sowohl schulformspezifische als auch schulformübergreifende Standards und Kriterien zu entwickeln sind:

Inzwischen haben alle beteiligten Schulen die Verbesserung ihrer Unterrichtsqualität in den Mittelpunkt der Arbeit gerückt. Dabei ist zu berücksichtigen, dass in den letzten Jahren – aus den gegebenen Transformationsbedingungen in den neuen Bundesländern – das Schwergewicht sehr stark auf die fachliche Seite des Unterrichts und die entsprechenden Qualifikationen der Lehrkräfte gelegt war. Erst jetzt verstärkt sich der Bedarf an didaktisch-methodischer Kompetenzerweiterung, z.B. in Richtung neuer schülerzentrierter Unterrichtsformen, Einsatz neuer Medien u.a. Bei einigen Schulen liegt das Schwergewicht auf der Planung und Realisierung von

[14] Vgl. Deutsche Demokratische Republik, Verordnung über die Sicherung einer festen Ordnung an den allgemeinbildenden polytechnischen Oberschulen (Schulordnung) vom 27. November 1979, § 6“.

Ganztagskonzepten, deren Realisierung die Frage der Unterrichtsqualität verstärkt ins Blickfeld gerückt hat.

Inzwischen scheint es bei allen Akteuren im BLK-Modellversuch den Konsens zu geben, wonach Unterrichtsqualität als ein ausgewogenes Verhältnis von fachlicher, didaktischer und methodischer Qualität (und entsprechender Qualifikation und Innovationsbereitschaft der Lehrkräfte) bestimmt wird. Dabei wird zugleich ein ausgewogenes Verhältnis von „traditionellen" und „innovativen" Unterrichtsformen angestrebt. Für alle beteiligten Schulen stehen in diesem Zusammenhang die Schaffung kollegialer Arbeitsformen, die Kooperation der Lehrkräfte und verbindliche Verabredungen von Zielen und Standards im Vordergrund, allerdings sind erst im Einzelfalle interne Evaluationskonzepte erarbeitet worden. Besonderer Bedarf besteht seitens aller Schulen an Methoden und Instrumenten zur Evaluation von Unterrichtsqualität und entsprechenden Fortbildungsmaßnahmen.

Die Selbstständigkeit der Schule und ihr Verhältnis zur Schulaufsicht

Ein Teilschwerpunkt innerhalb der schulinternen Qualitätsentwicklungsprozesse ist das sich verändernde Aufgaben- und Rollenverständnis der Schulen und ihrer Schulleitungen in Abgrenzung zu den Aufgaben der Schulaufsicht. Die Schulleitung hat im Zuge größerer Selbstständigkeit der Einzelschule notwendig zunehmend Schulmanagementaufgaben zu übernehmen. Wie weit diese Managementfunktion zu Lasten der pädagogischen Funktion des Schulleiters reichen soll, dazu gibt es seitens der beteiligten Schulleiter/-innen unterschiedliche Auffassungen. Außerdem ist in der Vergangenheit Qualitätsentwicklung und -sicherung eher als Aufgabe der Schulaufsicht gesehen worden. Im Verhältnis zur Schulaufsicht geht es – bei spezifischen Bedarfslagen – für alle Schulen insbesondere um Fragen einer effektiveren Kooperation von Schule und Schulaufsicht, um selbstverantwortetes professionelles

Handeln, aber auch um größere finanzielle und Gestaltungsspielräume der Einzelschule, um mehr Einfluss auf Personalfragen im Sinne einer fachgerechten Besetzung der Lehrerkollegien, um die unbürokratische Praxis der Schulberichterstattung und die Evaluation der Qualität schulaufsichtlicher Tätigkeit.

Das Rollen- und Funktionsverständnis der beteiligten Schulaufsicht im Prozess der Qualitätsentwicklung der Schulen und ihrer zunehmenden Selbstständigkeit

Die o. g. Ausführungen über die Entwicklung eines schulinternen Bewusstseins für Qualitätsentwicklung geht mit einer „Neubestimmung" bzw. Präzisierung der Aufgaben und des Aufgabenverständnisses der beteiligten Schulaufsicht einher. Wenn die Schulen bei der internen Qualitätsentwicklung einen aktiveren Part übernehmen, bedeutet dies für die Schulaufsicht, dass sie zum einen den beratenden Teil ihrer Aufgaben pointieren muss, um dem erhöhten Beratungs- und Unterstützungsbedarf der Schulen bei der Wahrnehmung ihrer Selbstverantwortung gerecht zu werden. Schließlich wird die Aufgabe der kritischen Reflexion der durch die Schulen vorgelegten Berichte immer wichtiger. Diese Präzisierung der schulaufsichtlichen Aufgaben ist in der Vergangenheit offensichtlich aufgrund der oben beschriebenen Arbeitsbelastung in den staatlichen Schulämtern nicht geschehen und wird nun durch die beteiligten Schulrätinnen und Schulräte versucht. Bislang war offensichtlich unüblich, diese „Rollenklärung" zusammen mit den „Partnern", den Schulen im eigenen Aufsichtsbereich durchzuführen. Dies wird zur Zeit in den beiden Schulsets versucht und verlangt ein hohes Moderationsgeschick und erhebliche Investitionen in begleitendes Coaching.

Bei der Planung des BLK-Modellversuchs hatten wir die Zeit unterschätzt, die die beteiligten Lehrkräfte, Schulleitungen und Mitglieder der Schulaufsicht für ein gemeinsames Verständnis über ihren jeweiligen „Leistungsbeitrag" zur schulischen Qualitätsentwicklung investieren müssen. Es wurde deutlich, dass das „Management des Wandels“ in drei Phasen unterteilt ist, in „auftauen – verändern – laufend verbessern“.

Jede Phase braucht ihre Zeit. In der Phase des „Auftauens“ muss das Bewusstsein geweckt werden, dass ein Wandel überhaupt erforderlich ist. Zur Problemanalyse und Zielfindung sind die Fragen notwendig: „Wo stehen wir? – Wohin wollen wir? – Warum müssen wir dahin?“

In der Phase des „Veränderns“ stehen wir vor der Frage: „Wie erreichen wir unsere Ziele?“ Hier ist Projektmanagement gefragt und ein Konzept der kleinen Schritte notwendig. Vermutlich gibt es keinen besseren Weg, als die Kreativität aller Beteiligten zu mobilisieren.

Die Phase des „laufend verbesserns“ zielt darauf, die neuen Verhaltensweisen und Strukturen lebendig zu erhalten und weiterzuentwickeln. Die verinnerlichten Grundsätze des Berufsbeamtentums, unsere persönlichen Denkfallen[15], an sich logische Argumente, die uns jedoch davon abhalten sollen, aktiv zu werden, wirken in jedem Beteiligten nach[16]. Im BLK-Modellversuch stehen wir (hoffentlich) beim Übergang von der ersten zur zweiten Phase! Der angedachte Prozess des Wandels bedeutet eine „Veränderung der Köpfe“, die nicht von allen bereitwillig mitgemacht wird. Widerstand gegen Wandel ist eine logische Konsequenz von Veränderungsprozessen. Die einzige Strategie dagegen scheint Transparenz über Ziele und Strategien, verstärkte Kommunikation und Beteiligung der Akteure an der Entscheidungsfindung, auch im BLK-Modellversuch „SeSuS“.

---

[15] „Das geht nicht“, ist eine klassische Denkfalle. Wenn EDISON dieser Denkfalle aufgesessen wäre, müssten wir dann immer noch bei Kerzenlicht …?

[16] Vgl. RÜDIGER SOLTWEDEL, s. S. 24.

MICHAEL BECKER

LRS[1]-Förderstrategie in Mecklenburg-Vorpommern

Das Land Mecklenburg-Vorpommern hat mit seiner LRS-Förderstrategie und seinen großen Forschungsprojekten seit 1991 konsequent eine schulische Förderung aufgebaut.

Die Bilanz in der LRS-Diagnostik, -Beratung und -Förderung zeigt deutlich, dass sich die gemeinsamen Anstrengungen in den letzten zehn Jahren, eine schulische Förderung für Schüler mit Schwierigkeiten im Lesen und Schreiben aufzubauen, durchaus gelohnt haben. Dabei ist es gelungen, diese schulische Förderung landesweit flächendeckend umzusetzen. Waren es 1992 etwa 35 % Förderung in Schulen Mecklenburg-Vorpommerns, so wird heute der LRS-Erlass in den Bereichen Beratung, Diagnostik und Förderung in vollem Umfang in den betroffenen Schulen umgesetzt.

Es war ein schwieriger Weg, dessen Ergebnisse auch künftig immer wieder neu erkämpft und bestätigt werden müssen.

Erfahrungen der alten Bundesländer zeigten immer wieder die Schwierigkeiten einer schulischen LRS-Diagnostik und Förderung auf (z. T. Inflation der Störungen, keine flächendeckende schulische Förderung u. a.).

- In den Kultusministerien besteht trotz zeitweilig punktueller Zuwendung eine relative Unempfänglichkeit gegenüber dem Begriff „Legasthenie“.
- Kontroverse Diskussionen um diesen Begriff gibt es auch unter Wissenschaftlern in den Fachbereichen Medizin, Psychologie und Pädagogik, die zu starken Verunsicherungen bei der Eltern- und Lehrerschaft führen und unmittelbar

[1] LRS = Lese-Rechtschreib-Schwäche

schulpraktische Auswirkungen in allen Regionen der Bundesrepublik Deutschland zeigen.

- Divergierende Auffassungen zur schulischen Umsetzung u. a. in der Bund-Länder-Kommission, von totaler Ablehnung (BLK Oktober 1992, „... wenn alte und zu DDR-Zeiten nicht funktionsfähige Modellversuche aufgewärmt werden sollen“) bis zum Erfordernis: „Schulische Fördermaßnahmen müssen verbessert und viele fragwürdige Rechtschreibübungen und -materialien sollten verboten werden.“

Jahre harter, klar bestimmter und konsequenter Arbeit auf dieser Strecke haben sich für uns und unsere Schüler gelohnt. Dabei ist uns bewusst, dass jedes Bundesland auf umfangreiche eigene Erfahrungen zurückgreifen kann und regionale Besonderheiten zu beachten hat – genauso wie Schulen in freier Trägerschaft pädagogische Konzepte unter den Bedingungen der jeweiligen Besonderheiten gestalten können.

Zum LRS-Erlass Mecklenburg-Vorpommerns

Der Erlass zur Förderung von Schülern mit einer Lese-Rechtschreib-Schwäche (Legasthenie) gilt für alle Schularten gemäß § 11 Abs. 2 Nr. 1 des Schulgesetzes für das Land Mecklenburg-Vorpommern.

Die Bezeichnungen *Legasthenie*, Dyslexie, isolierte oder umschriebene Lese-Rechtschreib-Schwäche (LRS) sowie Lese- und Rechtschreibstörung sind synonyme Begriffe und werden als solche verwandt.

Die Legasthenie wird als ein besonderer Fall unter anderen Lese- und Rechtschreibproblemen anerkannt. Man versteht unter Legasthenie eine Teilleistungsstörung, die weder durch eine allgemeine Beeinträchtigung der geistigen Entwicklung erklärt noch auf einen unzulänglichen Unterricht zurückgeführt werden kann. Ausgeschlossen werden auch periphere Sinnesstörungen als Verursachung. Die Legasthenie kann sowohl aufgrund entsprechender Anlagen als auch durch Störungen der Entwicklung des Zentralnervensystems oder durch das Zusammenwirken beider Bedingungen entstehen. Mit der Legasthenie können Teilleistungsschwächen der Wahrnehmung, der Motorik (Bewegungs- und Koordinationsstörungen), der Seitendominanz und/oder Beeinträchtigungen des Spracherwerbs verbunden sein.

Die Primärsymptomatik zeigt sich im völligen Versagen beim Erlernen der Schriftsprache oder in ausgeprägten Schwierigkeiten bei den dem Lesen und Rechtschreiben zugrunde liegenden Teiloperationen. Eine nicht durch pädagogische Fördermaßnahmen flankierte Legasthenie führt in der Regel zur Ausweitung des Schulversagens und zu Störungen in der Persönlichkeitsentwicklung. Diese Symptome werden als Sekundärsymptomatik bezeichnet.

Die Erfassung und förmliche Anerkennung haben im LRS-Erlass eine zentrale Bedeutung. Die Erfassung erfolgt bereits im Laufe des ersten Schuljahres und gewährleistet die Förderung auf der Grundlage einer auf den Einzelnen bezogenen Diagnostik mit Förderhinweisen. Die Anerkennung wird im Ergebnis einer fundierten *Diagnostik* und durchgeführter Förderung durch Entscheid des Staatlichen Schulamtes ausgesprochen. Damit erhält der Schüler einen Notenschutz und entsprechende Begleitung seiner anerkannten Legasthenie während seiner Schullaufbahn.

Die förmliche Anerkennung einer Legasthenie für Schüler mit ausgeprägten Schwierigkeiten im Lesen und/oder Rechtschreiben erfolgt in der Jahrgangsstufe vier und in den nachfolgenden Schuljahren. Dem Antrag auf LRS-Diagnostik ist ein Schulbericht des Klassenleiters beizufügen, in dem auf folgende Schwerpunkte eingegangen werden muss:

- Leistungs- und Sozialverhalten, sprachliches Entwicklungsniveau,
- Lernfähigkeit, spezielle Begabungen, bereits erfolgte schulische und häusliche Förderung und deren Effekte,

– Kontrolldiktat / Mathematikarbeit / Freies Schreiben.

Für eine LRS-Diagnostik werden neben einer Anamnese folgende Testverfahren und/oder informelle Verfahren empfohlen, z. B. HAWIK-R nach WECHSLER, AID nach v. KUBINGER / WURST, CFT 1 nach CATTELL / WEIß / OSTERLAND, CFT 20 nach WEIß, DP II, KVS II nach BREUER / WEUFFEN, Lautwortoperationsverfahren nach KOSSOW, Zürcher Lesetest nach GRISSEMANN / LINDER, DRT nach MÜLLER oder RT nach LORY, Worttafel nach KOSSAKOWSKI, Leseprobe nach STRECKENBACH, Mannheimer-Rechtschreibtest (MRT) nach JÄGER / JUNDT.

Die, Erziehungsberechtigten werden durch den Diagnostiker über die Ergebnisse der LRS-Diagnostik informiert und hinsichtlich der Förderung beraten. Die Ergebnisse werden dem Staatlichen Schulamt zur Entscheidung zugeleitet. Das Staatliche Schulamt legt in Zusammenarbeit mit dem Förderausschuss, dem Schulleiter der zuständigen Schule und dem LRS-Lehrer die Form der Förderung für den jeweiligen Schüler fest.

Die Erziehungsberechtigten werden durch den Schulleiter über die Entscheidung des Schulamtes informiert.

Formen der LRS-Förderung

Die LRS-Förderstrategie enthält im Grunde die LRS-Förderung

- durch Binnendifferenzierung in allen Klassenstufen,
- in LRS-Kleingruppen der Jahrgangsstufen 2 bis 9,
- in selbstständigen LRS-Kleinklassen in den Jahrgangsstufen 2 und 3 an Grund- und Sprachheilgrundschulen,
- in Diagnoseförderklassen an Grundschulen, spezielle Fördermaßnahmen an allgemeinen Förderschulen, Leseintensivkurse in verschiedenen Formen,
- Intensivförderung in spezialisierten Einrichtungen durch Einzelfallentscheidungen,

- LRS-Förderung in den Schulversuchsklassen 2/1 und 3/1,
- epochale Förderlehrgänge, Rechtschreibhilfen, häusliche Hilfe.

Die binnendifferenzierte Förderung ist als erste Möglichkeit für Schüler mit vorübergehenden oder leichteren Problemen unter Berücksichtigung der individuellen Leistungen zu sehen. Obwohl die Anzahl der Schüler mit vorübergehenden oder leichteren Ausfällen im Lese-Rechtschreiblernprozess den weitaus größten Anteil aller Grundschüler mit Schwierigkeiten im Lesen und Schreiben der Klassenstufe 1 bis 4 darstellt, gestaltet sich die binnendifferenzierte Förderung am kompliziertesten.

Der Grundschullehrer steht zu Beginn des 1. Schuljahres vor der Aufgabe herauszufinden, wo bei etwa 10 bis 15 % seiner Schüler (KLICEPERA 1994, BREUER / WEUFFEN 1990) die Ursachen eines vorübergehenden, längerfristigen oder gar dauerhaften Versagens im Schriftspracherwerb liegen. So sollte für ihn z. B. die Berücksichtigung der individuellen Lernvoraussetzungen, das unterschiedliche Leseverhalten, das Lesetempo der Schüler im Mittelpunkt seiner Überlegungen stehen mit dem Ziel, noch nicht erworbene Fähigkeiten und Fertigkeiten im Unterricht systematisch zu entwickeln. In der Anwendung der differenzierten Leselern- und -lehrmethoden kann der Grundschullehrer binnendifferenzierte Fördermöglichkeiten nutzen. Dabei nutzt er alternative Unterrichtsformen wie Einzel-, Partner- oder Gruppenarbeit.

LRS-Kleingruppen werden mit zwei bis drei oder vier bis sechs Schülern in allen Schularten auch jahrgangsübergreifend gebildet. Hier werden Sollstunden zur Verfügung gestellt. Die LRS-Lehrer unterrichten entsprechend den individuellen Ausfällen im Lese-Rechtschreibprozess.

LRS-Kleinklassen werden mit zehn bis zwölf Schülern gebildet. Der Unterricht erfolgt nach einem modifizierten Rahmenplan im Fach Deutsch. Über ein Adaptionsverfahren werden diese Schüler in die vierte Jahrgangsstufe reintegriert.

Dabei sollten folgende Grundsätze in der Intensivförderung in LRS-Kleinklassen beachtet werden:

- prozessbegleitende Förderdiagnostik,
- volle Einbindung in die Grundschule, Einsatz von Adaptionszeiten,
- relative „offene Gestaltung“ ermöglichen, Sicherung der Schullaufbahn,
- Arbeit nach einer speziellen methodisch-didaktischen Förderkonzeption,
- Sicherung des individuellen Lernfortschrittes der Schüler unter Beachtung unterschiedlicher Lernwege,
- Sicherung der pädagogischen Nachsorge durch Hinweise zur häuslichen Hilfe unter Einbeziehung der Erziehungsberechtigten.

Lese- und Rechtschreibintensivkurse sind in Einzelfällen für Kinder mit erheblichen Lese-Rechtschreibschwierigkeiten auch nach der Grundschulzeit möglich.

Für Schüler aus Intensivförderformen ist die pädagogische Nachsorge zu sichern. Es sollte darauf geachtet werden, dass nach Abschluss der Intensivförderform der aufnehmenden Schule ein ausführlicher Förderbericht zur Verfügung gestellt wird.

Leiteinrichtungen

Organisatorisch ist das Land Mecklenburg-Vorpommern in vier Leiteinrichtungen gegliedert. Mit der Leitung sind ausgewählte hoch qualifizierte Lehrkräfte beauftragt. Zu den jeweiligen Leiteinrichtungen gehören vier bis fünf Gebietskörperschaften, für die wiederum ausgewählte LRS-Lehrkräfte verantwortlich sind. Zu den Aufgaben gehören Beratung, Diagnostik, Koordination in Einzelfallentscheidungen und die Ausbildung von Multiplikatoren in der LRS-Förderung. Sie stehen den Schulräten jederzeit mit Fachkompetenz zur Verfügung und sind berufene Mitglieder in den Förderausschüssen.

Das Prinzip wird auch für den Bereich Dyskalkulie (DYS) übertragen.

LRS-Fortbildung

Das Landesinstitut für Schule und Ausbildung (L.I.S.A.) hat gemeinsam mit Wissenschaftlern, Schulräten und vielen außerordentlich engagierten LRS-Lehrkräften eine *Lehrerfortbildung* aufgebaut und erfolgreich umgesetzt. Bis zum Schuljahr 1999/2000 sind zwölf Kurse mit 231 Teilnehmern durchgeführt worden. Diese Kurse sind von entscheidender Bedeutung für die qualitativ erforderliche Beratung, Diagnostik und Förderung für diesen Bereich und werden in den folgenden Schuljahren fortgesetzt.

Die wichtigsten Komponenten der strategisch angelegten Fortbildung sind:

- Stabilisierung einer modernen, zeitgemäßen Fortbildung auf der Grundlage neuester wissenschaftlicher Erkenntnisse, um im eigenen Interesse die erforderliche Fachkompetenz zu sichern,
- flächendeckende Öffentlichkeitsarbeit zur Entwicklung der LRS-Förderstrategie für Eltern, LRS-Lehrkräfte, Schulleiter über Infohefte,
- Berechtigung zur Beratung, Diagnostik und Förderung für Lehrkräfte aller Schularten sowie für das unterrichtsbegleitende Personal (PmsA) in selbstständigen LRS-Kleinklassen laut LRS-Erlass (Zertifikate),
- jährliche zentrale LRS-Fortbildungstage für Multiplikatoren (LRS-Lehrkräfte, Schulpsychologen, Schulräte) haben einen hohen Stellenwert, Themengruppen sind u. a.:
  - LRS-Förderstrategie und Möglichkeiten schulischer LRS-Förderung in Mecklenburg-Vorpommern;
  - Auswertung der schulischen LRS-Förderung in den einzelnen Schuljahren;

- Erscheinungsbilder / Ursachen und diagnostische Verfahren der Legasthenie durch Fachleute aus den Universitäten und der Praxis;
- Übungskomplexe zu diagnostischen Verfahren;
- Darstellung schulrechtlicher Problemstellungen sowie Ergebnisse von Erhebungen;
- Screening-Verfahren;
- Darlegungen zur Dyskalkulie;
- Präsentation der Ergebnisse aus der Forschungsgruppe und dem Schulversuch;
- Inhalte der Forschungsgruppe „Optimierung 1999 bis 2002“.

Schulversuch „LRS-Intensivförderung 1995 bis 1999“

Der Schulversuch „Intensivförderung 1995 bis 1999“ hat eine wesentliche Lücke innerhalb der LRS-Förderstrategie Mecklenburg-Vorpommerns geschlossen. Eindrucksvoll wurde nachgewiesen,

- dass der Fördererfolg für Schüler mit einer schweren Lese-Rechtschreibschwäche, die unmittelbar nach der ersten Klasse in eine LRS-Intensivförderung aufgenommen worden sind, höher liegt als für Schüler in allen bisherigen LRS-Förderformen,
- dass eine schulische LRS-Förderung landesweit umsetzbar ist und
- dass durch eine qualitativ hoch stehende Fort- und Weiterbildung Lehrkräfte aller Schularten auf die Umsetzung der LRS-Förderstrategie in den Bereichen Beratung, Diagnostik und Intensivförderung vorbereitet werden können.

Mit dem Schulversuch „LRS-Intensivförderung 1995 bis 1999“ wurde das Ziel verfolgt, die kontinuierliche Lernprozessbeobachtung in Klasse 1 sowie eine differenzierte, separate LRS-Förderung der Schüler der Jahrgangsstufe 1 einzuleiten.

Der Schulversuch „Prozessbegleitende Förderstrategie zur Einschränkung von massiven Schwierigkeiten beim Erwerb der Schriftsprache und funktionalem Analphabetismus“ (1995 bis 1999) zeigt die Notwendigkeit der Früherkennung und -förderung im System der LRS-Förderstrategie des Landes Mecklenburg-Vorpommern. Es ist gelungen, die Potenzen einer wissenschaftlich fundierten Früherkennung und Frühförderung kombiniert mit den schulrechtlichen Rahmenbedingungen im Schulalltag sinnvoll einzusetzen.

Künftig wird es möglich sein, dass auch Schüler mit massiven Schwierigkeiten beim Erlernen des Lesens und Rechtschreibens im Anfangsunterricht über eine Intensivförderung die vierjährige Grundschullaufbahn erfüllen können.

Adaptionsphase

Ausführlich wird auf die Wiedereingliederung in die normale Schullaufbahn (Adaptionsphase) eingegangen. Nach einer Intensivförderung gehen die Schüler in der Regel in ihre Stammklasse zurück. Die Reintegration erfolgt über eine Adaptionsphase.

Die Schüler, die von Klasse 3 LRS in eine 4. Klasse an ihrer Stammgrundschule überwechseln, sollen sich ohne große Schwierigkeiten eingliedern können. Dazu ist jedoch unbedingt eine gut funktionierende Nachbetreuung notwendig. Diese setzt bereits mit der Adaptionsphase ein. Die Probebeschulung wird eingeleitet durch ein ausführliches vorbereitendes Gespräch mit den Eltern. Es werden wichtige organisatorische Maßnahmen besprochen, auf die Eltern zu achten haben, so z. B.

- regelmäßige Kontrolle der Hausaufgaben, vor allem der mündlichen,
- regelmäßige Kontrolle der Arbeitsmaterialien auf Vollständigkeit,
- bei Notwendigkeit ist Nachmittagsbetreuung zu organisieren,

- Kontaktaufnahme zum Klassenlehrer der aufnehmenden Klasse.

Parallel zu den Elterngesprächen erfolgen Gruppen- und Einzelgespräche mit den Schülern, die sie motivieren und Ängste von ihnen nehmen sollen, indem auf bereits erworbenes Wissen und Können und besondere Fähigkeiten verwiesen wird.

Während der Probezeit hospitiert der Klassenlehrer der LRS-Klasse bei jedem Schüler mindestens einen zusammenhängenden Unterrichtstag lang in Absprache mit dem betreffenden Klassen- bzw. Deutschlehrer. Schwerpunkte bei der Beobachtung sind

- die Integration in die Klassengemeinschaft,
- das soziale Verhalten zu Mitschülern,
- die Lehrer-Schüler-Beziehung,
- Anstrengungsbereitschaft, Ausdauer und Sorgfalt im Unterricht,
- das Aufgabenverständnis für schriftlich und mündlich gestellte Aufgaben,
- der Grad der Selbstständigkeit in der Umsetzung,
- das Arbeitstempo bei der Ausführung mündlicher wie schriftlicher Aufträge.

An die Hospitation schließt sich ein Auswertungsgespräch mit dem Klassenlehrer an. Es werden zusätzliche Informationen ausgetauscht und Hinweise für die Beschulung und Förderung in Klasse 4 gegeben.

Das Auswertungsgespräch mit den Eltern enthält

- positive und negative Beobachtungen,
- Hinweise auf Schwerpunkte, in denen Schwierigkeiten in Klasse 4 auftreten könnten,
- Hinweise für Hilfen und Unterstützung seitens des Elternhauses.

Im Gespräch werden ihnen ihre Stärken bewusst gemacht, auf noch abzubauende Schwierigkeiten verwiesen und Strategien zu ihrer Vermeidung sowie Hilfsmöglichkeiten aufgezeigt.

Um festzustellen, wie sich die Schülerinnen und Schüler im Schulalltag in Klasse 4 der Grundschule bzw. in Klasse 5 der allgemeinen Schule bewährten und bewähren, welche Hilfen notwendig waren und sind, können Elternbefragungen durchgeführt werden.

Unter Einbeziehungen der Erfahrungen und Hinweise der Lehrkräfte, die mit LRS-Kindern arbeiten, der Auswertung der Gespräche mit den Grundschullehrern während der Adaptionsphase und der Antworten der Eltern bei der Umfrage muss festgestellt werden, dass alle Schüler, die die LRS-Klasse 3 verlassen, zunächst eine Nachbetreuung erhalten sollten, um sich auf die neue Lern- und Lebenssituation gut einzustellen.

Dabei ist wichtig, dass die übernehmenden Deutschlehrkräfte die mitgegebenen Förderhinweise in die Förderung einfließen lassen. Konkrete Absprachen mit den unterrichtenden Fachlehrkräften sind ebenso notwendig, wie die regelmäßige Einbeziehung aller Eltern beim Organisieren von häuslichen Hilfen sowie bei der Organisation des Schulalltags ihres Kindes, um den Entwicklungsfortschritt zu erkennen.

In beratenden Elterngesprächen im 1. Schulhalbjahr der Klasse 4 muss rechtzeitig geklärt werden, ob ein Anerkennungsverfahren (lt. LRS-Erlass) eingeleitet werden soll. Als Grundlage hierzu ist eine prozessbegleitende Analysetätigkeit des Deutschlehrers im Bereich Lesen / Rechtschreiben notwendig.

Nach Aussprache einer Anerkennung im Lesen und/oder Rechtschreiben sollte unbedingt erreicht werden, dass die Schülerin oder der Schüler ohne längere Unterbrechung in eine Fördergruppe integriert wird. Dabei sollte zugunsten des Kindes auch die Möglichkeit der Bildung von schulübergreifenden Gruppen in Betracht gezogen werden. Es ist wünschenswert, dass mit der pädagogischen Nachsorge LRS-

Lehrkräfte bzw. Lehrer, die sich mit der Problematik LRS bereits vertraut gemacht haben, beauftragt werden, da diese die vorhandenen Fehlerschwerpunkte nicht nur in den Förderstunden behandeln, sondern auch im laufenden Stoff mit beachten können. Auch hier sollte schulübergreifend gehandelt werden.

Mögliche Fragestellungen im Anschluss an das Adaptionsverfahren zur Sicherung der prozessbegleitenden Nachsorge sind:

Wie hält die Schülerin / der Schüler die schulischen Normen ein und erfüllt die Forderungen der Pädagogen?

Wie gelingt ihr/ihm das Zusammenleben in der neuen Gemeinschaft?

Wie ist die Einstellung zum Lernen herausgebildet?

Schätzen Sie ein, ob sich die Schülerin / der Schüler in neuartigen und ungewohnten Lernsituationen bewährt.

Wie ist die Schülerin / der Schüler in der Lage, sich durch bekannte Lernverfahren und Arbeitstechniken Wissen selbst anzueignen?

Gelingt es der Schülerin / dem Schüler in angemessener Zeit, übertragene Aufgaben vollständig und sorgfältig zu erledigen?

In welcher Qualität werden die mündlichen und schriftlichen Hausaufgaben erfüllt?

Wie weit sind Anstrengungsbereitschaft und Durchhaltevermögen ausgeprägt?

Ist die Schülerin / der Schüler in der Lage, selbstständig Aufgaben zu erledigen? In welchem Grad benötigt sie/er Hilfe und Unterstützung?

Die Fragestellungen werden entsprechend dem Einzelfall auch modifiziert angewandt.

Personal mit sonderpädagogischer Aufgabenstellung (PmsA)

Eine Besonderheit der LRS-Intensivförderung ist der Einsatz von Personal mit sonderpädagogischer Aufgabenstellung (PmsA) im Schulversuch „Legasthenie 2/1 und 3/1“. Dieses Personal hat in der Regel eine pädagogische Fachschulausbildung und ist speziell für diese Thematik hoch qualifiziert.

Zur Unterstützung der Arbeit in den LRS-Klassen 2/1 und 3/1 ist PmsA in der unterrichtsbegleitenden und ergänzenden Funktion tätig. Es gilt der Grundsatz:

„Was am Vormittag aufgebaut wird, muss am Nachmittag gesichert werden.“

Im Team wird nach dem Diagnostizierungsverfahren und der Feststellung des pädagogischen Förderbedarfs für den jeweiligen Schüler der Förderumfang in der Klasse abgestimmt. Durch die Ausbildung für die Arbeit mit LRS- und sprachbehinderten Schülern, Zertifikate in beiden Ausbildungsrichtungen, ist das PmsA in der Lage, aktiv an den diagnostizierten Ausfällen zu arbeiten. Wichtig ist die genaue Kenntnis der Defizite in den Wahrnehmungsbereichen, dem Bereich des Sprachverständnisses und Sprachverstehens bei jedem einzelnen Schüler. Dies ist der Ansatzpunkt für die pädagogische Arbeit während der ganztägigen Förderung in der unterrichtsbegleitenden Arbeit. Das auf die konkreten Ausfälle bezogene Wissen ist bei der Planung der Sonderstunden, der pädagogisch gelenkten Freizeit und bei der Erledigung aller mündlichen und schriftlichen Hausaufgaben zu berücksichtigen. Durch die tägliche Absprache im Team werden Auffälligkeiten sofort erkannt und beeinflussen die weitere Arbeit.

Folgende Grundaussagen lassen sich aus den Ergebnissen des „Schulversuchs 1995 bis 1999“ zur weiteren Entwicklung der LRS- Förderstrategie formulieren:

- Früherkennung und Frühförderung sind Voraussetzung für eine zielgerichtete Intensivförderung der Schüler mit massiven Schwierigkeiten im Lese-Rechtschreibprozess.

- Beratung, Diagnostik und fachkompetente Förderung für Schüler mit massiven Schwierigkeiten im Lesen und Rechtschreiben sind unverzichtbare Bedingungen für die im Schulversuch praktizierte Intensivförderung.
- Innerhalb der Intensivförderung sind durch ein ausgebautes Adaptionsverfahren die Schüler mit erheblichen Schwierigkeiten auf den Reintegrationsprozess in ihre Stammklasse vorzubereiten.
- Innerhalb der Intensivförderung sind offene Lernsituationen methodisch-didaktisch aufzubereiten und so zu nutzen, dass Handlungskompetenzen des Einzelnen persönlichkeitsformend unterstützt werden können.
- Die Intensivförderung ist im Kontext mit dem sozialen Lernen im Umfeld der interkulturellen Erziehung eine Chance für die zunehmende Befähigung des Einzelnen, auch in schwierigen Situationen unterschiedliche Interessen wahrzunehmen.
- Die Intensivförderung erfordert den Einsatz von Personal mit sonderpädagogischer Aufgabenstellung im unterrichtsbegleitenden Bereich, um die ganzheitlichen Lernsituationen durch spielerische und anwendungsbezogene Handlungssituationen unter Einsatz variierter Materialien zu stützen. Folgender Grundsatz muss gelten: Was im Unterrichtsprozess aufgebaut wird, muss durch ganzheitliche Maßnahmen gesichert werden.
- Die Intensivförderung erhöht den Anspruch auf Durchlässigkeit allgemein bildender Schulen für Schüler mit erheblichen Schwierigkeiten im Lesen und Rechtschreiben in allen Jahrgangstufen.
- Die Potenzen der Intensivförderung können in die methodisch-didaktische Gestaltung des förderorientierten Unterrichts in Diagnoseförderklassen einbezogen werden.
- Die Intensivförderung ermöglicht für Schüler mit erheblichen Schwierigkeiten eine adäquate Anbahnung berufsorientierter Fähigkeiten und den individuellen Zugang in die Arbeitswelt.

- Die Intensivförderung erfordert eine ausgeprägte schülerbezogene Teamarbeit der Lehrkräfte und des Personals mit sonderpädagogischer Aufgabenstellung einer Einrichtung, der Fachleute und Erziehungsberechtigten.

Die Ergebnisse der zweijährigen Intensivförderung belegen die Notwendigkeit des Einsatzes analytisch-synthetischer Unterrichtsverfahren, die hier innerhalb des Kieler-Lese- und Rechtschreibaufbaus sowie der Förderstrategie nach Kossow zum Einsatz kamen.

Fachkompetenz

Interdisziplinäre Teamgestaltung zeichnet die Arbeit der LRS-Fortbildner, der Schulpsychologen, der Multiplikatoren und LRS-Lehrkräfte aus. Fachkompetenz, Reflexionsbasis und Glaubwürdigkeit sind Markenzeichen, die nur durch ständige Bereitschaft zur eigenen Fortbildung, zur Multiplikatorentätigkeit und einer engagierten Beratung im Wirkungsfeld zum Tragen kommen.

Wissenschaftliche Tätigkeit in Landesforschungsvorhaben, Mitarbeit in Pilotprojekten, wissenschaftliche Begleitung in Schulversuchen oder Gestaltung von SCHILF-Veranstaltungen an allen Schulen kennzeichnen diese Arbeit.

Im Mittelpunkt steht das Prinzip „Hilfe zur Selbsthilfe“. Es enthält, dass den Ratsuchenden, Eltern und Schülern, keine Lösungsmöglichkeiten vorgeschrieben werden, sondern ihnen geholfen wird, den für sie gangbaren Weg zu finden und zu suchen. Die Vielfalt der LRS-Förderstrategie ermöglicht Angebote zur Veränderung, um durch Einsicht und Bereitschaft zur Veränderung eigene Initiativen zu entfalten.

Das Feld der Beratung erstreckt sich in den Bereichen Gesprächsführung, Legasthenie, Dyskalkulie, Bewertung, Fördervarianten, Diagnostik, Stressbewältigung, Schulabsentismus, Mitarbeit in Förderausschüssen, Leiteinrichtungen, Präventionsrat …

Teamgestaltung findet durch Kooperation mit der Schulaufsicht, den Schulleitungen, Lehrkräften, mit Erziehungsberechtigten, mit Trägern der Jugendhilfe, Behörden mit Sozialpädagogen, medizinischen Diensten u. a. statt.

Für Schulpsychologen, den Leiterinnen und Leitern der Leiteinrichtungen und Förderausschüssen sowie für Spezialisten ist die Einzelfallhilfe ein Schwerpunkt ihrer Tätigkeit. Besondere Problemlagen sind hier Schullaufbahn, Verhaltensauffälligkeiten, Schulangst, Absentismus, Teilleistungsstörungen wie LRS, Rechenschwäche, aber auch Hochbegabung, Überforderung, Mobbing oder Behördenbürokratie u. a.

Hinweise und Anmerkungen 2000

Die Hinweise und Anmerkungen zum „Erlass zur Förderung von Schülern mit Lese-Rechtschreibschwierigkeiten und einer förmlich festgestellten Legasthenie" vom 27. Juni 1996 befinden sich in einer Erprobungsphase einschließlich dem Schuljahr 2002/2003.

Der LRS-Erlass von 1996 wird dann auf dieser Grundlage aktualisiert. Für Lehrkräfte sind auch die verbindlichen Hinweise und Anmerkungen eine Unterstützung, um die Vielfalt der LRS-Förderung gezielt entsprechend dem Einzelfall einsetzen zu können.

Die Hinweise und Anmerkungen gliedern sich in drei Komplexe: Beratung und Diagnostik, Förderbedarf sowie Bewertung. Einige Punkte werden hier vorgestellt.

1. Komplex: Beratung und Diagnostik

Die Diagnostik einer LRS ist nur von Lehrkräften mit dem Zertifikat gemäß Nummer 9.1 des LRS-Erlasses „Berechtigt zur Arbeit mit Legasthenikern im Bereich Beratung / Diagnostik / Förderung" durchzuführen. Lehrkräfte, die über dieses Zertifikat verfügen, werden in einer Übersicht den zuständigen Schulämtern namentlich jährlich mitgeteilt.

LRS-Lehrkräfte, die über o.g. Zertifikat verfügen, können zur Intelligenzdiagnostik altersentsprechend den CFT 20 (nach WEIß) oder den CFT 1 (nach WEIß / CATELL / OSTERLAND) einsetzen. Liegt der ermittelte Intelligenzquotient unter 90, so ist eine Differenzialdiagnostik durch die schulpsychologischen Dienste oder/und durch entsprechend spezialisierte Dienste durchzuführen. Ebenfalls sind bei komplexen Störungsbildern diese Dienste in Anspruch zu nehmen.

Fällt bei Schülern im Gymnasialbereich das Rechtschreibniveau wesentlich von überdurchschnittlichen intellektuellen Leistungsvoraussetzungen ab, so ist in Absprache mit den Leiteinrichtungen die T-Wert Diskrepanzanalyse anzuwenden.

Ist der Zusammenhang zwischen Lese-Rechtschreibschwierigkeiten und schulischen Bedingungsfaktoren nicht eindeutig abzuklären (z. B. Unterrichtsausfall und/oder kann keine Einsicht in Entwicklungsverläufe genommen werden), ist ein Beobachtungszeitraum in die Diagnostik einzubinden. Dieser kann mehr als ein halbes Schuljahr umfassen. Die Eltern und die zuständige Schule sind darüber in Kenntnis zu setzen.

Gemäß Nummer 4.2.2 des LRS-Erlasses müssen Befunde der Reihenuntersuchung durch Kinder- und Jugendärzte in die Diagnostik einfließen. Bei Auffälligkeiten während der spezifischen LRS-Diagnostik ist der LRS-Lehrer verpflichtet, diese den Eltern mitzuteilen und sie zu veranlassen, eine fachspezifische Untersuchung durchführen zu lassen. Diese Befunde sind in die Diagnostik einzubeziehen.

Innerhalb der Struktur der Förderausschüsse / Leiteinrichtungen sind die in den Staatlichen Schulämtern als verantwortlich ausgewiesenen Lehrkräfte zur Vorbereitung von Einzelfallentscheidungen berechtigt. In diesem Rahmen ist es häufig notwendig, über einen längeren Zeitraum prozessbegleitend zu diagnostizieren, wenn die Lese-Rechtschreibschwäche bzw. Lernbeeinträchtigung im mathematischen Bereich als

Teilleistungsstörung nicht eindeutig von allgemeinen schulischen Schwierigkeiten abzugrenzen ist.

Das Antragsverfahren ist erst nach Abschluss der prozessbegleitenden Diagnostik abzuschließen. Im Sinne des Schulgesetzes [§ 1 (1), § 13 (5) und § 34 (3)] sind für diesen Zeitraum spezifische Fördermaßnahmen durch das Staatliche Schulamt zu veranlassen.

Für Legastheniker im Berufsschulbereich sind entsprechend einem Merkblatt Einzelfallentscheidungen möglich.

2. Komplex: Förderbedarf

Schüler, die bei der Erfüllung der allgemeinen Rahmenplanforderungen der Grundschule Lese-Rechtschreibschwierigkeiten im Sinne einer Teilleistungsstörung aufweisen, erhalten eine Förderung gemäß Nummer 6.1 und 6.2 des Erlasses in Grundschulen und/oder in Sprachheilschulen.

Innerhalb eines Förderzentrums können Schüler mit Lese-Rechtschreibschwierigkeiten und/oder einer Lernbeeinträchtigung im mathematischen Bereich eine spezifische Förderung innerhalb der Teilleistungsstörung an einer allgemeinen Schule erhalten.

Schüler mit einer allgemeinen Lernbeeinträchtigung und zusätzlichen massiven Lese-Rechtschreibschwierigkeiten erhalten im Allgemeinen ihre Förderung innerhalb ihrer sonderpädagogischen Förderung. In berechtigten Fällen (diagnostizierte massive Störung) kann dann auch eine spezielle LRS-Förderung erfolgen.

Gemäß Nummer 4.4 des Erlasses wird durch den zuständigen Förderausschuss Art und Weise sowie Form und Umfang der Förderung nach Nummer 6 des LRS-Erlasses befürwortet und zur Entscheidung dem Staatlichen Schulamt vorgelegt.

Die Unterrichtsversorgung wird auch für selbstständige Klassen für Schüler mit einer Teilleistungsstörung im Lesen und im Rechtschreiben (LRS-Klasse) über den diesbezüglichen jährlichen Erlass geregelt. Die Höhe der Förderstunden für LRS-Klassen an Grund- und Sprachheilschulen richtet sich nach den Förderstunden in den Jahrgangsstufen 2 und 3 an Sprachheilgrundschulen und den Regelungen im Versorgungserlass. Im Rahmen der Ganztagserziehung wird in selbstständigen LRS-Klassen Personal mit sonderpädagogischer Aufgabenstellung (PmsA) eingesetzt.

Wird ein Schüler / eine Schülerin in eine LRS-Klasse aufgenommen, ist auf dem Übergangszeugnis zu vermerken „Tritt über in die LRS-Klasse 2", die Durchlässigkeit bleibt davon unberührt. Nach § 56 Abs. 1 des Schulgesetzes ist das Wiederholungsjahr nicht auf die Vollzeitschulpflicht anzurechnen.

Lese- und Rechtschreibintensivkurse gemäß Nummer 6.5 des LRS-Erlasses sind in Einzelfällen für Schüler mit erheblichen (diagnostizierte massive Störung) Lese-Rechtschreibschwierigkeiten auch nach der Grundschulzeit möglich.

3. Komplex: Bewertung

Für die Jahrgangsstufen 2 bis 4 wird nach dem Erfassen von Lese-Rechtschreibschwierigkeiten der Notenschutz in Lesen/ Umgang mit Texten und Rechtschreibung / Sprachbetrachtung berücksichtigt. In allen anderen Fächern wird die Benotung ebenfalls unabhängig von den Rechtschreib- und Leseleistungen vorgenommen. Analog ist bei Schülern mit diagnostizierten Lese-Rechtschreibschwierigkeiten in allen Jahrgangsstufen bis zur förmlich anerkannten LRS in Abhängigkeit ihres Leistungsniveaus gemäß Nummer 7 des LRS-Erlasses zu verfahren.

In einer LRS-Klasse 2 wird in der Regel die Benotung in den entsprechenden Teilbereichen ausgesetzt. In Vorlaufklassen und dem freiwilligen 10. Schuljahr an allgemeinen Förderschulen gelten die Regelungen gemäß Nummer 7.6 bis 7.7 des LRS-Erlasses.

Mit der förmlichen Anerkennung ist der Notenschutz nicht immanent für alle folgenden Schuljahre gegeben. Unter Berücksichtigung der Entwicklungsdynamik im Bereich der Schriftsprache ist zwischen Eltern, Lehrern und betroffenem Schüler jährlich der Notenschutz zu besprechen und das Ergebnis zu dokumentieren. Der Klassenlehrer erarbeitet mit der Klassenkonferenz dazu eine entsprechende Empfehlung und leitet diese dem Schulleiter zur Entscheidung zu.

Treten nur im Bereich der Fremdsprachen ungenügende oder mangelhafte Leistungen auf, ist der Notenschutz in diesem Bereich noch zu gewähren, wenn die Klassenkonferenz dies empfiehlt.

In diesen Fällen ist auf dem Zeugnis zu vermerken: „Die Lese- und/oder Rechtschreibleistungen sind in der Fremdsprache nicht enthalten. Bei ... wurde eine Legasthenie förmlich anerkannt."

Nach § 62 Abs. 4 des Schulgesetzes ist der Notenschutz nicht zu gewährleisten, wenn beim Schüler kein Bemühen um ausreichende Leistungen zu erkennen ist. Das gilt auch, wenn der Schüler angebotene Fördermöglichkeiten nicht oder nur unzureichend in Anspruch nimmt.

Die Entscheidung trifft der Schulleiter auf Antrag und nach Anhörung der Klassenkonferenz. Die Entscheidung ist ausführlich zu begründen und den Erziehungsberechtigten schriftlich mitzuteilen. Eine Durchschrift dieser Entscheidung wird zur Schülerakte genommen.

Merkblatt für Berufsschullehrkräfte an Berufsschulen

Berufsschüler mit einer förmlich anerkannten Legasthenie (lt. ERLASS KM M-V 1992 bzw. 1996) in der Berufsausbildung an Berufsschulen, Berufsfachschulen, Höheren Berufsfachschulen, Fachschulen, Fachoberschulen, Fachgymnasien.

Leistungsschwierigkeiten, die sich aufgrund einer förmlich anerkannten Lese-Rechtschreibschwäche ergeben, aber sonst mit Leistungen verbunden sind, die dem Besuch einer Fachschule, Fachoberschule oder eines Fachgymnasiums genügen, sollen kein Grund sein, den Besuch dieser weiterführenden Schularten abzulehnen. Bei Jugendlichen ist eine Unterscheidung von Lese-Rechtschreibschwierigkeiten oder einer Legasthenie sehr schwierig und nur unter Hinzuziehung des bisherigen Entwicklungsverlaufs und besonderer Diagnostikverfahren aufzuklären bzw. zu beschreiben.

Woran ist eine Lese-Rechtschreibschwäche zu erkennen?

Schwierigkeiten bei der Unterscheidung von Laut und Buchstaben (Verwechslungsfehler), Auslassungs- und Hinzufügungsfehler sowie Umstellungen von Buchstaben, Schwierigkeiten bei Reihenfolgen, verkrampfte Schreibhaltung, Unruhe, leichte Ablenkbarkeit, Unordnung.

Die Ausprägung der genannten Symptome hängt vom Schweregrad der Legasthenie ab, bei geringerer Ausprägung der LRS können die oben genannten Schwierigkeiten in verminderter Form bzw. gar nicht mehr auftreten, für geförderte LRS Schüler ist eine durchschnittliche Lesefertigkeit (mitunter noch etwas verlangsamt) und eine Entwicklung der Rechtschreibschwierigkeiten zu Regelfehlern charakteristisch, ähnliche Symptome sind im Bereich der Fremdsprachen zu beobachten.

In der Beratungskompetenz sollten folgende Punkte Beachtung finden:

Verbesserung der spezifischen Berufsvorbereitung in den Schulen, Beratung der Legastheniker bei der Berufswahl, Erhöhung der Transparenz (Was wird erwartet?), Umgang mit der förmlichen LRS- Anerkennung (lt. ERLASS KM M-V). Um eine effektive individuelle Beratung der Jugendlichen und deren Eltern zu ermöglichen, ist eine aktuelle Diagnostik des Standes der Lese-Rechtschreibfertigkeiten notwendig. Eine schulinterne LRS- spezifische Förderung ist im Einzelfall vorzusehen. In schwierigen Abstimmungsfällen sollten die LRS-Leiteinrichtungen einbezogen werden.

Zum Umgang mit der LRS-Problematik im Bereich der Berufsausbildung:

Akzeptanz einer förmlichen LRS-Anerkennung, Beratungsfunktion hinsichtlich spezifischer Lernstrategien, Aufbereitung des Lernmaterials (vergrößerte Schrift), individuelle Bewertung der Deutsch- und Fremdsprachenleistungen unter besonderer Berücksichtigung der Rechtschreibleistungen, zeitweise spezifische Förderung fachübergreifend an den Berufsschulen, Fortbildung von LRS-Beratungslehrern mit Multiplikatorenfunktion.

Die Empfehlungen zur Veränderung der Prüfungsformen nach Prüfung im Einzelfall sollen den Prüfungskommissionen helfen, im Einzelfall einen Nachteilsausgleich zu gewähren, wobei der qualitative Anspruch der Prüfung gewahrt werden sollte. Die Entscheidung trifft der Vorsitzende der Prüfungskommission.

Prüfung in gewohnter Umgebung, Teilnahme vertrauter Personen, Vorlesen der schriftlichen Aufgaben und gegebenenfalls Niederschrift der mündlich gegebenen Antworten durch Dritte, Vorsehen einer mündlichen Ersatzprüfung. Beachtung der Vorschläge zur Prüfungsgestaltung mit technischen Hilfen.

Gegebenenfalls die Eltern zur Prüfungsgestaltung hinzuziehen, übersichtliche und anschauliche Gestaltung der Prüfungsaufgaben, Verlängerung der Einlesezeit für die Prüfungsfragen oder mehrmaliges langsames Vorlesen der Aufgaben sowie bei stark ausgeprägter LRS schreiben durch ein Mitglied des Prüfungsausschusses, Zeitverlängerung bei einzelnen Prüfungsaufgaben zum Ausgleich behinderungsbedingter Einschränkungen in der Prüfungssituation, individuelle und zeitliche Gliederung und Strukturierung der Prüfung (z. B. Zerlegung in Teilaufgaben), Auswahlantwortverfahren oder mündliche Prüfung, zusätzliche Pausen, Entzerrung der

Prüfung auf mehrere Tage, evtl. Einzelfallprüfung, technische Hilfen: Taschenrechner, selbst gefertigte Tabellen, Anschauungsmittel (Bilder, Grafiken) u. a.

Ergebnisse und Ausblick

Forschungsgruppe „Frühförderung 1993 bis 1998“

Die wesentlichsten Ergebnisse lassen sich in vier Punkten darstellen:

- Wissenschaftlicher Nachweis der seit 1992 praktizierten LRS-Förderstrategie in Mecklenburg-Vorpommern,
- Notwendigkeit einer berufsbegleitenden LRS-Fortbildung für Lehrkräfte in allen Schularten,
- Machbarkeit einer schulischen Förderung innerhalb einer vierjährigen Grundschulzeit für Schüler mit massiven Lese-Rechtschreibschwierigkeiten durch umfassende frühzeitige Diagnostik und umfassende Intensivförderung,
- Erfordernis von Rahmenbedingungen von modifizierten Rahmenplänen, über schulrechtliche Grundlagen bis zur Organisation von Stützsystemen in den einzelnen Schulen.

Forschungsgruppe „Optimierung 1999 bis 2002“

Zielstellungen der Forschungsgruppe „Optimierung 1999 bis 2002“:

- Verifizierung und Ausbau der seit 1992 praktizierten LRS-Förderstrategie in Mecklenburg-Vorpommern,
- Fortsetzung der umfangreichen Längsschnittuntersuchungen von 1993 bis 1998 im Sekundarbereich I an Schulen in Mecklenburg-Vorpommern,
- Schaffung von Grundlagen für die Verbesserung der Rechtschreibfähigkeiten von Legasthenikern im Sekundarstufenbereich I und II sowie bei jungen Erwachsenen,

- vergleichende Studien im deutsch- und englischsprachigen Raum innerhalb des Forschungsprojektes der Universitäten Rostock und Georgia (USA),
- umfangreiche Einzeluntersuchungen mit Hilfe verschiedener wissenschaftlich anerkannter Testverfahren, deren Daten anonym und projektbezogen ausgewertet und vorgestellt werden.

Die ersten Ergebnisse der Versuchs- und Normalpopulation werden 2001 durch die Forschungsgruppe und die Universitäten Georgia und Rostock vorgestellt.

Literatur

BEHRNDT, S.-M. / STEFFEN, M. / BECKER, M.: Zwischenbericht der Forschungsgruppe „Früherkennung und Frühförderung von Schülern mit Lese- und Rechtschreibschwierigkeiten 1993 bis 1998", Hrsg.: Kultusministerium des Landes Mecklenburg-Vorpommern, Schwerin 1996.

BEHRNDT, S.-M. / STEFFEN, M.: Zur Lehreraus- und -fortbildung. In: BEHRNDT, S.-M. / STEFFEN, M. (Hrsg.): Lese-Rechtschreibschwäche im Schulalltag. Greifswalder Studien zur Erziehungswissenschaft, Bd. 3. Frankfurt a.M. 1996.

BEHRNDT, S.-M. / STEFFEN, M. / BECKER, M.: Projekte zur Früherkennung und Frühförderung von Kindern mit Lese-Rechtschreibschwierigkeiten. In: BEHRNDT, S.-M. / STEFFEN, M. (Hrsg.): Lese- Rechtschreibschwäche im Schulalltag. Greifswalder Studien zur Erziehungswissenschaft, Bd. 3. Frankfurt a.M. 1996.

BEHRNDT, S.-M.: LRS-Förderung bei Schülern mit schwersten legasthenischen Störungen nach der Grundschule. In: Kultusministerium des Landes Mecklenburg-Vorpommern (Hrsg.): „Hilfe zur Selbsthilfe", Beratung, Diagnostik und Förderung von Schülern mit Schwierigkeiten im Lesen und Schreiben an Schulen in Mecklenburg-Vorpommern, Schwerin 1996.

BREUER, H. / WEUFFEN, M.: Gut vorbereitet auf das Lesen- und Schreienlernen. Berlin 1990.

BREUER, H. / WEUFFEN, M.: Lernschwierigkeiten am Schulanfang. Schuleingangsdiagnostik zur Früherkennung und Frühförderung. Weinheim und Basel 1993.

BREUER, H. / WEUFFEN, M.: Ein Kurzverfahren zur Überprüfung des lautsprachlichen Niveaus von fünf- bis siebenjährigen Kindern- KVS. In: BEHRNDT, S.-M. / STEFFEN, M. (Hrsg.): Lese-Rechtschreibschwäche im Schulalltag. Greifswalder Studien zur Erziehungswissenschaft, Bd. 3. Frankfurt a.M. 1996.

DUMMER-SMOCH, L. / HACKETHAL, R.: Handbuch zum Kieler Leseaufbau, Veris, Kiel. Rechtschreibschwäche im Schulalltag. Greifswalder Studien zur Erziehungswissenschaft, Bd. 3. Frankfurt a.M. 1996.

ESSER, G. / WURM-DINSE, U.: Fehlhörigkeit, Sprachwahrnehmungsleistungen und LRS-Zusammenhänge? In: Bericht über den Fachkongress des Bundesverbandes Hannover 1986. Hannover 1993.

KLICPERA, C. / GASTEIGER-KLICPERA, B.: Lesen und Schreiben. Entwicklung und Schwierigkeiten. Bern 1993.

KOSSOW, H.-J.: Grundpositionen des Rostocker LRS-Trainingsprogramms. In: Niemeyer, W. (Hrsg.): Kommunikation und Lese-Rechtschreibschwäche, Bochum 1995.

KULTUSMINISTERIUM des Landes Mecklenburg-Vorpommern: Erlass der Kultusministerin vom 27. Juni 1996. Erlass zur Förderung von Schülern mit Lese-Rechtschreibschwierigkeiten und einer förmlich anerkannten Legasthenie, Schwerin 1996.

KULTUSMINISTERIUM des Landes Mecklenburg-Vorpommern: Ergänzung zur vorläufigen Rahmenrichtlinie der Grundschule für den Lese-Rechtschreiblehrgang in LRS-Klassen der Klassenstufen 2 und 3, Schwerin 1993.

MARTINIUS, J.: Legasthenie und Auffälligkeiten des Verhaltens. In: BEHRNDT, S.-M. / STEFFEN, M. (Hrsg.): Lese-Rechtschreibschwäche im Schulalltag. Greifswalder Studien zur Erziehungswissenschaft, Bd. 3, Frankfurt a.M. 1996.

NAEGELE, I. M. / VALTIN, R.: LRS in den Klassen 1 bis 10 – Handbuch der Lese- Rechtschreibschwierigkeiten. Weinheim 1993.

MINISTERIUM FÜR BILDUNG, WISSENSCHAFT und KULTUR Mecklenburg-Vorpommern: Schulversuch „LRS-Intensivförderung 1995 bis 1999“, Abschlussbericht zum Schulversuch „Prozessbegleitende Förderstrategie zur Einschränkung von massiven Schwierigkeiten beim Erwerb der Schriftsprache und funktionalem Analphabetismus“, Schwerin 1999.

SCHEERER-NEUMANN, G.: Ein Entwicklungsmodell zur Analyse der Rechtschreibschwäche. In: DUMMER, L. (Hrsg.): Legasthenie. Bericht über den Fachkongress Hannover 1986. 1987.

VALTIN, R.: Zur „Machbarkeit“ der Ergebnisse der Legasthenieforschung. In: R. VALTIN, V. O. H. JUNG, G. SCHEERER-NEUMANN (Hrsg): Legasthenie in Wissenschaft und Unterricht. Wissenschaftliche Buchgesellschaft. Darmstadt 1981.

WARNKE, A.: Legasthenie und Hirnfunktion. Bern 1990.

WARNKE, A.: Umschriebene Lese- und Rechtschreibschwäche aus kinder- und jugendpsychiatrischer Sicht. In: BEHRNDT, S.-M. / M. STEFFEN (Hrsg.): Lese-Rechtschreibschwäche im Schulalltag, Greifswalder Studien zur Erziehungswissenschaft, Bd. 3. Frankfurt a.M. 1996.

WEIGT, R.: Lesen- und Schreibenlernen kann jeder!? Methodische Hilfen bei Lese-Rechtschreib-Schwäche. Neuwied (u. a) 1994.

ZIELINSKI, W.: Lernschwierigkeiten. Stuttgart, Kohlhammer 1995.

FERDINAND EDER / JOSEF THONHAUSER

Qualitätsentwicklung und Qualitätssicherung in Schulen Österreichs

Österreich gehört zu jenen Ländern, die sich in der expansiven Phase des Bildungswesens bis zum Ende der 1970er-Jahre vornehmlich mit der Frage nach dem besseren Bildungssystem befassten. Der zentralistischen Organisation entsprachen „demokratisch kontrollierte Schulversuche", die wichtige Systemfragen – z. B. ob auf der Sekundarstufe I Integrierte Gesamtschulen einzurichten oder Behinderte in die Regelschulen zu integrieren seien – bundeseinheitlich beantworten helfen sollten. Die damit allenthalben verbundenen Hoffnungen auf einen nachhaltigen Rationalisierungsschub in der Bildungspolitik wurden jedoch spätestens mit Entscheidungen, welche die Ergebnisse jener Schulversuche aus politisch opportun erscheinenden Gründen ignorierten, empfindlich gedämpft.

In den 1980er-Jahren sorgte die Bildungspolitik zunächst für die damals weithin erwünschte Ruhe in den Schulen. Als „Windstille" beschreibt ANTON PELINKA den Zustand (PELINKA, 1985). Angesichts von Entwicklungen, die in vielen Ländern gleichzeitig spürbar wurden, konnte sie allerdings nicht von langer Dauer sein. Ausgerechnet die Eltern behinderter Kinder forderten Anfang 1987 in einer bis dahin ungewohnten Form ihr Recht auf eine Schule, die auch ihren Kindern nachhaltige Chancen für ihre Entwicklung bietet. Sie erhielten wirkungsvolle Solidaritätsbezeugungen im Land und Unterstützung durch die internationale Entwicklung (GRUBER, 1989, 265 f.; SPECHT, 1995, 15 ff).

Die Impulse von außen beschränkten sich indessen nicht auf die Neuorganisation sonderpädagogischer Einrichtungen.

Allenthalben wiesen die Ergebnisse der Schulversuche darauf hin, dass für die Qualität von Schule weniger die von Systemfaktoren vorgegebenen strukturellen Rahmenbedingungen maßgeblich sind als vielmehr die Prozesse, die innerhalb der Schulen ablaufen. HANS HAENISCHS programmatische These, die Einzelschule sei der Prüfstand der Schulreform (HAENISCH, 1991, 27), hatte auch in der österreichischen Bildungspolitik Anhänger gefunden. Der sich bei diesen vollziehende Sinneswandel wurde von der Wissenschaft maßgeblich unterstützt.

Vorbereitende wissenschaftliche Analysen und publizistische Begleitung

Anfang der 1990er-Jahre übernahm eine Gruppe von Wissenschaftlern vom Unterrichtsministerium[1] den Auftrag für einen Sammelband über Schulqualität (SPECHT / THONHAUSER, 1996). Ein Dutzend Autoren von sechs Universitäten hatte es unternommen, eine Plattform für die nationale Diskussion über Schulentwicklung zu schaffen. Noch nie vorher war es gelungen, eine für die Erziehungswissenschaft im Land derart repräsentative Gruppe bei der Arbeit über ein gleich wichtiges wie aktuelles Thema zu vereinigen. Wenn die Häufigkeit der Zitierung als Indikator dafür genommen werden darf, war dem Unternehmen durchaus Erfolg beschieden. Auf kaum ein anderes Buch wird im gegenständlichen Zusammenhang so häufig (und positiv) Bezug genommen.

In der Einleitung gingen die Herausgeber auf die Schwierigkeiten ein, wie Qualität zu definieren sei, und hielten dabei Folgendes fest:

[1] Die Bezeichnung des Unterrichtsressorts hat sich in den letzten Jahren mehrfach geändert. Wir verwenden hier einheitlich die alltagssprachliche Bezeichnung Unterrichtsministerium und als Abkürzung BMU.

„Eine gute Schule kann heute Verschiedenes sein, je nach dem, wo sie lokalisiert ist, mit welcher Art von Schülerinnen und Schülern sie arbeitet, zu welchen anderen Schulen sie sich im Wettbewerb befindet, wie sie von Behörden und Umfeld unterstützt und gefördert wird ... Eine gute Schule kann heute vieles sein – allerdings nicht nur eines allein. Mehr denn je muss sie sich der Spannungen und Widersprüche verschiedener möglicher Ziele bewusst sein, wenn sie ihren Schwerpunkt auf einen bestimmten Bereich legt. Und mehr denn je muss sie dabei Bedacht nehmen auf ... Eingangsvorsetzungen der Schülerinnen und Schüler und darauf, wie die Bedingungen des Umfeldes beschaffen sind ... Eine gute Hauptschule in einem städtischen Ballungsgebiet kann, nein, muss etwas völlig anderes sein als eine landwirtschaftliche Fachschule in einer traditionellen Weinbauregion oder ein Gymnasium in einer Kleinstadt.

Und doch ist der Qualitätsbegriff im Zusammenhang mit der Schule keine beliebige Größe. Immer bemisst sich Qualität letzten Endes daran, ob und wie gut es Lehrerinnen und Lehrern gelingt, die konkreten Lebenserfahrungen ihrer Schülerinnen und Schüler zum Ausgangspunkt sinnhafter Lernprozesse zu machen, um von da aus die Brücke zum Ufer jener Lerninhalte zu schlagen, mit denen sich zu beschäftigen eine gemeinsame Auseinandersetzung zumindest rechtfertigt, wo sie nicht gesellschaftliche Notwendigkeit ist.“ (SPECHT / THONHAUSER, 1996, 10f.)

Zur gleichen Zeit hatten zwei Mitautoren des genannten Buches in rascher Folge eine Reihe von Analysen über zentrale Themen von Schul- bzw. Qualitätsentwicklung vorgelegt: über Schulautonomie (POSCH / ALTRICHTER, 1993); über Möglichkeiten der Bildungspolitik, Schulentwicklung ohne die Instrumente einer zentralen und alle Schulen (eines Typs) betreffenden Steuerung zu fördern (ALTRICHTER / POSCH, 1996); über Möglichkeiten und Grenzen der Qualitätsevaluation und Qualitätsentwicklung (POSCH / ALTRICHTER, 1997). Vom

Unterrichtsministerium wurde – gleichsam in Fortsetzung des oben erwähnten Readers – eine umfangreiche Sammlung von Texten angeregt, welche Entwicklungsgrundlagen für das österreichische Schulwesen beschrieben (BMU, 1996) und mehrere Studien in Auftrag gegeben, die – im Stile einer fokussierten Evaluation des bisher Geleisteten – wichtige Ausgangspunkte markieren sollten. Darunter fallen u.a. die für das gesamte Schulsystem repräsentative Untersuchung über das Befinden von Kindern und Jugendlichen an den Schulen (EDER, 1995), Untersuchungen zum Befinden der Lehrer/-innen (L&R, 1995) bzw. Analysen zum Stand der demokratischen Alltagskultur an den Schulen (EDER, 1998). Erstmals in neuerer Zeit waren über österreichische Schulen Portraits mit wissenschaftlichem Anspruch veröffentlicht worden (ALTRICHTER / RADNITZKY / SPECHT, 1994).

Nur wenige Jahre später fanden sich die meisten der bisher genannten Autoren zur Weiterführung ihrer Diskussion auf Einladung des BMU bei einem internationalen Workshop über Evaluation und Qualität im Bildungswesen (GROGGER / SPECHT, 1999) wieder zusammen, das wenige Tage später in Salzburg in einem erweiterten Rahmen quasi eine Fortsetzung erfuhr (THONHAUSER / PATRY, 1999).

Das erstarkte Interesse an Schulentwicklung ermutigte HERBERT ALTRICHTER und MICHAEL SCHRATZ, gemeinsam mit namhaften Kollegen aus Deutschland und der Schweiz eine einschlägige Zeitschrift zu gründen (JOURNAL FÜR SCHULENTWICKLUNG, 1997ff.) und gemeinsam mit WILFRIED SCHLEY ein umfangreiches Handbuch zur Schulentwicklung aufzulegen (ALTRICHTER / SCHLEY / SCHRATZ, 1998). Ein journal für lehrerinnen- und lehrerbildung sowie ein journal für begabtenförderung werden demnächst folgen. Damit entstand eine bisher nicht gekannte Dichte an Periodika mit pädagogischem Inhalt.

Neuorientierung der Bildungspolitik

Im Laufe der 1990er-Jahre setzte in der Bildungspolitik nach und nach ein Umdenken ein. Man kann darüber streiten, was dazu mehr Anlass gegeben hat: die knapper werdenden Ressourcen, die das zuständige Ressort zu einer Flucht vor der Mangelverwaltung trieben, oder die Einsicht, die sich ja auch anderen Orts Geltung verschafft hat, dass ein Versuch, über zentralistische Steuerungsmaßnahmen Qualität zu entwickeln oder auch nur zu bewahren, weder länger als erfolgverheißend noch als vereinbar mit einer beschleunigten Professionalitätsentwicklung im Lehrberuf (ALTRICHTER, 1996, 148ff.) angesehen werden konnte. Daraus ergaben sich Konsequenzen, die im Folgenden kurz beschrieben werden.

Deregulierung und Dezentralisierung

Das Schulgesetzwerk der 1960er-Jahre hatte die Verantwortlichen mit Stolz erfüllt und in der Folge zu einer bemerkenswerten Regeldichte geführt.[2] 20 Jahre später wurde diese allenthalben ebenso als Hemmnis für Entwicklungen an Schulen bzw. der Professionalität von Lehrer/innen erkannt wie der Umstand, dass Schulgesetze – in den Rang von Verfassungsgesetzen erhoben – nur mit parlamentarischer Zweidrittelmehrheit abgeändert werden können. Einen Ausweg bot – von manchen etwas modisch als Paradigmenwechsel bezeichnet – das Umschwenken auf eine niederschwellige Reformpolitik (PELINKA, 1996, 25 und 28ff.). Mit ihr konnten die – sei es absichtlich oder nicht – gegen Veränderungen aufgerichteten Schranken wenigstens teilweise umgangen werden. Die dabei beschrittenen Wege werden zutreffend mit den Begriffen Deregulierung bzw. Dezentralisierung bezeichnet. Der eine ver-

---

[2] Die Überschrift „Schulleben in 80 Paragraphen" in der kostenlos an alle Schulen versandten Informationszeitschrift Schulreform bringt diesen (naiven) Stolz schlaglichtartig zum Ausdruck (Schulreform 19, 1974). Zehn Jahre lang war mit Recht und Schule eine eigene Zeitschrift aufgelegt worden, die den Inhalt der Gesetze zu vermitteln trachtete.

weist auf eine zunehmende Selbstverantwortlichkeit der Schule als Institution sowie ihres Personals, der zweite auf die Ermöglichung regional und lokal eigenständiger Entwicklungen. Beides hängt eng mit der zu Beginn der 1990er-Jahre einsetzenden Autonomie-Debatte zusammen, für die in der 52. Sitzung der Schulreformkommission der Auftakt gegeben wurde und die in der 14. Novelle zum Schulorganisationsgesetz (1993) ein erstes konkretes Ergebnis zeitigte.

Autonomie

Seit dieser Zeit besteht ein weitgehender politischer Konsens darüber, dass künftige Entwicklungen so weit wie möglich vor Ort professionell verantwortet werden sollen und dafür entsprechende Freiräume gewährt werden müssen, und zwar im Einzelnen für

- die Verwaltung finanzieller Ressourcen,
- erweiterte Mitentscheidungen für die Schulgemeinschaft,
- die Konkretisierung allgemein gehaltener Lehrplan-Vorgaben sowie die
- zeitliche und inhaltliche Organisation des Unterrichts und
- die erhöhte Rechenschaftspflicht (Qualitätssicherung) bei erhöhter Autonomie (BACHMANN u. a., 1996, 27)

Divergierende Positionen hingegen gibt es hinsichtlich

- der Machtverteilung auf Einzelschule, regionale Schulaufsicht und Ministerium,
- der Frage, wo die Grenzen hin zu einer (einschneidenden) Strukturreform zu ziehen wären und
- einer personellen Autonomie der einzelnen Schule.

Eine Pikanterie – und gar nicht am Rande – in diesem Zusammenhang ist, dass von der Zentrale (euphemistisch) strikte Kostenneutralität aller Vorgänge eingemahnt wird, während man an der Peripherie kritisch von der Abschiebung der Verwaltung des Mangels spricht.

Erste systematische Erfahrungen zeigten nicht ganz unerwartet, dass die Begeisterung für die – oft geforderte – vermehrte Autonomie, sobald die Nutzungsmöglichkeiten konkret wurden, ihre Grenzen hat (BACHMANN u. a., 1996, zusammenfassend 141 ff.). Längst nicht alle Schulen nehmen die Angebote wahr; und nicht an allen Schulen, die es taten, zeigten sich günstige Effekte. Das veranlasste die Autoren der genannten Studie zu empfehlen, einerseits Anreize für schulspezifische innovative Maßnahmen zu schaffen, andererseits aber Schulen traditionellen Zuschnitts mit einer befriedigenden Praxis nicht „in die Autonomie zu zwingen." (a. a. O., 147)

Rechenschaftslegung (Qualitätssicherung)

Mehr Autonomie auf der einen Seite bedeutet mehr Verantwortung auf der anderen. Sehr schnell wurde daher klar, dass mit einem erweiterten autonomen Spielraum und einem Rückbau der vorher üblichen Input-Kontrollen die periodische Rechenschaftslegung wichtig wird, die über den Erfolg der Maßnahmen zur Qualitätsentwicklung Auskunft gibt. Es stellte sich alsbald die Frage nach einem erfolgreichen System des Qualitätsmanagements. Sie wird von vielen Experten in bemerkenswerter Übereinstimmung beantwortet (vgl. dazu die einschlägigen Beiträge z. B. in GROGGER & SPECHT, 1999, oder in EDER u. a., 2001). Demnach sind folgende Schritte vorzusehen (DUBS, 1999, 156 f.):

- Jede Schule führt nach einem intern entwickelten Konzept, das Hilfen von außen nicht ausschließt, Selbstevaluation durch, um ihre Stärken und Schwächen und den Erfolg der für bzw. gegen diese eingeleiteten Maßnahmen festzustellen (vgl. POSCH, 1999, 142 ff.).
- Die regionale Schulaufsicht sorgt periodisch für eine Metaevaluation, die prüft, inwieweit die Durchführung der Selbstevaluation angemessenen Standards entspricht.
- Die oberste Schulaufsicht sorgt für System-Monitoring, um – ggf. mit Hilfe von Systemvergleichen – Hinweise auf die

Qualität des Systems und seiner Faktoren zu erhalten und auf dieser Basis Entwicklungsmaßnahmen einleiten zu können.

Schulen, die sich der Herausforderung der Qualitätsentwicklung und *Qualitätssicherung* stellten, durften – wenigstens bisher – auf Unterstützung hoffen. Eine Reihe von Schulen machte von der Möglichkeit Gebrauch und nahm ein Qualitätsmanagementsystem in Anspruch. Auf diese Weise gelangten die Systeme ISO 9000ff., TQM, EFQM, EQA, AFQM, AQA, FQS, 2Q, MSS, ZEPRA in einzelne Schulen, die damit die Funktion von Pilotschulen erhielten (BMU, 1998), oder PAQM an Pädagogische Akademien[3].

Auf die sehr unterschiedlichen Ansätze dieser Systeme und die Erfahrungen der Schulen mit ihnen kann hier nicht im Detail eingegangen werden. Im folgenden Abschnitt werden Maßnahmen beschrieben, mit denen die Schulen Impulse für Qualitätsentwicklung und Qualitätssicherung erhalten sollen.

Maßnahmen zur Unterstützung von Qualitätsentwicklung und Qualitätssicherung

Versuch der Etablierung einer „Neuen Lernkultur“

Im Jahre 1993 eröffnete eine Veranstaltungsreihe für Vertreter der Schulaufsicht sowie der Lehreraus- und -fortbildung, denen eine entsprechende Multiplikatorwirkung zugetraut wurde, unter dem (nicht besonders glücklich gewählten) Titel

[3] Die mehr oder minder bekannten Abkürzungen stehen für: International Organization for Standardisation, Total Quality Management, European Foundation for Quality Management, European Quality Award, Austrian Foundation for Quality Management, Austrian Quality Award, (Formatives) Förderndes Qualitätsevaluations-System, Qualität und Qualifizierung, Modulansatz zur Selbstevaluation von Schulentwicklungsprojekten, Prozess der Qualitätsentwicklung an Schulen (nach ZELBER und PRAXMARER), Qualitätsmanagement an Pädagogischen Akademien.

Neue Lernkultur eine Folge unterschiedlicher Maßnahmen zur Unterstützung von Qualitätsentwicklung und Qualitätssicherung (LARCHER u. a., 1994). Mit „Neuer Lernkultur" sollte nicht ein Bruch mit der Tradition signalisiert, sondern eine Veränderung der bisherigen Lehrtradition in Richtung eines Unterrichts eingeleitet werden, in dem sich Schülerinnen und Schüler in verstärkter Form gemeinsam mit ihren Lehrer/-innen und unter Verwendung stärker erlebnis- und handlungsbezogener Methoden bedeutsame Inhalte in einer personenzentrierten Lernatmosphäre erarbeiten und erschließen.

Lehrplan '99

Das Mitte der 1990er-Jahre entwickelte Konzept des „Lehrplans '99" (BMU, 1996) wurde mit Hoffnungen auf Qualitätsentwicklung verbunden (vgl. die Beiträge im Themenheft von Erziehung und Unterricht, 1997). Das liegt daran, dass er nicht bei Versuchen stehen blieb, Modernitätsrückstände im üblichen Sinn wettzumachen, sondern einen bemerkenswerten innovativen Gehalt aufweist, wie das Folgende zeigen wird:

- Der Lehrplan sollte sich als 'Halbfertigware' präsentieren, die von den Betroffenen an einer Schule unter Bedachtnahme auf die lokalen Bedingungen fertig zu schreiben wäre.
- Es sollten nur mehr zwei Drittel der Unterrichtszeit in den vorgegebenen Lehrplänen verplant sein (Kernbereiche); die Gestaltung eines Drittels (Erweiterungsbereiche) sollte schulautonomen Möglichkeiten zufallen.
- Dafür sollten Teams von Lehrerinnen und Lehrern verantwortlich sein und diese Aufgabe im Zusammenhang mit der Arbeit an einem Schulprogramm erfüllen.
- Der Erfolg dieser Arbeit sollte regelmäßig (insbesondere durch Selbstevaluation) überprüft werden.
- Um den pädagogischen Spielraum noch auszuweiten, sollten die Fächergrenzen in den neuen Lehrplänen durchlässig

werden hin zu Lernbereichen und damit fachübergreifenden Unterricht und Aufgabenstellungen begünstigen, die nicht unter der Perspektive eines Faches vorselektiert wurden.

- Neben fachspezifischen Lernzielen sollten insbesondere allgemeine, 'dynamische Fähigkeiten' an Bedeutung gewinnen und die Orientierung an den Wissenschaften durch eine komplementäre Orientierung an den jeweiligen Lebenswelten der Schüler/-innen ergänzt werden.
- Die Verantwortung für die Lehr-/ Lernplanung sollte neu verteilt werden, vom Zentrum hin zur Peripherie, d. h. insbesondere zu den Lehrerinnen und Lehrern, aber auch zu den Schülerinnen und Schülern und deren Eltern.

Mit diesen Innovationen wurde nicht zuletzt die Hoffnung auf eine aktive(re) Beteiligung der Schulen und damit einhergehend ein besseres Verständnis des in den Lehrplänen festgeschriebenen Lehr-/ Lernprogramms und eine stärkere Identifikation mit seinem Gehalt verbunden.

Für die Entwicklung und Konkretisierung dieses Konzepts waren mehrere Jahre anberaumt worden, während derer alle Betroffenen Gelegenheit haben sollten, sich mit dem Entwurf kritisch auseinander zu setzen bzw. Erfahrungen mit der Realisierbarkeit zu machen. Die einzelnen Schulen sollten – eher mit Zug als mit Druck womöglich in „bildungspolitisch aktive Schulen" (POSCH) verwandelt – „behutsam auf den Weg gebracht werden" (DOBART, 1997, 328). Der Lehrplan '99 verstand sich als „Teil eines umfassenden Konzepts von Schulentwicklung", dessen Kennzeichen eine verstärkte Gestaltungsautonomie der einzelnen Schulen, deren Öffnung für neue Inhalte und neue Formen der Schul- und Unterrichtsorganisation sowie für Mitgestaltungsmöglichkeiten der Schulpartner sein sollten (ebenda). Der Zeithorizont für die Implementierung wurde vergleichsweise großzügig bemessen und diese von Maßnahmen auf den verschiedensten Ebenen (Expertenrunden, öffentliche Aufklärung, evaluative Begleitung von

Pilotschulen etc.) flankiert (STANZEL-TISCHLER / GROGGER, 1998a und 1998b). Deren Notwendigkeit wird in einem offiziösen Text nochmals betont: „Ohne flankierende Maßnahmen ... kann man sich [an den Schulen, J. T.] die Umsetzung der Lehrplanreform in ihren derzeitigen Konturen nicht vorstellen.“ (BACHMANN u. a., 1996, 137).

Dieses Konzept ist bei der Erziehungswissenschaft auf positives Interesse gestoßen, weniger hingegen bei der Lehrergewerkschaft, insbesondere bei den Vertretern der Allgemeinbildenden höheren Schulen (AHS) (THONHAUSER, 2000, 843 ff.). Diese äußerten – z. T. massive – Skepsis zu

- dem lebensweltlichen Begründungszusammenhang für Lernziele und -inhalte,
- konstruktivistischen Ansätzen in den allgemeinen didaktischen Grundsätzen,
- der Hervorhebung bisher tendenziell vernachlässigter, in bestimmten Zusammenhängen jedoch erfolgversprechender Unterrichtsformen, wie z. B. Projektunterricht,
- der Forcierung von Differenzierung und Individualisierung im Unterricht,
- der Ergänzung individueller Entscheidungen durch Gruppenentscheidungen (z. B. bei einer gemeinsamen Planung im Erweiterungsbereich),
- klareren Vorgaben als bisher im Bereich der Leistungsbeurteilung,
- Maßnahmen der Qualitätsentwicklung und Qualitätssicherung an Schulen und
- der Verbindung der Verordnung neuer Lehrpläne mit der Arbeit an Schulprogrammen für jede Schule.

Diese Einwände lassen wenig Interesse an einer Professionalisierung der Lehrerschaft erkennen, die jedoch im Zusammenhang mit Qualitätsentwicklung höchst wichtig wäre. Sie führten schließlich dazu, dass vom ursprünglichen Konzept vor dem Erlass des Lehrplans erhebliche Abstriche gemacht werden mussten, zum Beispiel:

- Die Verbindlichkeit eigener Erweiterungsbereiche wurde stark aufgeweicht. Schulen können sich – wie auch bisher schon – daran machen, solche zu planen, aber sie müssen nicht. In den Passagen, die den einzelnen Fächern gelten, finden sich kaum Anregungen für Erweiterungen.
- Die Bildungsbereiche stellen nunmehr lediglich zusätzliche Aspekte für den nach wie vor im Rahmen der traditionellen Fächer angebotenen Unterricht dar. Derartige Empfehlungen hat es – mit bescheidener Wirksamkeit – auch bisher gegeben.
- Die Verbindlichkeit der gemeinsamen Arbeit am Lehrplan und an der Unterrichtsplanung wurde zu einer Kann-Bestimmung, die Verbindung zwischen der Arbeit am Curriculum und am Schulprogramm, einem Kernstück des Entwurfs, musste (zumindest vorläufig, bis dafür eine gesetzliche Basis geschaffen ist) herausgenommen werden.
- Auch von Selbstevaluation ist nur mehr verschämt (in trivial anmutender pseudodeskriptiver Weise) die Rede: „Die Entwicklung von Schulqualität wird auch durch ... Selbstevaluation gefördert." Selbstverständlich kann auf dieser Basis Selbstevaluation betrieben und – im Sinne einer Metaevaluation – begleitet werden. Aber der Lehrplan verpflichtet nicht (mehr) dazu.

Gravierende Probleme für eine pädagogische Umsetzung der Lehrpläne, die bereits im Konzept enthalten waren, bleiben auf diese Weise erhalten (vgl. auch THONHAUSER, 1997, 126).

Das Schulprogramm als wichtigstes Instrument der Schulentwicklung

Das Weißbuch zum Lehrplan '99 (BMU, 1996) enthält erstmals den öffentlichen Anspruch eines Schulprogramms: „Der neue Lehrplan … gibt einen Rahmen vor, den die Schule unter Einbeziehung möglichst aller Beteiligten und Betroffenen konkretisiert. Am Ende der Beratungen steht als Resultat das in einem *Schulprogramm* verschriftlichte Gesamtkonzept." (DOBART, 1997, 326)

In einem Schulprogramm verdichtet sich – von Fall zu Fall und je nach Bewusstseinslage der Beteiligten in unterschiedlichem Ausmaß – ein ganzes Bündel von Einflussfaktoren. Sie sind in der nachstehenden Abbildung dargestellt (HAMEYER / SCHRATZ, 1998, 99). Sie lässt erahnen, was Schulprogrammentwicklung auf Schulebene bedeutet.

Die vier Einflussbereiche auf die Gestaltung eines Schulprogramms

Abb. 1 Einflussbereiche bei der Gestaltung des Schulprogramms.

Diese Ansprüche sind nicht nebenher zu bewältigen. Sie erfordern jene neuen Entwicklungen, für die sie Impulse sein möchten. Die folgenden Begriffsexplikationen werden das verdeutlichen.[4]

Die nachstehende Graphik vermittelt die grundlegenden Relationen. Sie deutet an, dass sich das aktuelle Schulprofil auf das Leitbild und der jeweils konkrete Entwicklungsplan auf dieses und auf das Schulprofil beziehen (sollen).

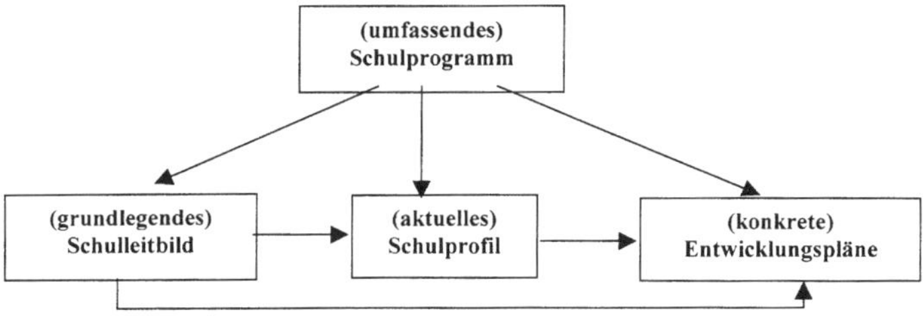

Abb. 2 Begrifflicher Zusammenhang von Leitbegriffen

Inhalt des Leitbildes einer Schule sind die allgemeinen Zielvorstellungen und allgemeinen Prinzipien für die Arbeit und das Zusammenleben an der Schule. Von Vorteil sind einprägsame Formulierungen, die sowohl für die Beteiligten in der Schule als auch nach außen die grundlegenden Werthaltungen festhalten.

Inhalt eines *Schulprofils* ist die aktuelle Verfassung der Schule, ggf. ergänzt um bereits in Angriff genommene Veränderungen. Es ist eine Darstellung der Schule nach außen, aus der sich die verschiedenen Interessenten, insbesondere die Schüler/-innen sowie deren Eltern, ein klares Bild machen können. Kern eines Schulprofils sind die fachlichen und überfachlichen Angebote der Schule, insbesondere ihre Besonderheiten, in denen sie sich von anderen Schulen (gleicher oder vergleichbarer Typen) unterscheiden, sowie die erreichbaren Qualifikationen. Das Schulprofil ist das Aushängeschild der Schule. Es

[4] Es sei darauf hingewiesen, dass die hier definierten Begriffe international nicht ganz einheitlich verwendet werden.

wird mit Vorteil in einem Prospekt (Folder) der Schule oder auf ihrer Homepage dargestellt.

Entwicklungspläne sind die konkretesten internen Instrumente der Schulentwicklung und erfüllen (potenziell) folgende Aufgaben:

- Sie konkretisieren kurz- und mittelfristige Ziele, die in der Perspektive der im Leitbild festgehaltenen allgemeinen Zielvorstellungen liegen.
- Sie legen Rechenschaft über die bisherigen einschlägigen Maßnahmen.
- Sie schreiben die vereinbarten oder zumindest in Aussicht genommenen künftigen Maßnahmen, mit denen die konkreten Ziele erreicht werden wollen, sowie Aktionspläne für die konkrete Durchführung fest.
- Sie benennen Indikatoren und – zumindest beispielhaft – Kriterien, mit deren Hilfe – zum Beispiel im Zusammenhang mit selbstevaluativen Maßnahmen – festgestellt werden kann, ob bzw. inwieweit die Ziele erreicht wurden.

Schulprogramme konzentrieren sich mit Vorteil – unter Beachtung der verfügbaren Arbeitskapazitäten – auf ausgewählte, für die jeweilige Schule wichtige Themenbereiche.

Den Schulen wurde eine längere Gewöhnungsphase an diese neuen Ansprüche zugebilligt. Anreize und Hilfen für aktive Schulen erhielten für die erste Phase mehr Gewicht als Druck und Kontrolle. Im Unterrichtsministerium (BMU) wurde – zusätzlich zu einschlägigen Schulversuchen (STANZEL-TISCHLER / GROGGER, 1998) – eigens ein Projekt installiert, das die Schulen, insbesondere die Lehrer/-innen, unterstützen soll. Von ihm ist im nächsten Abschnitt die Rede.

Qualität in Schulen (Q.I.S.) als Unterstützungseinrichtung

Qualität in Schulen (Q.I.S.) bezeichnet eine Initiative, mit der das Unterrichtsministerium die Schulen bei Qualitätsentwicklung und Qualitätssicherung unterstützen will (vgl. RADNITZKY, 2001). Ihr verdankt ein mittlerweile ansehnliches Materialienpaket sein Entstehen. Die drei wichtigsten Komponenten sind Erläuterungen zum Schulprogramm-Konzept, Instrumente – gebrauchsfertige Fragebögen ebenso wie die Beschreibung qualitativer Verfahren – für (eigenständige) Schulentwicklung (insbesondere für die Selbstevaluation) und ein Online-Magazin (Qualitätsnetzwerk [QN]) mit aktuellen Informationen sowie der Möglichkeit eines Erfahrungsaustausches.

Q.I.S. hat den Versuch unternommen, das komplexe Handlungsfeld Schule zu strukturieren, um Effektivität und Effizienz des internen Qualitätsmanagements zu fördern, und ist dabei auf fünf inhaltliche Bereiche gekommen: Lehren und Lernen, Lebensraum Klasse und Schule, Schulpartnerschaft und Außenbeziehungen, Schulmanagement sowie Professionalität und Personalentwicklung. Gleichzeitig empfiehlt Q.I.S., Qualitätsmanagement zyklisch zu betreiben.

Q.I.S. ist über das Internet (www.qis.at) allen Schulen bzw. Lehrerinnen und Lehrern zugänglich. Es stellt ein Angebot dar, dessen Nutzung auf Freiwilligkeit beruht.[5] Es betreibt darüber von sich aus Informationsarbeit bei Personengruppen, die an Schulentwicklung unmittelbar oder mittelbar beteiligt sind.

Die bisherigen Erfahrungen mit Q.I.S. bestätigen den guten Sinn der Initiative und die Wahl eines richtigen Ansatzes. Sie weisen allerdings darauf hin, dass sich Lehrer/-innen als die wichtigsten Adressaten für die Umsetzungen der zumindest implizit enthaltenen Ansprüche dringend andere zeitliche und finanzielle Rahmenbedingungen und mehr Beratung wünschen.

[5] Das könnte sich – de facto – ändern, sobald die Arbeit am Schulprogramm für alle Schulen verbindlich wird. Ob der dafür vorgesehene Termin (Beginn des Schuljahres 2002/03) aufrecht bleibt, ist zur Zeit allerdings noch höchst unsicher.

System-Monitoring durch Teilnahme an „large scale assessments“ und kontinuierliche Erhebungen

Wie viele andere Länder sammelt Österreich statistische Daten über das Schulsystem und veröffentlicht sie in einer „Schulstatistik“. Das Konzept der Schulstatistik in ihrer gegenwärtigen Form ist – der Tradition der zentralistischen Steuerung entsprechend input-orientiert. Gesammelt werden primär Daten über Schülerströme (Häufigkeiten der Schüler/-innen in den einzelnen Schularten bzw. Schulzweigen, differenziert nach Geschlecht), Anzahl der Schulen, Klassen und Lehrer/-innen, sowie über den allgemeinen Schulerfolg (erfolgreicher Abschluss des Schuljahres, Erfolg bei der Matura). Die Daten bilden vermutlich eine ausreichende Grundlage für Ressourcenentscheidungen in der Bildungsverwaltung, enthalten jedoch wenig Informationen, die für Qualitätsentwicklung und Qualitätssicherung genutzt werden können. Spezielle Lücken und Probleme bestehen im Bereich der Selektions- und Entscheidungsprozesse, der Bildungslaufbahnen und Übergänge, der Dropouts bzw. Abschlüsse sowie hinsichtlich der Informationen über Lehrer/innen und Finanzierung der Schulen (vgl. LASSNIGG, 2001).

Erste Ansätze zu einer stärker an der Qualität des Bildungssystems orientierten Aufbereitung von Daten zeigen die von HAIDER (1997) herausgegebenen „Indikatoren zum Bildungssystem“, die in Anlehnung an das OECD-Indikatorenprojekt (INES) benutzerfreundliche Aufbereitungen zu zentralen Fragen des Bildungssystems enthalten.

Um Aussagen über die Qualität des Gesamtsystems, vor allem hinsichtlich des Leistungsniveaus zu erhalten, hat Österreich – später als zahlreiche andere europäische Länder – begonnen, sich an internationalen Vergleichsuntersuchungen zu beteiligten. Den Start bildete die Teilnahme an COMPED (Computers in Education) (1992), die den Computerkenntnissen österreichischer Schüler/innen im Vergleich zu anderen Staaten ein sehr gutes Zeugnis ausstellte (HAIDER, 1994, 1997). Für

TIMSS (Third International Mathematics and Science Study) wurde erstmals die Strategie verfolgt, die international entwickelten Leistungstests mit einem nationalen Zusatzfragebogen zu kombinieren, um auf diese Weise einerseits die Entstehungsbedingungen der gemessenen Leistungen an den Schulen zu erfassen und andererseits die Logistik der Erhebungen auch für relevante nationale Fragestellungen zu nutzen. Dies ermöglichte es, im Hinblick auf die nicht zufriedenstellenden Ergebnisse in Population 3 konkrete Analysen durchzuführen und darauf nationale Entwicklungsprojekte aufzubauen (z. B. IMST^2 2000), führte aber auch zu ausführlichen Diskussionen über die im Rahmen von TIMSS erhobenen Zusatzdaten, z. B. zur (Lehrer-)Gewalt an den Schulen (KRUMM et al., 1997). Die Strategie der Anreicherung internationaler Untersuchungen mit nationalen Zusätzen wurde für das laufende PISA (Programme for International Student Assessment) noch verstärkt.

Aus der Teilnahme an TIMSS resultierten einerseits eine ernüchternde Einschätzung hinsichtlich des im Unterricht an höheren Schulen erreichten naturwissenschaftlichen Niveaus und andererseits starke Zweifel an der Nachhaltigkeit des in der Schule vermittelten (naturwissenschaftlichen) Wissens, insbesondere in den oberen Stufen des Systems. Das überraschend gute Abschneiden der Schüler/-innen am Ende der Primarstufe bildet einen wichtigen Hinweis, dass der Trend zur Öffnung des Unterrichts, der sich in der Didaktik der Volksschule abzeichnet, jedenfalls nicht zwingend mit einem Qualitätsverlust im Hinblick auf das Niveau der erreichten Lernziele erkauft werden muss.

Seit 1978 erfolgen, beginnend mit der Klimauntersuchung von GEHMACHER (1979), in unregelmäßigen Abständen sozialwissenschaftliche Erhebungen, in denen das innere Leben an den Schulen, das Befinden der Schüler/-innen und Lehrer/-innen sowie die Einstellung der Eltern zum Schulwesen erfasst werden (vgl. GEHMACHER, 1979; IFES & ÖIBF, 1992; EDER 1995;

L+R 1995); in den letzten Jahren ist dies zu einem periodischen „Monitoring des Schul- und Bildungswesens“ ausgebaut worden, das vom Institut für Empirische Sozialforschung durchgeführt wird.

Exkurs: Überlegungen zu einer Externalisierung der Qualitätsevaluation

In der österreichischen Bildungspolitik gibt es Themen, die entweder tabuisiert oder immer aufs Neue mit (den gleichen) fragwürdigen Argumenten verteidigt werden. Dazu gehört – neben der Struktur der Sekundarstufe I oder einer (Nicht-) Vereinheitlichung der Lehrer/-innen-Bildung – auch der gesamte Bereich der Leistungsbeurteilung. Das Thema Qualitätsentwicklung und Qualitätssicherung macht jedoch eine Auseinandersetzung damit unvermeidlich. Diese führt u.a. auf die Frage nach Vor- und Nachteilen einer Externalisierung, zu der unterschiedliche Impulse Anlass geben:

- die in letzter Zeit (wieder) wichtig gewordenen internationalen Vergleichsstudien (insbesondere TIMSS, PISA), die jedenfalls relevante Daten für die Einschätzung der Qualität eines Schulsystems liefer(te)n;
- das Dilemma der Lehrer/-innen, die nach wie vor gegenüber denselben Schülerinnen und Schülern zwei nur schwer vereinbare Funktionen erfüllen müssen: Förderung (Qualifikation) und Auslese (Selektion);
- die zunehmende Notwendigkeit, die Förderung von Selbstbeurteilungskompetenz der Schüler/-innen als Aufgabe ernsthaft wahrzunehmen, um jene auf Demonstrationsmöglichkeiten eigener Stärken (z.B. im Zusammenhang mit Bewerbungen um Studienplätze oder berufliche Positionen) entsprechend vorzubereiten.

Internationale Vergleichsstudien konfrontieren Schüler/-innen und Lehrer/-innen mit Aufgaben, die in aller Regel extern erstellt und extern ausgewertet werden und beanspruchen, die Leistungsfähigkeit eines Schulsystems gültig zu beurteilen. Wer sich auf die Teilnahme an solchen Untersuchungen einlässt, kann einer externalen Beurteilung also nicht entkommen. Es stellt sich jedoch die Frage, unter welchen Voraussetzungen dabei auch für die (interne) Schulentwicklung etwas gewonnen werden könnte (vgl. KLIEME / BAUMERT / SCHWIPPERT, 2000; ARNOLD, 1999). Die Hoffnungen sind nicht unbegründet: erstens lassen sich im Rahmen der Vergleichsstudien begründete und akzeptierbare benchmarks gewinnen; zweitens lassen sich auf Grund der Ergebnisse Schulen ausfindig machen, die diese benchmarks besonders gut erfüllen (und damit Qualität nachweisen); drittens lassen sich (prinzipiell) die schulinternen Bedingungen rekonstruieren, unter denen ein gutes Ergebnis (best practice) zustande gekommen ist.

Ein Ausweg aus dem oben beschriebenen Dilemma der Lehrer/-innen ließe sich ebenfalls über Externalisierung finden. Mit diesem Begriff verbindet man in unseren Breiten zunächst allerdings in der Hauptsache wenn nicht ausschließlich extern entwickelte Schulleistungstests. Und gegen diese gibt es – wiewohl bei uns nur eine schmale Erfahrungsbasis besteht – starke Vorbehalte (Reduzierung auf einfach überprüfbare Reproduktionsleistungen; Verengung des Unterrichts im Sinne des „teaching to the tests“; Deprofessionalisierung der Lehrer/-innen durch „Entwöhnung“ von Leistungsbeurteilung etc.). Die Vorbehalte sind aktuell nicht unbegründet, aber prinzipiell durchaus zu entkräften. Außerdem dürfen andere Möglichkeiten, die das Dilemma entschärfen würden, nicht übersehen werden: z. B. die Entlastung der Lehrer/-innen von selektiven Prüfungen durch die wechselseitige (schulinterne, aber auch schulübergreifende) Übernahme der Rolle von external examiners. Eine derartige Funktionsaufteilung wäre vor allem dann erfolgversprechend, wenn sie zugleich Anstoß für die professionelle Auseinandersetzung der Lehrer/-innen mit dieser Thematik bedeuten würde.

Und diese Auseinandersetzung ist dringend notwendig angesichts der wachsenden Bedeutung der Selbstbeurteilungskompetenz von Schüler/-innen. Ihre konsequente Förderung enthält alle Formen der Leistungsbeurteilung, mit denen Schüler/-innen intensiv, wiederholt und womöglich in Auseinandersetzung mit mehreren (unabhängigen) Beurteilern veranlasst werden, über ihre Leistungen zu einem eigenen Urteil zu kommen. Die Überwindung der engen Grenzen des auf einen (i. d. R. allein entscheidenden) Beurteiler konzentrierten Vorgangs ist dafür unumgänglich. In diesem Zusammenhang wird zunehmend häufiger das Portfolio-System ins Spiel gebracht (z. B. VIERLINGER, 1999).

Das bereits mehrfach genannte Weißbuch zur Qualitätsentwicklung und Qualitätssicherung empfiehlt daher, die Erprobung alternativer Formen der Leistungsbeurteilung und eine maßvolle Externalisierung der Leistungsbeurteilung (EDER u. a., 2001 (a)).

Zielperspektiven für Qualität

Aus der seit den 1990er-Jahren Platz greifenden Tendenz der Bildungsadministration, Änderungen im System durch (erziehungs-) wissenschaftliche Expertise einzuleiten und zu begleiten, resultiert ein bis heute andauernder Prozess wissenschaftlicher Reflexion, der zu einer fortlaufenden Präzisierung der theoretischen Grundlagen von Qualitätssicherung und Qualitätsentwicklung führte. Die dabei ausformulierten Zielsetzungen und leitenden Prinzipien für die Entwicklung und Sicherung von Qualität an österreichischen Schulen lassen sich zu den folgenden Zielprofilen für Qualität auf den verschiedenen Ebenen des Schulsystems zusammenfassen (vgl. EDER u. a., 2001 (b)):

Qualität auf Unterrichts-Ebene: „Neue Lernkultur“

Mit „neuer Lernkultur“ (vgl. z. B. POSCH, 1996, 45 ff.) wird eine Verstärkung bzw. eine Richtungsänderung der pädagogischen Tradition in Richtung eines Unterrichts bezeichnet, in dem sich Schülerinnen und Schüler in verstärkter Form gemeinsam mit ihren Lehrer/-innen und unter Verwendung stärker erlebnis- und handlungsbezogener Methoden bedeutsame Inhalte in einer personzentrieren Lernatmosphäre erarbeiten und erschließen.

Was bedeutet „*Neue Lernkultur*“ konkret? Anhand einiger Beispiele, die anzeigen, in welche Richtung sich die Entwicklung auf wichtigen Merkmalskontinua bewegt, soll eine Charakterisierung zumindest angedeutet werden:

- Neue Lernkultur ist mehr Unterricht, in dem sich Schüler/-innen handelnd mit ihrer Umwelt auseinandersetzen, und weniger Unterricht, in dem Schüler/-innen lediglich rezeptiv lernen.
- Neue Lernkultur ist mehr Unterricht, der auch die Gefühle der Schüler/-innen berührt (erlebnisbetonter Unterricht), und weniger Unterricht, der nur den Intellekt der Schüler/innen anspricht.
- Neue Lernkultur bedeutet mehr Einbeziehung der Schüler/-innen (unter dem Motto: „Auch Schüler/-innen machen Schule“) und weniger Unterricht, in dem Schüler/-innen mit den Bedingungen, die sie vorfinden, vorlieb nehmen müssen.
- Neue Lernkultur ist mehr Unterricht, der auf Fähigkeiten, (ggf. neue) reale Probleme zu lösen, abzielt, und weniger Unterricht, der sich auf „Schulwissen“ (tradierte Lösungen) beschränkt.
- Neue Lernkultur heißt mehr Fähigkeit und Bereitschaft von Lehrer/-innen zu Kooperation („Vernetzung“) und weniger „Einzelkämpfertum“ von Lehrer/-innen.

– Neue Lernkultur ist auch Aufsuchen von geeigneten außerschulischen Lernorten und nicht eine quasi absolute Beschränkung von Unterricht auf das Schulgebäude bzw. das Klassenzimmer (vgl. POSCH, 1996, 47ff.; SCHRATZ / THONHAUSER, 2001).

Qualität auf Lehrer/-innen-Ebene – Professionalisierung

„Gute Lehrer/-innen" erkennt man daran, dass ihr Unterricht professionellen Standards entspricht und dass es ihnen gelingt, für ihre Schüler/-innen bedeutsame Themen in einer personenzentrierten Atmosphäre effizient und ökonomisch als Lernsituationen zu organisieren. Inwieweit dies zu „Leistungen" auf Seiten der Schüler/-innen führt, hängt auch von deren Lernvoraussetzungen ab. Lehrerqualität kann daher in der Regel nicht an den absoluten Leistungsergebnissen gemessen werden, sondern am relativen Lernzuwachs (vgl. THONHAUSER, 1996; THONHAUSER / EDER, 1999).

Veränderte Auffassungen vom Lernen der Schüler/-innen – Abkehr von der Vorstellung eines überwiegend passiv-mechanischen Lerners zugunsten einer konstruktivistischen Perspektive, in der Lernen als aktiver Aufbau von kognitiven Strukturen und Lernende als Produzenten des eigenen Wissens gesehen werden (vgl. auch die oben beschriebenen Vorstellungen einer „Neuen Lernkultur") – implizieren Änderungen im Selbst- und Rollenverständnis von Lehrer/-innen. Wenn Lernen auch als Kompetenz der Selbstorganisation des Individuums bestimmt wird, ergibt sich die Aufgabe, im Unterricht die Möglichkeiten zum Erwerb dieser Kompetenz zu schaffen und ihre Entwicklung zu fördern. Daraus folgt, dass traditionelle Lehrfunktionen (wie z. B. die Bereitstellung von Wissen oder die Kontrolle des Lernerfolgs) in zunehmendem Ausmaß von den Schüler/-innen selbst übernommen werden und den Lehrer/-innen die Rolle eines Moderators und Organisators individualisierter oder teambezogener Lernsituationen (z. B. Offenes Lernen, Projekte) zukommt. Gute Lehrer/ -innen sehen ihre Aufgabe nicht nur in einem effektiven Unterricht, sie bringen sich auch aktiv und kooperativ in gesamtschulische Entwicklungsprozesse ein.

Die Bewältigung dieser neuen Aufgaben erfordert einerseits die Entwicklung eines professionellen Bewusstseins, das den Erwerb relevanten Wissens (z. B. zu Fragen der Schul- und Qualitätsentwicklung im weitesten Sinn) mit der Bereitschaft zur Aneignung neuer Qualifikationen (z. B. zur Teamarbeit oder zur Weiterentwicklung des Unterrichts) verbindet, andererseits aber auch strukturelle Veränderungen in den Bedingungen der Berufsausübung (vgl. ALTRICHTER et al, 2001):

- die Anpassung der Arbeitsbedingungen und Dienstverträge an die neuen Anforderungen der Schule (größere zeitliche Flexibilität, Budgetierung der Arbeitszeit, Ressourcen für Tätigkeiten in der Schul- und Qualitätsentwicklung)
- die Hebung der Attraktivität des Lehrberufs durch angemessene Gratifikationen materieller und nichtmaterieller Art,
- die Schaffung funktionaler Qualifikationspositionen innerhalb der Schule,
- mehr Einfluss der Schulleitung auf die (Erst-) Anstellung von Lehrer/-innen, und
- eine aktive Personalentwicklung und Fortbildungspolitik an der einzelnen Schule.

Die Einleitung von strukturellen Veränderungen im Lehrberuf (insbesondere hinsichtlich der Arbeitszeit und der Schaffung der dienstrechtlichen Voraussetzungen für die Arbeit an der Schulentwicklung) ist derzeit im Gange.

Qualität auf Schul-Ebene – Wirksamkeit in einer positiven Gesamtatmosphäre

In Abkehr vom bisher gehandhabten Modell der Input-Steuerung werden „gute Schulen“ weniger durch die möglichst umfassende Erfüllung ihrer administrativen Vorgaben, sondern durch die Qualität ihrer pädagogischen Prozesse und durch ihre Wirkungen auf die Schüler/-innen definiert (Output-Orientierung).

„Gute Schulen" sind also charakterisierbar durch eine ausgeprägte Schulkultur, ein positives Klima, ein reichhaltiges Schulleben mit vielfältigen Anreizen zur Partizipation sowie durch aktive Beziehungen zum lokalen Umfeld. Eine positive Schulkultur umfasst insbesondere Konsens über die Leitvorstellungen, Klarheit und Transparenz der Regeln, ein (auch für Schüler/-innen) interessantes Angebot in Verbindung mit hohen Leistungserwartungen und einem fairen Umgang mit Leistungen. Das Klima guter Schulen ist geprägt durch einen respektierenden und wertschätzenden Umgang zwischen Schulleitung, Lehrern, Schülern und Eltern (EDER, 1996; KRAINZ-DÜRR, 1999). Hinsichtlich der innerschulischen Prozesse zeichnen sich gute Schulen insbesondere durch eine demokratisch-konsensual sowie primär pädagogisch agierende Leitung, durch Austausch und wechselseitige Unterstützung im Lehrkörper, partizipative Entscheidungsbildung und gemeinsame Fortbildung aus.

Gute Schulen sind wirksame Schulen. Sie sind gekennzeichnet durch aktive Beteiligung aller Betroffenen am Unterricht und am Schulleben, durch eine positive Befindlichkeit von Schülern, Eltern und Lehrern, sie fördern den Erwerb von Leistungshaltungen und Leistungen und regen die Persönlichkeitsentwicklung an. Durch ihre Qualität erleichtern sie es Schülerinnen und Schülern sowie Lehrern, sich positiv zu entwickeln. In der Außenwahrnehmung zeichnen sie sich durch gute Chancen ihrer Absolventen beim Übertritt in andere Schulen oder Eintritt in den Beruf und eine ausgeprägte corporate identity aus (vgl. FEND, 1986; PURKEY / SMITH, 1989; SCHEERENS, 1992; THONHAUSER, 1996; THONHAUSER / EDER, 1999). Sie stehen darüber hinaus in aktiven Beziehungen zu den Eltern ihrer Schüler/-innen, pflegen Kontake zu den „Abnehmern“ ihrer Absolventen und arbeiten vernetzt mit anderen Schulen.

Die Umsetzung dieses Zielprofils wird vor allem vom Schulprogrammkonzept erwartet; dafür stehen auch bereits Unterstützungsangebote zur Verfügung.

Qualität in der Region – Schwerpunktbildung unter Wahrung von Standards

Gesetzliche Neuregelungen (Schulautonomie, Lehrplan ’99) und pädagogische Konzepte über eine Öffnung der Schule gegenüber dem lokalen Umfeld (POSCH / ALTRICHTER, 1993) haben zur Folge, dass Schulen in einem Teil ihres Angebotes auf regionale Gegebenheiten eingehen, entweder in Form einer Abstimmung ihres Angebotes auf Bedürfnisse der Region oder auf besondere Voraussetzungen ihrer Schüler/-innen oder Lehrer/-innen – z. B. durch standortbezogene Lehrplanbestimmungen – oder indem sie im Sinne einer Öffnung des Unterrichts ihr lokales Umfeld in besonderer Weise zum Gegenstand des Unterrichts machen. Solche Schwerpunktentwicklungen können nicht nur auf der Ebene einzelner Schulen stattfinden, sondern auch größere Einzugsgebiete umfassen. Die aufgrund dieser Spielräume entstehende Vielfalt im Bildungsangebot ist ein erwünschtes Ziel für die Entwicklung des Bildungssystems, bedarf aber zugleich einer gewissen Beobachtung und Kontrolle.

Aufgabe der Schulaufsicht im Rahmen der regionalen Bildungsplanung ist es daher, animierend und unterstützend im Hinblick auf regionale Entwicklung zu wirken, zugleich aber „zentrale Notwendigkeiten“ abzusichern, „um bei aller Vielfalt vergleichbare Standards abzusichern“ (BMU, 1999).

Qualität auf Ebene des Systems – Dichte, Vielfalt und Adaptivität

Qualität eines Bildungssystems zielt auf die Gewährleistung umfassender gesellschaftlicher Ansprüche an das Bildungswesen und ist damit mehr als die Summe der Qualität von Einzelschulen. Es geht insbesondere um

- Gewährleistung von Vielfalt – d. h. Schaffung von Möglichkeiten der Förderung von unterschiedlichen Begabungen, Interessen und Berufsmöglichkeiten;
- Gewährleistung einer möglichst hohen Versorgungsdichte an Bildungseinrichtungen und Bildungsmöglichkeiten;
- Gewährleistung von Mobilität (durch regionale und sektorale Anschlussmöglichkeiten) und von Chancengleichheit;
- Initiierung von Veränderung und sozialem Wandel im Schulsystem (Lerninhalte, Beziehungsformen, Organisationsstrukturen) entsprechend den sich wandelnden gesellschaftlichen Anforderungen an die Schule;
- Effizienz, das heißt: erwünschte Ergebnisse bei ökonomischem Ressourceneinsatz (SPECHT, 2001).

Zur Umsetzung dieser Zielsetzungen sind neben der Bereitstellung entsprechender Ressourcen auch Formen der Steuerung erforderlich, die eine rasche Diagnose des sozialen Wandels im Umfeld der Schule genauso ermöglichen wie die Wahrnehmung von Dysfunktionalitäten und Fehlentwicklungen innerhalb des Systems und gegebenenfalls einen raschen Zugriff auf das Gesamtsystem möglich machen.

Ein Gesamtkonzept für Qualitätsentwicklung und Qualitätssicherung

Im Jahre 1999 initiierte das Unterrichtsministerium die Erarbeitung eines „Weißbuchs“, das „Perspektiven für ein künftiges System der Qualitätsentwicklung und Qualitätssicherung im österreichischen Schulwesen“ entwerfen sollte. Nach Auffassung der für dieses Unternehmen hauptverantwortlichen Autorengruppe sollte ein solches System den folgenden Leitprinzipien folgen (EDER u. a., 2001 (b)):

- Orientierung an den Bildungsansprüchen der jungen Menschen,
- Verflechtung von Qualitätsentwicklung und Qualitätssicherung,
- Einbeziehung und Verantwortung der Betroffenen,
- Verbindung von Selbst- und Fremdevaluation,
- Verknüpfung von lokaler Entwicklung und übergeordneter Systemsteuerung,
- Rechenschaftslegung und Effizienz,
- Anknüpfung an bestehende Institutionen und Traditionen,
- Kooperation mit Einrichtungen der Forschung.

Auf Basis dieser Prinzipien wird für die verschiedenen Ebenen des Schulsystems eine Reihe von Maßnahmen vorgeschlagen, die zum Teil erheblich von bisherigen Traditionen abweichen:

Ebene:	**Maßnahmen zur Qualitätsentwicklung und Qualitätssicherung**
Lehrer/ Unterricht	Weiterentwicklungen im Bereich der Leistungsbeurteilung in Richtung einer stärkeren Betonung der Selbstbeurteilungskompetenzen der Schüler/innen, einer stärkeren Orientierung an direkter Leistungsvorlage (Portfolios) sowie Einbeziehung externer Elemente, soweit Beurteilungen mit Berechtigungen verbunden sind, um die Objektivität und Fairness der Leistungsbeurteilung zu verbessern.
Einzelschule	Auf Schulebene wird Qualitätsentwicklung und Qualitätssicherung in erster Linie von der Umsetzung des Schulprogrammkonzepts erwartet (vgl. Abschnitt 3.3). Schulen sollen sich darüber hinaus anhand von Benchmarks (Orientierungsstandards) und durch die Durchführung von Schulrecherchen Informationen über die eigenen Entwicklungsmöglichkeiten verschaffen. Maßnahmen der Personalentwicklung und das Einholen von Individualfeedback durch die Schulleitung sollen ebenfalls verbindlichen Charakter erhalten.

Region	Auf regionaler Ebene soll eine Metaevaluation der Schulprogramme der einzelnen Schulen durch die Schulaufsicht erfolgen. Die Schulprogramme der Region bilden zugleich die Grundlage für die regionale Bildungsplanung, die ebenfalls in die Kompetenz der Schulaufsicht fällt. Zusätzlich soll auf dieser Ebene eine Einrichtung für Krisenintervention zur Behandlung von Konflikten an den einzelnen Schulen eingerichtet werden.
System	Zentrale Instrumente der Qualitätsentwicklung und Qualitätssicherung auf Systemebene sind Maßnahmen des Systemmonitoring (Teilnahme an internationalen Vergleichsuntersuchungen, Entwicklung nationaler Qualitätsindikatoren durch nationale Assessments), fokussierte Evaluationen sowie nationale Entwicklungsprojekte, durch die gegebenenfalls auch Impulse „von oben" in das System hineingetragen werden können.

Von der Umsetzung dieser Maßnahmen in Verbindung mit einem effizienten System des Wissenstransfers, durch das gewährleistet wird, dass innerhalb des Systems sowohl Informationen von „unten" nach „oben" wie auch von „oben" nach „unten" gelangen und genutzt werden können, wird erwartet, dass innerhalb des Gesamtsystems jene Informationen generiert, transferiert und verwertet werden, die an den einzelnen Positionen des Systems für eine qualitätvolle Arbeit erforderlich sind.

Literatur

ALTRICHTER, HERBERT: Der Lehrberuf: Qualifikationen, strukturelle Bedingungen und Professionalität. In: SPECHT, WERNER / THONHAUSER, JOSEF (Hg.): Schulqualität. Entwicklungen, Befunde, Perspektiven. Innsbruck und Wien 1996, 96–172.

ALTRICHTER, HERBERT / RADNITZKY, EDWIN / SPECHT WERNER: Innenansichten guter Schulen. Portraits von Schulen in Entwicklung. Reihe Bildungsforschung Bd. 6, Wien 1994.

ALTRICHTER, HERBERT / POSCH PETER (Hg.): Mikropolitik der Schulentwicklung. Förderliche und hemmende Bedingungen für Innovationen in der Schule. Innsbruck und Wien 1996.

ALTRICHTER, HERBERT / SCHLEY, WILFRIED / SCHRATZ, MICHAEL (Hg.): Handbuch zur Schulentwicklung. Innsbruck und Wien 1998.

ALTRICHTER, HERBERT / POSCH, PETER / SCHRATZ, MICHAEL: Veränderungen im Selbstverständnis und in der Tätigkeit von Lehrer/-innen, Schulleitung, Schulaufsicht und Schuladministration. In: EDER, FERDINAND u. a.: Qualitätsentwicklung und Qualitätssicherung. Weißbuch im Auftrag des BMU. Innsbruck, Wien und München, 2001.

ARNOLD, KARL-HEINZ: Fairness bei Schulsystemvergleichen. Münster 1999.

BACHMANN, HELMUT u. a.: Auf dem Weg zu einer besseren Schule. Innsbruck und Wien 1996.

BMU (Hg.): Entwicklungsgrundlagen für das österreichische Schulwesen. Typoskript, Wien 1996.

BMU (Hg.): Weißbuch zum Lehrplan '99. Wien 1996.

BMU (Hg.): Qualitätsnetzwerk für Berufsbildung. Wien 1998.

BMU: Aufgabenprofil der Schulaufsicht (Allgemeine Weisung). Wien: BMU 1999, Rundschreiben Nr. 64/1999.

DOBART, ANTON: Schule macht Lehrplan. Grundsätzliches zum Lehrplan '99. In: Erziehung und Unterricht 147 (1997), Heft 4, 324–333.

DUBS, ROLF: Durchführung und praktische Folgen: Interne Evaluation. In: THONHAUSER, JOSEF / PATRY, JEAN-LUC (Hg.): Evaluation im Bildungsbereich. Wissenschaft und Praxis im Dialog. Innsbruck und Wien 1999, 153–171.

EDER, FERDINAND: Das Befinden von Kindern und Jugendlichen in der Schule. Innsbruck und Wien 1995.

EDER, F.: Schul- und Klassenklima. Ausprägung, Determinanten und Wirkungen des Klimas an weiterführenden Schulen. Innsbruck 1996.

EDER, F.: Schule und Demokratie. Untersuchungen zum Stand der demokratischen Alltagskultur an Schulen. Innsbruck 1998.

EDER, FERDINAND u. a.: Qualitätsentwicklung und Qualitätssicherung. Weißbuch im Auftrag des BMU. Innsbruck, Wien und München 2001 a.

EDER, FERDINAND / POSCH, PETER / SCHRATZ, MICHAEL / THONHAUSER, JOSEF / SPECHT, WERNER: Zielsetzungen, Bausteine und Struktur eines Gesamtsystems für Qualitätsentwicklung und Qualitätssicherung im Schulsystem. In: EDER, F. u.a.: Qualitätsentwicklung und Qualitätssicherung. Weißbuch im Auftrag des BMU. Innsbruck, Wien und München 2001 b.

FEND, H.: „Gute Schulen – schlechte Schulen". Die einzelne Schule als pädagogische Handlungseinheit. Die Deutsche Schule, 78 (1986), 275–293.

GEHMACHER, E.: Die Schule im Spannungsfeld von Schülern, Eltern und Lehrern. Wien 1979.

GROGGER, GÜNTER / SPECHT, WERNER (Hg.): Evaluation und Qualität im Bildungswesen. Problemanalyse und Lösungsansätze am Schnittpunkt von Wissenschaft und Politik. Graz 1999.

GRUBER, HEINZ: Gemeinsamer Unterricht behinderter und nichtbehinderter Kinder in Österreich – ein Situationsbericht. In: Erziehung und Unterricht 139 (1989), Heft 5, 263–269.

HAENISCH, H.: „Schools change slower than churches" – Die einzelne Schule ist der Prüfstand der Schulreform. In: Pädagogik, 43. Jg. (1991), H. 5, 27–31.

HAIDER GÜNTER: Schule und Computer. Informationstechnische Grundbildung in Österreich. Ergebnisse der IEA-Studie Computers in Education. Innsbruck 1994.

HAIDER GÜNTER (Hg.): Indikatoren zum Bildungssystem. Fakten zum österreichischen Bildungswesen und ihre Bewertung aus Expertensicht. Innsbruck 1997.

HAIDER GÜNTER: TIMSS-Third International Mathematics and Science Study. Population 3. Bericht an das BMU. Boston College – Institut für Erziehungswissenschaft der Universität Salzburg, 1996.

HAMEYER, UWE / SCHRATZ, MICHAEL: Schulprogramme: Wegweiser von der Vision zur Gestaltung der Schule. In: ALTRICHTER, HERBERT / SCHLEY, WILFRIED / SCHRATZ, MICHAEL (Hg.): a.a.O., 86–110.

IFES & ÖIBF: Schulimage. Selbstbild und Öffentlichkeitsbild der Schule im Spannungsfeld von Schülerinnen und Schülern, Eltern und Lehrerinnen und Lehrern. Wien 1992.

IMST^2. Innovations in Mathematics, Science and Technology Teaching. Projektkonzept. Typoskript, Klagenfurt 2000.

JOURNAL FÜR SCHULENTWICKLUNG. Innsbruck, Wien und München 1997ff.

JOURNAL FÜR LEHRERINNEN- UND LEHRERBILDUNG. ebd. 2000.

JOURNAL FÜR BEGABTENFÖRDERUNG. ebd. 2001.

KLIEME, ECKHARD / BAUMERT, JÜRGEN / SCHWIPPERT, KNUT: Schulbezogene Evaluation und Schulleistungsvergleiche. In: ROLFF, HANS GÜNTER u. a. (Hg.): Jahrbuch der Schulentwicklung, Band 11. München 2000 (im Erscheinen).

KRAINZ-DÜRR, MARLIES: Wie kommt Lernen in die Schule? Zur Lernfähigkeit der Schule als Organisation. Innsbruck-Wien 1999.

KRUMM, VOLKER / LAMBERGER-BAUMANN, BIRGIT / HAIDER, GÜNTER: Gewalt in der Schule – auch von Lehrern. Empirische Pädagogik, 11 (1997), Heft 2, 257–274.

L & R-Sozialforschung (Hg.): Das Befinden von Lehrerinnen und Lehrern an österreichischen Schulen. BMU: Wien 1995.

LARCHER, DIETMAR u. a.: Neue Lernkultur. Klagenfurt 1994.

LASSNIGG, LORENZ: Bildungsstatistik. In: EDER, Ferdinand u. a.: Qualitätsentwicklung und Qualitätssicherung. Weißbuch im Auftrag des BMU. Innsbruck, Wien und München 2001.

PELINKA, ANTON: Windstille. Klagen über Österreich. Wien 1985.

PELINKA, ANTON: Die (veränderte) Kultur bildungspolitischer Entscheidungen. In: SPECHT, WERNER / THONHAUSER, JOSEF (Hg.): Schulqualität. Entwicklungen, Befunde, Perspektiven. Innsbruck und Wien 1996, 22–36.

POSCH, PETER: Entwicklungstendenzen der Kultur des Lehrens und Lernens. In: SPECHT, WERNER / THONHAUSER, JOSEF (Hg.): Schulqualität. Entwicklungen, Befunde, Perspektiven. Innsbruck und Wien 1996, 38–55.

POSCH, PETER: Interne Evaluation. In: THONHAUSER, JOSEF / PATRY, JEAN-LUC (Hg.): Evaluation im Bildungsbereich. Wissenschaft und Praxis im Dialog. Innsbruck und Wien 1999, 139–152.

POSCH, PETER / ALTRICHTER, HERBERT u. a.: Schulautonomie in Österreich. Wien 1993.

POSCH, PETER / ALTRICHTER, HERBERT: Möglichkeiten und Grenzen der Qualitätsevaluation und Qualitätsentwicklung im Schulwesen. Innsbruck und Wien 1997.

PURKEY, STEWART C. / SMITH, MARSHALL S.: Wirksame Schulen – Ein Überblick über die Ergebnisse der Schulwirkungsforschung in den Vereinigten Staaten. In: AURIN, KURT (Hg.): Gute Schulen – worauf beruht ihre Wirksamkeit? Bad Heilbrunn/Obb. 1989. 14–45.

RADNITZKY, EDWIN: Q.I.S. – Qualität in Schulen. In: EDER, FERDINAND u. a.: Qualitätsentwicklung und Qualitätssicherung. Weißbuch im Auftrag des BMU. Innsbruck, Wien und München 2001.

SCHEERENS, JAAP: Process indicators of school functioning. In: Centre for Educational Research and Innovation (1992): The OECD International Education Indicators. A Framework for Analysis. Paris 1992, 53–76.

SCHRATZ, MICHAEL / THONHAUSER, JOSEF: „Neue Lernkultur" als Merkmal von Schulqualität. In: EDER, FERDINAND u. a.: Qualitätsentwicklung und Qualitätssicherung. Weißbuch im Auftrag des BMU Innsbruck, Wien und München 2001.

SPECHT, WERNER: Integration in den Schulen der Sekundarstufe: Ein kooperatives Forschungs- und Entwicklungsprojekt. In: GRUBER, HEINZ / SPECHT, WERNER (Hg.): Integration behinderter Kinder in der Sekundarstufe. Graz 1995, 14–35.

SPECHT, WERNER / THONHAUSER, JOSEF (Hg.): Schulqualität. Entwicklungen, Befunde, Perspektiven. Innsbruck und Wien 1996.

SPECHT, WERNER: Einführung: Funktionen und Strukturen nationaler Systemsteuerung. In: EDER, FERDINAND u. a.: Qualitätsentwicklung und Qualitätssicherung. Weißbuch im Auftrag des BMU. Innsbruck, Wien und München 2001.

STANZEL-TISCHLER, ELISABETH / GROGGER, GÜNTER: Lehrplanentwicklung LP '99: Rückmeldeverfahren zur Planungs- und Arbeitsgrundlage. Typoskript, Graz 1998 a

STANZEL-TISCHLER, ELISABETH / GROGGER, GÜNTER: Stellungnahmen allgemein bildender Schulen zum Lehrplan '99. Typoskript, Graz 1998 b.

THONHAUSER, JOSEF: Neuere Zugänge der Forschung zur Erfassung von Schulqualität. In: SPECHT, WERNER / THONHAUSER, JOSEF (Hg.): a. a. O., 394–425.

THONHAUSER, JOSEF: Neuer Lehrplan – neue Hoffnung. In: ACHS, OSKAR u. a. (Hg.): Lehrplanreform. Neuvermessung der Landkarte des Lernens. 2. Europäisches Bildungsgespräch '96. Wien 1997, 119–128.

THONHAUSER, JOSEF: Neue Lehrpläne. Versuch einer Beurteilung unter erziehungswissenschaftlichem Aspekt. In: Erziehung und Unterricht, 150. Jg. (2000) Heft 7-8, 841–851.

THONHAUSER, JOSEF / PARTRY JEAN-LUC (Hg.): Evaluation im Bildungsbereich. Wissenschaft und Praxis im Dialog. Innsbruck und Wien 1999.

VIERLINGER, RUPERT: Leistung spricht für sich selbst. „Direkte Leistungsvorlage" (Portfolios) statt Ziffernzensuren und Notenfetischismus. Heinsberg 1999.

EDWIN RADNITZKY

Q.I.S. – Qualität in Schulen (www.qis.at)

Der Hintergrund

Die international weit verbreitete Diskussion über Qualitätsentwicklung und Qualitätssicherung im Schulwesen gewinnt in Österreich zunehmend an Bedeutung. Auch hierzulande gelten dabei die meisten der in diesem Band bereits mehrfach angeführten Motivlagen und Argumentationslinien. Sie sind im Falle Österreichs vor dem Hintergrund eines traditionell zentralistischen Schulsystems zu sehen, das in den letzten Jahren im Zuge der Autonomiebestrebungen vor allem im curricularen und budgetären Bereich einige dezentrale Auflockerungen erfahren hat. Das Qualitätsthema ist im aktuellen Regierungsabkommen an prominenter Stelle verankert; der konstruktive Diskurs der beteiligten Interessensgruppen wird derzeit (Stand: November 2000) allerdings von Auseinandersetzungen über den Sparkurs der Bundesregierung und seine Folgen für die Schulpraxis in den Hintergrund gedrängt.

Auf behördlicher Ebene findet die Qualitätsdikussion unter anderem in der Ausarbeitung eines Weißbuchs[1] des Bildungsministeriums ihren Niederschlag, das nach seiner Fertigstellung einer breiteren Diskussion zugeführt werden soll. Dabei wird der Versuch unternommen, das Schulwesen als Ganzes in den Blick zu nehmen und sämtliche Maßnahmen zur Qualitätsentwicklung und *Qualitätssicherung*, ob bereits vorhanden oder auch nur angedacht, in einem systemischen Zusam-

[1] Die Arbeiten laufen unter dem Titel „Qualitätsentwicklung und Qualitätssicherung im österreichischen Schulwesen“. Die Beiträge werden von einem Redaktionsteam (F. EDER, P. POSCH, M. SCHRATZ, W. SPECHT, J. THONHAUSER) verfasst bzw. koordiniert. Eine Veröffentlichung ist für 2001 zu erwarten.

menhang zu betrachten. Das Inhaltsverzeichnis in seiner bisher vorliegenden Form macht bereits sichtbar, in welchem Rahmen sich die Diskussion bewegen dürfte – zumindest was die Inhalte betrifft; zentrale Themen sind unter anderem Unterrichtsqualität, Leistungsbeurteilung, Schulprogramm (inklusive Selbstevaluation), regionales Schulmanagement, System-Monitoring, fokussierte Evaluation; professionelles Selbstverständnis der Akteur/-innen und Personalentwicklung, Lehrer/-innen-Bildung, Krisenintervention sowie Rahmenbedingungen für Qualitätsentwicklung und Qualitätssicherung aus pädagogischer Sicht.

Vor diesem Hintergrund ist nun die im Folgenden beschriebene Initiative Q.I.S. – Qualität in Schulen des österreichischen Bildungsministeriums zu sehen. Sie versteht sich als Ausgangspunkt und Impulsgeber für die Entwicklung eines künftigen, weit umfassenderen Systems zur Qualitätsentwicklung und Qualitätssicherung im österreichischen Schulwesen.

Was ist QIS?

Mit Q.I.S. – Qualität in Schulen möchte das Bildungsministerium österreichische Schulen anregen und darin bestärken, selbst ihre Qualität zu hinterfragen, zu überprüfen und weiterzuentwickeln. Die gemeinsame und systematische Beschäftigung der Schulpartner/-innen (Schulleitung, Lehrende, Schüler/-innen, Erziehungsberechtigte) mit Qualitätsfragen soll auf lange Sicht ein fester Bestandteil von Schulkultur werden. Die Initiative wendet sich bundesweit an alle Schularten.

Die Übernahme des Q.I.S.-Konzepts beruht derzeit auf Freiwilligkeit. Eine verbindliche Regelung, d. h. vor allem die Verpflichtung für alle österreichischen Schulen, ab dem Schuljahr 2002/3 ein Schulprogramm zu erarbeiten, wurde auf hoher Beamten- und politischer Ebene mehrfach angekündigt. Entsprechende Zielsetzungen sind auch im Regierungsprogramm 1999 festgehalten. Eine verpflichtende Einführung bedarf allerdings noch der Klärung wichtiger Rahmenbedingungen auf rechtlicher, organisatorischer und finanzieller Ebene.

Das wichtigste Transportmedium für Q.I.S. ist das Internet (www.qis.at); der Zugang unterliegt keinerlei Beschränkungen. Leitfaden und Begleitmaterialien stehen Schulen nötigenfalls als Ausdruck bzw. in Buchform[2] zur Verfügung. Die Initiative umfasst jedoch auch zahlreiche Maßnahmen der Öffentlichkeitsarbeit (Informationsfolder, Publikationen, Präsentationsveranstaltungen) und des „Lobbying" (Vernetzung innerhalb des Ministeriums, Kontakte zu Landes- und Bezirksschulbehörden, Institutionen der Lehrer/-innen-Aus- und Fortbildung, dem österreichischen Büro für europäische Bildungskooperation und zahlreichen Interessensvertretungen).

Die Initiative Q.I.S. übernimmt beim derzeitigen Stand der Dinge also zumindest zwei Funktionen. Sie versteht sich als

- Transport- und Werbe-Medium für das Konzept „Schulprogramm" aus Sicht des Bildungsministeriums (Q.I.S.-Leitfaden) und somit als Vorbereitung eines künftigen Rahmens für standortbezogene Schulentwicklung im österreichischen Schulwesen;
- Unterstützungsstruktur in Form eines Angebots an Begleitmaterialien sowie des Qualitätsnetzwerks [QN], eines Online-Magazins zum Thema Schulqualität mit zahlreichen Möglichkeiten der Information, Diskussion und des Erfahrungsaustauschs.

Q.I.S. ist als praxisnaher und zukunftsweisender Beitrag zur Förderung und Unterstützung standortbezogener Schulentwicklung gedacht. Die Projektverantwortlichen sind sich jedoch im Klaren darüber, dass es für Qualitätsentwicklung an Schulen weit mehr braucht als das Internet.

---

[2] SCHRATZ, M. / IBY, M. / RADNITZKY, E.: Qualitätsentwicklung. Verfahren, Methoden, Instrumente. Weinheim und Basel 2000.

Q.I.S. als Konzept und Rahmen für Qualitätsentwicklung am Standort

Der Q.I.S.-Leitfaden enthält die erste offizielle Ausformung des Schulprogramm-Konzepts, also eines eigenständigen, standortbezogenen Qualitätsentwicklungs- und Qualitätssicherungssystems, das vom Bildungsministerium als „Voraussetzung und Ausgangspunkt für ein zukunftsorientiertes Schulsystem auf hohem Niveau“ (BM:BWK, 1999, Startseite) verstanden wird. Die tragenden Säulen des Konzepts lassen sich wie folgt zusammenfassen:

Qualitätsdiskussion

Verschiedene Anlässe führen, so der Ansatzpunkt von Q.I.S., letztlich oft zu den gleichen Fragen: Was heißt Bildung heutzutage? Was zeichnet gute Schulen aus? Was bedeutet Qualität im speziellen Kontext einer Einzelschule? Wie sieht es am Standort aus und was weiß man dort darüber? Wenn diese Qualitätsdiskussion an einer Schule ernsthaft geführt wird, ist bereits ein wichtiger Schritt gesetzt. Wie es weiter geht, ob man sich z. B. auf die Suche nach Visionen und Leitgedanken macht oder zuerst zu einer Bestandsaufnahme schreitet, hängt ganz von den verschiedenen Gegebenheiten ab. Wichtig bei allen Folge-Aktivitäten ist jedenfalls, Schritt für Schritt vorzugehen, dabei aber das Ganze im Auge zu behalten.

Schulprogramm

Wie immer der Einstieg auch erfolgen mag, Kristallisationspunkt der Qualitätsentwicklung ist das Schulprogramm. Es ist als zeitlich begrenzte, schriftliche Vereinbarung mit Innen- und Außenwirkung gedacht, die der Schule in mehrfacher Hinsicht von Nutzen sein soll:

- Das Schulprogramm ist als Leitlinie konzipiert, an der sich alle Schulpartner/-innen (Lehrende, Schüler/-innen, Eltern) orientieren und auf die sie sich bei ihrer Planungsarbeit, aber auch in Konfliktfällen, beziehen können. Es soll auf diese Weise die Zusammenarbeit innerhalb der Schule erleichtern.

- Die Ressourcen können auf wichtige Vorhaben zentriert werden, um so erhaltenswerte Errungenschaften zu sichern und zukunftsweisende Entwicklungen systematisch voranzutreiben.
- Was im Schulprogramm festgeschrieben ist, kann schulintern nach transparenten Kriterien überprüft werden. Das ermöglicht, den eigenen Fortschritt zu steuern und zu messen.
- Der Öffentlichkeit soll ein klares Bild der Schule vermittelt werden: Externe Partner/-innen erfahren, woran sie sind, Entscheidungen bei der Schulwahl werden erleichtert.
- Mit Hilfe des Schulprogramms kann die Schule ihre Leistungen nachweisen und ihre Rechenschaftspflicht gegenüber Behörde und Öffentlichkeit einlösen.
- Im Verständnis von Q.I.S stellt das Schulprogramm eine überschaubare, klar formulierte Regieanweisung dar. Es soll Aussagen zu folgenden fünf Bereichen enthalten:
  - Leitvorstellungen der Schule („Leitbild“)
    Leitfrage: Welchen gemeinsamen Werten fühlen wir uns verpflichtet? – In Form einiger weniger prägnanter Leitsätze sollen „Philosophie“ und pädagogische Grundorientierung der Schule zum Ausdruck kommen.
  - Entwicklungsstand und Ziele
    Leitfragen: Was haben wir erreicht, vor welchen Herausforderungen stehen wir und welche Ziele setzen wir uns? Schulspezifische Lehrplangestaltungen, Schwerpunkte, Stärken und Schwächen, die für die Schule bedeutsam sind, werden festgehalten und in ausgewählten Qualitätsbereichen Ziele definiert, die in den nächsten Jahren erreicht werden sollen.

- Vorhaben zur Zielerreichung
  Leitfragen: Welche Maßnahmen erscheinen uns am geeignetsten, die gesteckten Ziele zu erreichen? Und woran werden wir erkennen, dass sie erfolgreich waren? Das Schulprogramm enthält zu jeder Zielvereinbarung konkrete Vorhaben und beschreibt, welchen Beitrag sie zur Zielerreichung leisten sollen.
- Aktionsplan zur Umsetzung
  Leitfrage: Was werden wir tun, um die geplanten Vorhaben zu verwirklichen? Die einzelnen Schritte zur Zielerreichung werden präzisiert, erforderliche Ressourcen, verbindliche Zeitpläne und klare Verantwortlichkeiten festgehalten.
- Maßnahmen der Überprüfung
  Leitfrage: Wie überprüfen wir den Fortschritt? Die Einschätzung der erreichten Ergebnisse soll nach transparenten Kriterien erfolgen. Dazu sind auch Zeitpunkt, Methode und geplanter Ablauf der schulinternen Evaluation festzulegen.

Selbstevaluation

Maßnahmen der Selbstevaluation sind also – siehe oben – untrennbar mit dem Schulprogramm verbunden. Sie sollen dazu dienen, sich einen Überblick zu verschaffen und die Umsetzung und Wirksamkeit gesetzter Maßnahmen zu überprüfen. Dies soll in angemessenen Zeitabständen geschehen, individuell und gemeinsam, mit praktikablen Methoden und auch – wo dies zweckmäßig erscheint – unter Einbeziehung einer Außensicht. Personenbezogene Daten bleiben bei Q.I.S. vertraulich und werden nicht veröffentlicht. Selbstevaluation zielt darauf ab, Erreichtes und Nachholbedarf sichtbar zu machen und damit eine gemeinsame Basis für weitere Entwicklungsschritte am Standort entstehen zu lassen. Sie ist somit ein wichtiges Element im folgenden Zyklus der Qualitätsentwicklung:

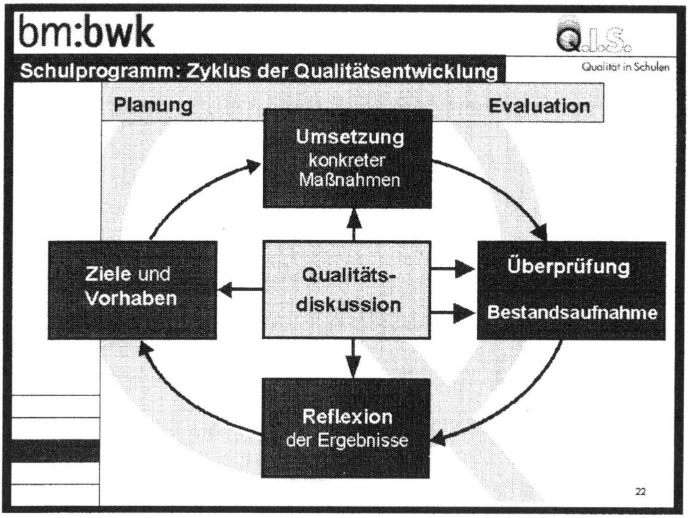

Abb. 1 Zyklus der Qualitätsentwicklung

Qualitätsbereiche

Um die Evaluations- und Entwicklungsarbeit an den Schulen zu erleichtern und ihre Effizienz bzw. Effektivität zu steigern, wird in Q.I.S. der Versuch unternommen, das komplexe pädagogische Handlungsfeld zu strukturieren und auf relevante Themen auszurichten. Dabei werden Qualitätsbereiche definiert, die den Hintergrund für den Zyklus der Qualitätsentwicklung bilden:

- Lehren und Lernen
  Zum Lehren gehören die standortbezogene Umsetzung der Lehrplanvorgaben, die Unterrichtsgestaltung und der Erziehungsstil der Lehrer/-innen. Dabei geht es u.a. um die Bedeutsamkeit der Lehrinhalte, um die Anerkennung der Schüler/-innen als eigenständige Persönlichkeiten, deren Förderung und Unterstützung, die Berücksichtigung geschlechtsspezifischer Aspekte, die Angemessenheit und Be-

gründung der Leistungsanforderungen, die Kultur der Rückmeldung und der Leistungsbeurteilung.

Zum Lernen gehören u.a. Lernbereitschaft und Eigeninitiative der Schüler/-innen, der Aufbau eines nachhaltigen Grundwissens, das Beherrschen von Lerntechniken, die Fähigkeit, Zusammenhänge herzustellen und Wissen auf neue Aufgabenstellungen anzuwenden, Selbst- und Sozialkompetenz sowie die Bereitschaft, Leistungen zu erbringen.

Die Auseinandersetzung mit den tatsächlichen Leistungen, den Potenzialen und dem Lernfortschritt der Schüler/-innen in Zusammenhang mit dem Lehr- und Lernangebot der Schule insgesamt ist ein wesentlicher Bestandteil von Qualitätsentwicklung und Selbstevaluation.

- Lebensraum Klasse und Schule
  In diesem Bereich geht es um das subjektive Wohlbefinden aller Beteiligten, das soziale Klima in Klasse und Schule, den Umgang mit Minderheiten, mit Problemen und Konflikten, um die Gestaltung der Räumlichkeiten und das Ambiente der Schule, um Angebote außerhalb des Unterrichts sowie die Reichhaltigkeit des Schullebens.

- Schulpartnerschaft und Außenbeziehungen
  Damit ist die Beteiligung der Eltern und Schüler/-innen am Schulleben gemeint, die Zufriedenheit mit der Schulpartnerschaft, die Zusammenarbeit mit dem nicht-lehrenden Personal an der Schule, die Kommunikation und Kooperation mit Schulaufsicht und Schulverwaltung sowie mit schulexternen Institutionen und Öffentlichkeit.

- Schulmanagement
  Dieser Bereich umfasst Leitung, Organisation und Administration der Schule sowie den Umgang mit Ressourcen, die pädagogisch-beratende Kompetenz der Leitung, den Führungsstil, die Aufgabenverteilung im Kollegium sowie Informationsflüsse und Entscheidungsfindungsprozesse an der Schule.

- Professionalität und Personalentwicklung
  Im Vordergrund stehen hier die Aufgabenerfüllung und die Zusammenarbeit im Kollegium, die pädagogische Entwicklungs- und Lehrplanarbeit an der Schule, Innovationsbereitschaft und systematische Maßnahmen der Fortbildung und Personalentwicklung.

Die Einbettung in einen allgemeinen Begründungszusammenhang („Warum systematische Qualitätsentwicklung?"), die Darstellung des zu erwartenden Nutzens für die Beteiligten, grundsätzliche Hinweise zur Gestaltung der Prozesse am Standort sowie Orientierungshilfen für erfolgreiche bzw. seriöse Schulprogrammentwicklung / Selbstevaluation, Literaturhinweise und ein Glossar ergänzen die Darstellung des Q.I.S.-Konzepts.

Q.I.S. als Unterstützungsstruktur für Qualitätsentwicklung an der Einzelschule

Die Initiative Q.I.S. versteht sich als Schirm für standortbezogene Qualitätsentwicklung in Österreich. Der konzeptive Rahmen wird dabei sehr offen gehalten – er besteht aus den oben genannten Eckpunkten. Weitere Präzisierungen, etwa in Form verbindlich vorgegebener Qualitätsmanagement-Systeme oder bestimmter Methoden, werden bewusst vermieden, um Schulen zu ermutigen, ihren eigenen Weg der Umsetzung zu beschreiten.

Das Bildungsministerium sieht es jedoch als seine Aufgabe, Schulen eine „Grundausstattung" an Begleitmaterialien anzubieten. Dabei wird versucht, die Prinzipien des Konzepts „Organisationsentwicklung" in möglichst sinnvoller und praxisnaher Weise für den schulischen Kontext zu nutzen bzw. zu adaptieren. Die große Komplexität des Gegenstands bringt es mit sich, dass bisher trotz der Reichhaltigkeit des vorhandenen Angebots erst eine begrenzte Auswahl aus dem inhaltlichen Spektrum der fünf Qualitätsbereiche abgedeckt werden kann.

Die dynamische, kommunikationsorientierte Seite von Q.I.S. wird durch das Qualitätsnetzwerk [QN] repräsentiert. Ursprünglich hervorgegangen aus einer Initiative der Sektion Berufsbildung des damaligen Unterrichtsministeriums, wendet es sich nun ebenfalls an alle Schularten. Es wurde und wird in der Absicht konzipiert, eine Plattform für die Weitergabe aktueller Informationen, für Erfahrungsaustausch, Präsentation, Diskussion und Recherche zu schaffen.

Textmaterialien

Die Begleitmaterialien zu Q.I.S. setzen sich aus folgenden Elementen zusammen:

Verfahrensvorschläge

Q.I.S. betont die Wichtigkeit transparenter und koordinierter Gestaltungsprozesse an den Schulen. Die elf Verfahrensvorschläge bieten mögliche Themen und Ablaufschritte für wichtige Phasen der Qualitätsentwicklung an. Abgestimmt auf die fünf Qualitätsbereiche schulischen Handelns, berücksichtigen sie in besonderem Maße die emotionalen und sozialen Aspekte derartiger Prozesse. Die folgenden elf Sequenzen sind in den Verfahrensvorschlägen enthalten:

- Über den Einstieg entscheiden
- Beteiligte einbeziehen
- In die Qualitätsdiskussion einsteigen
- Gemeinsam Qualitätsansprüche klären
- Kriterien und Indikatoren festlegen
- Daten analysieren und aufbereiten
- Evaluationsergebnisse darstellen
- Ergebnisse analysieren und Ziele festlegen
- Maßnahmen zur Umsetzung suchen
- Die Umsetzung von Vorhaben angehen
- Textbausteine zu einem Schulprogramm zusammenführen

Diese Gestaltungsvorschläge verstehen sich als Verbindungsglied zwischen dem Leitfaden und dem folgenden Methodenpool:

Fragebögen

Die Individual-, Klassen- und Schulfeedbackbögen sind besonders für eine erste Bestandsaufnahme in wichtigen Qualitätsbereichen gedacht, können aber auch für vertiefende Untersuchungen eingesetzt werden. Das Materialienpaket enthält gebrauchsfertige Modellfragebögen, die nach Bedarf erweitert werden können. Anleitungen zu ihrer Verwendung sowie Auswertungshilfen ergänzen das Angebot.

Offene Methoden

Diese Sammlung von fünfzehn Methoden und Instrumenten zielt auf einen Zugang zur Beschäftigung mit Schulqualität ab, der besonders die Beweggründe der handelnden Personen sichtbar machen, der Fragen und Problemen auf den Grund gehen, Reflexion in Gang setzen und zum Gespräch anregen soll. Die angebotenen Methoden und Instrumente erschließen somit Bereiche, die durch den ausschließlichen Einsatz von Fragebögen nur schwer zugänglich wären.

Präsentationsmaterialien, Erweiterungstexte zu wichtigen Themen (z. B. Schulqualität aus Sicht der Wissenschaft), Literaturhinweise und ein Glossar ergänzen das Angebot.

Qualitätsnetzwerk [QN]

[QN] versteht sich als unabhängiges Qualitäts-Online-Magazin in Form einer elektronischen Fachzeitschrift und als interaktives Diskussionsmedium, das frei zugänglich und offen für alle an Schulqualität und Schulentwicklung Interessierten ist. Es bietet Gelegenheit zur Präsentation von Projekten und Vorhaben, aktuelle Informationen über interessante neue

Entwicklungen, Publikationen, Veranstaltungshinweise sowie Links zu thematisch relevanten Web-Seiten. Fast alle Beiträge eröffnen die Möglichkeit zur Diskussion in eigens dafür installierten Foren. – [QN] ist unter www.qis.at/qn auch direkt zu erreichen.

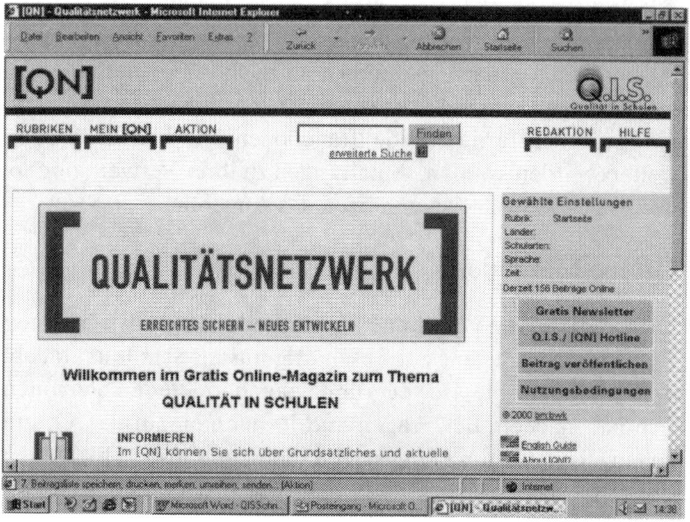

Abb. 2

Inhaltlich gliedert sich [QN] in folgende Rubriken:

- Blick in die Werkstatt:
  Projekte und Erfahrungsberichte
  Methoden und Instrumente
  Tipps und Tricks
- Wie sieht das die Wissenschaft:
  Artikel und Kommentare
  Trends und Entwicklungen
- Anregungen und Unterstützung:
  Interessante Links
  Expert/-innen-Kontakt

Veranstaltungen
Buchtipps
Literaturliste
Freiraum.

Wer Beiträge im Qualitätsnetzwerk sucht oder solche als Autor/-in liefern möchte, kann dafür entsprechende inhaltliche Bereiche definieren. Weitere Auswahlmöglichkeiten ergeben sich hinsichtlich des regionalen Aspekts (Länder, Bund, Internationales) und zeitlichen Geltungsbereichs, der Schularten und der Sprache.

Seinem Selbstverständnis entsprechend betrachtet [QN] die Benutzer/-innen nicht nur als Konsument/-innen, sondern auch als Mitproduzent/-innen, ohne die das Online-Magazin seine Möglichkeiten nicht entfalten kann. Dem entspricht auch eine teamorientierte Organisationsstruktur, die stark darauf ausgerichtet ist, Autor/-innen für [QN] zu gewinnen und ihnen die technische Abwicklung beim Installieren neuer Beiträge zu erleichtern. Letzteres ist vornehmlich die Aufgabe der im Aufbau befindlichen, gleichberechtigten Länder- bzw. Bundesredaktionen. Sie bilden zusammen mit Vertreter/-innen der Herausgeber (Bildungsministerium), des Technik- und Service-Teams und später auch Repräsentant/-en/-innen der Autor/-innen und Benützer/-innen die Redaktionskonferenz, welche vor allem die Grundzüge der [QN]-Redaktionspolitik festlegt.

Erste Rückmeldungen und Einschätzungen

Die ersten Elemente von Q.I.S. (Leitfaden, Textmaterialien) wurden im September 1999 ins Internet gestellt bzw. in schriftlicher Form für Schulen zugänglich gemacht. Im Dezember 1999 folgte eine erste Version des Qualitätsnetzwerks. Seither wird die gesamte Applikation schrittweise vervollständigt. Der anvisierte Vollausbau soll bis März 2001 erreicht sein; bis dahin befindet sich Q.I.S. – organisatorisch betrachtet – noch in der Projektphase.

Eine umfassende *Evaluation* der gesamten Initiative ist geplant, erscheint den Projektverantwortlichen jedoch auf Grund der kurzen Laufzeit frühestens ab Herbst 2001 sinnvoll. Diese Sichtweise beruht auch auf der Vermutung, dass eine zu früh angesetzte Evaluation bei den Schulen zu Widerstand oder gar zu Rückzug wegen vermuteter Kontrolle durch die Behörde führen könnte.

Für eine fundierte Beurteilung der Qualität bzw. Wirksamkeit von Q.I.S. gibt es derzeit also keine ausreichende und gesicherte Datenbasis. Dennoch liegt eine ganze Reihe von Daten und Informationen vor, die in mehr oder weniger systematischer Weise gesammelt wurden, so etwa die Ergebnisse einer Begleitevaluation im Frühstadium der Initiative[3], der Zwischenbericht einer Studie zur Schulprogrammentwicklung an berufsbildenden Schulen[4], die Zugriffsstatistik[5] und das Gästebuch von Q.I.S. im Internet, die Nutzung des Konzepts bzw. der deutliche Verweis darauf in anderen Ländern (bislang im Kanton St. Gallen / Schweiz, in einigen deutschen Ländern und in Luxemburg), die Zusammenarbeit mit dem österreichischen Büro für europäische Bildungskooperation[6] sowie die Rückmeldungen bei einer österreichweiten Informationstournee und bei zahlreichen Tagungen, Konferenzen, Workshops, Seminaren und Gesprächen.

---

[3] SPECHT, W. / ALTRICHTER, H. / SOUKUP-ALTRICHTER, K.: Qualitätsentwicklung mit Programm (Pilotphase). Endbericht der Begleitevaluation. Zentrum für Schulentwicklung, Abt. II: Graz-Linz Oktober 1998.

[4] Projekt Schulprogrammentwicklung an berufsbildenden Schulen. Zwischenbericht. BM:BWK, Sekt.II, IFF, Abt. Schule und gesellschaftliches Lernen: September 2000.

[5] Einige (gerundete) Angaben zum derzeitigen Stand (Ende November 2000): 5,5 Millionen Hits auf die gesamte Site, 50.000 Anwendersitzungen, 80.000 Downloads.

[6] Vom COMENIUS-Plan zu einem Schulprogramm mit europäischer Dimension. Büro für europäische Bildungskooperation: Wien 2000 (Erziehung und Unterricht, Sonderheft 7-8/2000).

Der Rückgriff auf diese Daten- bzw. Informationsquellen erlaubt vorsichtige, aber vermutlich doch bereits richtungsweisende Einschätzungen bezüglich der Qualität des Angebots von Q.I.S., seiner Nützlichkeit und Nutzung, aber auch bezüglich der für eine erfolgreiche Umsetzung erforderlichen Rahmenbedingungen. Ein erster Befund lässt sich wie folgt zusammenfassen:

- Qualitätsentwicklung und Qualitätssicherung machen grundsätzlich Sinn:
  Die Einsicht vieler Beteiligter – vor allem auf Multiplikator/-innen-Ebene – in die Notwendigkeit systematischer Qualitätsentwicklung ist im Steigen begriffen. In vielen Bundesländern laufen bereits Aktivitäten auf verschiedenen Ebenen (z.B. Initiativen von Landesschulbehörden, Angebote von Lehrer/-innen-Fortbildungsinstituten, Einrichtung von Berater/-innen-Lehrgängen). Auch nicht wenige Schulen haben sich bereits auf den Weg gemacht und begrüßen Q.I.S. als Unterstützung und Legitimationshilfe.
- Der Ansatz stimmt:
  Die Strategie von Q.I.S., auf vorhandenen Initiativen in der Schulpraxis aufzubauen, den Entwicklungsgedanken in den Vordergrund zu stellen und Methodenfreiheit sowie Vertraulichkeit personenbezogener Daten zu gewährleisten, wird durchwegs als positiv und realistisch bewertet. Dies gilt auch für den Weg, zunächst auf Ermutigung, Unterstützung, eine Politik der kleinen Schritte und Freiwilligkeit der Teilnahme zu setzen. Bereits einschlägig aktive Schulpraktiker/-innen berichten, dass die gemeinsame Arbeit an Qualitätsentwicklung deutlich mehr Belastung, aber auch steigende Arbeitszufriedenheit bedeutet.
- Das Produkt ist gut:
  Der Leitfaden, die Q.I.S.-Materialien und das Qualitätsnetzwerk werden als gelungene Beispiele für professionelle Arbeit anerkannt. Genannt werden insbesondere Praxisnähe, Reichhaltigkeit des Angebots, Service-Orientierung,

Verständlichkeit der Sprache, Übersichtlichkeit und gefällige formale Gestaltung. Probleme gibt es fallwiese auf technischem Gebiet (große Datenmengen, unzureichende Ausstattung am Standort).

- Die Rahmenbedingungen stimmen nicht:
  Die zeitlichen und energetischen Belastungen werden vor allem von Schulpraktiker/-innen durchwegs als hemmender Faktor betrachtet, der die Initiative bereits im Keim zu ersticken droht bzw. ihre Nachhaltigkeit gefährdet. Ebenso häufig erwähnt werden mangelnde Ressourcen (z. B. Stundenkontingente, Operationsbudgets), fehlende rechtliche Regelungen (z. B. im Schul-, Dienst- und Besoldungsrecht) und unzureichende Gestaltungsspielräume (z. B. fehlende personelle Autonomie, Einschränkungen bei der Schulwahl). Bedenken und Widerstand wachsen, wenn die Absicht erwähnt wird, Schulprogramm und Evaluation mittel- bzw. langfristig verpflichtend zu machen.
- Es braucht mehr Know-how und Beratung:
  Papier und Internet können Expertise und persönliche Begegnung nicht ersetzen. Die neuen Aufgaben erfordern Kompetenzen, die viele der Beteiligten erst erwerben müssen (z. B. Organisations-, Teamentwicklung, Konfliktmanagement, Gruppenarbeit). Dabei wird spürbar, dass sich viele – auch besonders engagierte – Schulpraktiker/-innen offenkundig überfordert fühlen.
- Die Schulaufsicht spielt eine entscheidende Rolle:
  Diese Tatsache wird von allen Beteiligten ebenso anerkannt wie die Notwendigkeit, ihre Rollen und Aufgaben neu zu definieren. Einstellung und Verhalten von Schulaufsichtsbeamt/-innen beeinflussen Entwicklungsprozesse an Schulen massiv und nachhaltig – im Positiven wie im Negativen. Schulpraktiker/-innen erwarten sich vor allem Ermutigung und Unterstützung, was dem neuen Rollenverständnis vieler Inspektor/-innen entspricht. Die Auseinandersetzung mit ihrer Kontrollfunktion und mit möglichen Konsequen-

zen anhaltender Defizitwahrnehmungen wird von beiden Seiten eher vermieden.

- Entwicklung am Standort braucht Entwicklung in der Behörde:
  Die Frage nach Maßnahmen der Qualitätsentwicklung und Qualitätssicherung in der (Zentral-) Behörde selbst wird oft gestellt. Sie ist meist mit unüberhörbarer Skepsis verbunden. Besonders häufig wird in diesem Zusammenhang die motivierende Vorbildwirkung seitens des Bildungsministeriums eingefordert.
- Schulentwicklung braucht klare politische Linien und Rahmenvorgaben:
  Das Konzept von Q.I.S. wird in den meisten Fällen als in sich schlüssig erachtet. Starke Verunsicherung und Skepsis werden jedoch spürbar, wenn es um seine Einbettung in ein Gesamtsystem von Qualitätsentwicklung und Qualitätssicherung bzw. um die Frage der Verbindlichkeit und Machbarkeit geht. Den Schulbehörden und den politisch Verantwortlichen werden in diesem Zusammenhang des Öfteren widersprüchliche Aussagen und mangelnde Koordination von Maßnahmen vorgeworfen.

Aus diesem ersten Befund sowie aus der laufenden kritischen Sichtung und Reflexion von Q.I.S. haben die Verantwortlichen bereits eine Reihe von Perspektiven für die vorläufige Weiterentwicklung der Initiative abgeleitet. Die Überlegungen beziehen sich im Wesentlichen auf folgende Bereiche:

- Q.I.S.-Textmaterialien (z.B. Erweiterung um Orientierungsbeispiele und Vergleichsdaten in wichtigen Qualitätsbereichen zum Zweck des Benchmarking durch die Schulen selbst, Standards für Schulprogramme und Selbstevaluation, inhaltliche bzw. schulartenspezifische Ergänzungen);
- Qualitätsnetzwerk (z.B. Ausdifferenzierung der Angebotsstruktur und Suchmöglichkeiten, Ausbau der internationalen Dimension, Aufbau einer Redaktionsstruktur, technische und service-orientierte Verbesserungen);

- Begleitmaßnahmen zur Umsetzung in der Schulpraxis (z. B. im Bereich der Schulaufsicht, der Lehrer/-innen-Fortbildung, der Beratung und der Öffentlichkeitsarbeit);
- allgemeine Rahmenbedingungen für standortbezogene Qualitätsentwicklung und Qualitätssicherung (z. B. Klärung der Schnittstellen zu anderen Systemkomponenten, rechtliche Grundlagen, Budgetmittel, Personalentwicklung und Qualifizierung von Führungskräften, Lehrer/-innen-Ausbildung, organisatorische Verankerung von Unterstützungsstrukturen, Bildungsforschung).

Wie Qualitätsentwicklung selbst ist auch Q.I.S. – Qualität in Schulen ein permanenter Prozess – oder zumindest „work in progress". Der Beitrag in diesem Buch ist daher als – hoffentlich anregende – Momentaufnahme zu betrachten.

Literatur

BM: BWK: Q.I.S. – Qualität in Schulen, www.qis.at. Wien 1999.

PETRA STANAT / CORDULA ARTELT[1]

Der Beitrag internationaler Schulleistungsstudien zur Qualitätssicherung: Das Beispiel PISA

Überblick

Hinter dem Akronym PISA verbirgt sich das Programme for International Student Assessment der Organisation für wirtschaftliche Zusammenarbeit und Entwicklung (OECD). Bei diesem Programm handelt es sich um eine internationale Schulleistungsstudie, deren Ziel es ist, den Teilnehmerstaaten in regelmäßigen Abständen vergleichende Daten über den Ertrag ihrer Bildungssysteme zur Verfügung zu stellen. Anhand dieser Daten sollen spezifische Stärken und Schwächen schulischer Systeme und mögliche Ansatzpunkte für Verbesserungen bestimmt werden. Die Bundesrepublik Deutschland beteiligt sich an PISA gemäß einer Vereinbarung zwischen dem Bundesministerium für Bildung und Forschung und der ständigen Konferenz der Kultusminister der Länder.

Die PISA-Erhebungen, die alle drei Jahre mit wechselnden Schwerpunkten stattfinden, beziehen sich auf die Bereiche Lesekompetenz (Reading Literacy), mathematische Grundbildung (Mathematical Literacy), naturwissenschaftliche Grundbildung (Scientific Literacy) sowie fachübergreifende *Kompetenzen* (Cross-Curricular Competencies). Die Datenerhebung für den ersten Zyklus, in dem Lesekompetenz im Vordergrund steht und Mathematik sowie Naturwissenschaften als Nebenkomponenten untersucht werden, fand im Früh-

[1] Für das deutsche PISA-Konsortium, Max-Planck-Institut für Bildungsforschung, Berlin

jahr 2000 statt. Im zweiten Zyklus (Erhebung im Jahr 2003) wird der Schwerpunkt auf Mathematik und im dritten Zyklus (Erhebung 2006) auf die Naturwissenschaften verlagert. Dem jeweiligen Schwerpunktbereich werden etwa zwei Drittel der Gesamttestzeit zugeordnet, so dass er breiter erfasst werden kann als die Nebenkomponenten. Fachübergreifende Kompetenzen werden in allen drei Zyklen untersucht. Im Jahr 2000 wurden in diesem Bereich wichtige Voraussetzungen selbstregulierten Lernens erfasst, und für das Jahr 2003 ist geplant, allgemeine Problemlösekompetenzen zu erheben. Problemlösefähigkeiten wurden in Deutschland als nationale Ergänzung bereits im ersten Zyklus untersucht.

Zielgruppe der internationalen Studie sind 15-jährige Schülerinnen und Schüler in allgemein bildenden und berufsbildenden Schulen. Diese Altersgruppe wurde gewählt, weil sie in den meisten OECD-Ländern noch der Schulpflicht unterliegt, so dass die Ergebnisse den kumulativen Ertrag der untersuchten Bildungssysteme gegen Ende der Pflichtschulzeit abbilden werden. In Deutschland wurde die Stichprobe darüber hinaus so erweitert, dass auch Aussagen über Schülerinnen und Schüler der 9. Klassen möglich sind.

Einige Besonderheiten der Studie

PISA ist ein durch die Regierungen der OECD-Mitgliedsstaaten initiiertes, konzipiertes und gestaltetes Programm. Ausgangspunkt für die Studie ist eine neue Selbstverpflichtung der Regierungen, sich auf der Grundlage einer gemeinsamen, international abgestimmten Rahmenkonzeption ein Bild von der Leistungsfähigkeit ihrer Bildungssysteme zu machen. Ein Board of Participating Countries (BPC), in dem alle Teilnehmerländer vertreten sind, definiert die politischen Prioritäten für PISA und überwacht ihre Realisierung während der Implementierung des Programms. Dieser vom BPC gesteckte Rahmen bezieht sich nicht nur auf die Auswahl der Indikatoren, sondern auch auf die Definition der erfassten Bereiche, auf die Entwicklung der Messinstrumente und auf die Berichterstattung.

Die PISA-Teilnehmerstaaten haben sich für die Untersuchung auf ein funktionalistisch orientiertes Verständnis von *Grundbildung* geeinigt. Stärker noch als in früheren Schulleistungsstudien, wie z. B. TIMSS, geht es in PISA um die Erfassung von Basiskompetenzen in verschiedenartigen Anwendungssituationen und weniger um das Abfragen von Schulwissen. In der Definition der untersuchten Bereiche spielte das Kriterium der curricularen Validität daher nur eine untergeordnete Rolle. Statt dessen wurden internationale Expertengruppen beauftragt, in enger Zusammenarbeit mit nationalen Experten eine theoretische Rahmenkonzeption zu verfassen, in der die zu untersuchenden Kompetenzen abgesteckt werden. Die Befunde der Studie müssen also vor dem Hintergrund dieser Rahmenkonzeption und des ihr zu Grunde liegenden didaktischen und bildungstheoretischen Konzepts bewertet werden (BAUMERT et al., in Druck). Dabei ist auch zu berücksichtigen, dass in einer Untersuchung selbstverständlich nicht alle Ziele schulischer Bildung abgedeckt werden können. Die Entscheidung, sich in PISA auf den funktionalen Aspekt moderner Grundbildung zu konzentrieren, bedeutet zwar, dass man diesen Aspekt international für zentral hält, sie impliziert jedoch keineswegs, dass andere Komponenten einer breiten Allgemeinbildung für weniger wichtig erachtet werden.

Die funktionalistische Orientierung des Projekts spiegelt sich zum einen in der Art und Weise wider, wie die fachlichen Kompetenzen definiert und erfasst werden, nämlich als Anwendung von Wissen und Fähigkeiten in authentischen Lebenssituationen. Darüber hinaus manifestiert sie sich in dem Versuch, fachübergreifende Basiskompetenzen (cross-curricular competencies) zu untersuchen. Mit diesem zusätzlichen Untersuchungsgegenstand wird auch ein erweiterter Kompetenzbegriff in die Studie eingeführt. In den eher fachbezogenen

Bereichen Lesen, Mathematik und Naturwissenschaften wird von einem kognitiven Kompetenzbegriff ausgegangen, der relativ bereichsspezifische Kenntnisse, Fertigkeiten und Strategien umfasst (BAUMERT et al., in Druck). Selbstreguliertes Lernen sowie Kooperation und Kommunikation stellen dagegen komplexe Handlungskompetenzen dar, die sich aus einem Zusammenspiel zwischen kognitiven, motivationalen und emotionalen Faktoren ergeben. Zusätzlich zu intellektuellen Fähigkeiten und Wissensbeständen enthält das Konzept der Handlungskompetenz also beispielsweise auch motivationale Orientierungen, metakognitive und volitionale Kontrollsysteme, Einstellungen und Werthaltungen (WEINERT, 1999). Da es kaum möglich ist, alle relevanten Elemente von Handlungskompetenzen zu erfassen, konzentriert man sich in der Regel auf einige zentrale Teilaspekte (BAUMERT et al., in Druck).

Erfasste Bereiche

Die in PISA erfassten Bereiche wurden in einer Rahmenkonzeption expliziert (OECD, 1999 / Deutsches PISA-Konsortium, 2000). Diese Rahmenkonzeption wird als „living framework" verstanden, d.h. sie ist für Weiterentwicklungen, Erweiterungen und Modifikationen im Verlauf zukünftiger Zyklen des Projekts offen. Für jeden der international erfassten Bereiche (Lesekompetenz, mathematische Grundbildung, naturwissenschaftliche Grundbildung und fachübergreifende Kompetenzen) wurden in Deutschland darüber hinaus Ergänzungen vorgenommen, für die nationale Expertengruppen Rahmenkonzeptionen erarbeitet haben.

Aspekte der Lesekompetenz

Im ersten Zyklus von PISA steht die Erfassung von Lesekompetenz im Vordergrund. Die internationale Rahmenkonzeption versteht unter Lesekompetenz mehr als einfach nur lesen zu können. Lesekompetenz wird vielmehr als die Fähigkeit definiert, geschriebene Texte unterschiedlicher Art in ihren Aussagen, ihren Absichten und ihrer formalen Struktur zu verstehen und über sie zu reflektieren, sowie in der Lage zu sein, Texte für verschiedene Zwecke sachangemessen zu nutzen. Als eine wichtige – vielleicht die wichtigste – Schlüsselqualifikation, ist Lesekompetenz ein Hilfsmittel für das Erreichen persönlicher Ziele, eine grundlegende Bedingung für die Weiterentwicklung des eigenen Wissens und Potenzials sowie eine Voraussetzung für die Teilnahme am gesellschaftlichen Leben. Um den Bereich Lesekompetenz abzustecken und damit die Grundlage für eine breite, lebensnahe und differenzierte Erfassung und Analyse der Domäne zu schaffen, unterscheidet die internationale Rahmenkonzeption drei Aspekte bzw. Dimensionen: Textsorten, Anwendungssituationen und Anforderungen von Leseaufgaben.

Erwachsene und Jugendliche müssen sich im Laufe ihres Lebens mit verschiedenen Arten von Texten auseinandersetzen. Daher wird in PISA eine breite Palette verschiedener Texte eingesetzt. Während sich viele bisherige Studien auf Prosatexte bzw. fortlaufende Texttypen beschränkt haben (Erzählungen, Kommentare, Argumentationen usw.), bezieht PISA zusätzlich Texte ein, in denen die Information nicht fortlaufend und nicht ausschließlich verbal dargestellt wird. Hierzu gehören beispielsweise Formulare, Graphiken, Landkarten und Diagramme. Um weiterhin zu gewährleisten, dass der PISA-Test eine möglichst große Vielfalt von Situationen abdeckt, in denen gelesen wird, unterscheidet die Rahmenkonzeption Texte, die vornehmlich für den privaten Gebrauch (z. B. Romane oder Briefe), für den öffentlichen Gebrauch (z. B. amtliche Dokumente), für den berufsbezogenen Gebrauch (z. B. Handbücher) oder für den bildungsbezogenen Gebrauch (z. B. Lehrbücher) verfasst wurden. Bei den Texten, die auf dieser Grundlage für den internationalen Test ausgewählt wurden, handelt es sich fast ausschließlich um authentische Texte, d. h. nur einige wenige wurden eigens für den Test konstruiert.

Die dritte Dimension, die in der internationalen Rahmenkonzeption unterschieden wird, bezieht sich auf die Verarbeitung von Texten durch die Leser. Auf einer übergeordneten Ebene unterscheidet das Modell zunächst einmal zwischen Verstehensleistungen, die ausschließlich auf textinternen Informationen basieren und Verstehensleistungen, für die externes Wissen herangezogen werden muss. Diese groben Unterscheidungen werden nach verschiedenen Gesichtspunkten weiter ausdifferenziert, so dass letztlich fünf verschiedene Aspekte des Textverständnisses definiert und separat mit Hilfe unterschiedlicher Aufgabenstellungen erfasst werden:

- Informationen ermitteln: Zur Lösung von Aufgaben, die diesen Aspekt erfassen, müssen die Schülerinnen und Schüler einem Text Einzelinformationen entnehmen, wie zum Beispiel aus einem Zugfahrplan ablesen, wann Züge von Paris nach Berlin fahren oder im Text eine Aussage finden, die für oder gegen eine Behauptung spricht.

- Allgemeines Verständnis: Bei dieser Anforderung geht es darum, die allgemeine bzw. zentrale Aussage eines Texts zu verstehen. In den entsprechenden Aufgaben müssen die Schülerinnen und Schüler beispielsweise das Hauptthema bzw. den allgemeinen Zweck oder Nutzen des Textes benennen, einen treffenden Titel für den Text finden oder die wichtigsten Dimensionen einer Tabelle oder Grafik identifizieren.

- Eine textimmanente Interpretation entwickeln: Um eine textimmanente Interpretation zu entwickeln, müssen Leserinnen und Leser ihre ersten, groben Eindrücke erweitern und ein genaueres bzw. umfassenderes Verständnis des Gelesenen erreichen. Sie müssen Informationen aus verschiedenen Textteilen miteinander verbinden und z. B. den Zusammenhang zwischen Details und dem Ganzen betrachten. Zur Erfassung dieses Aspekts werden z. B. Aufgaben

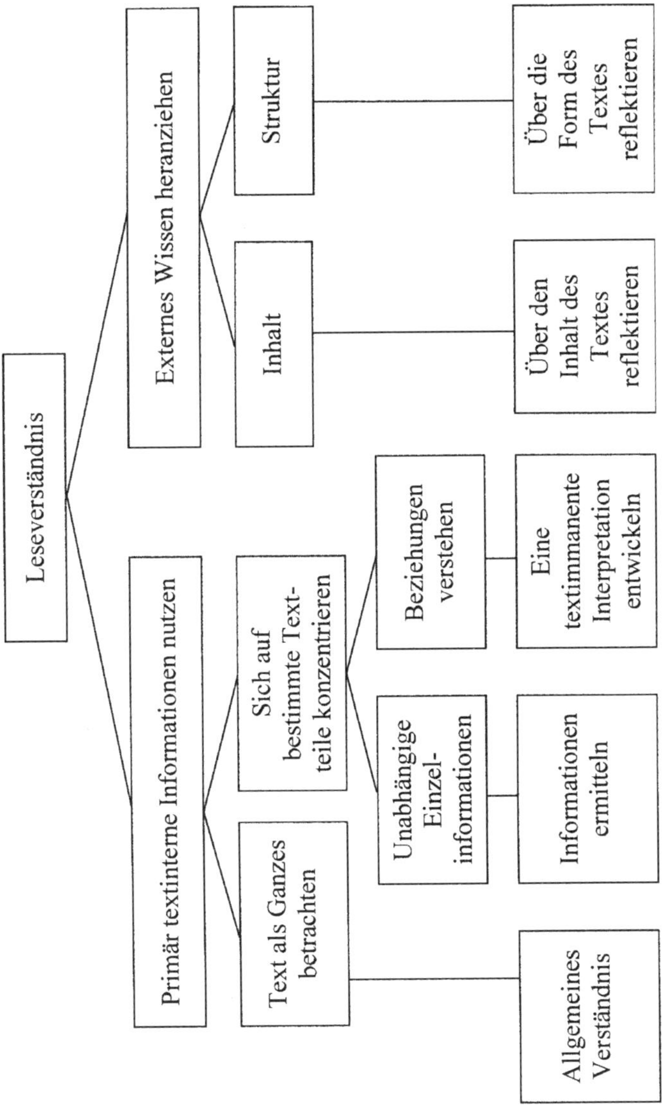

Abb. 1 Unterscheidungsmerkmale der fünf Aspekte des Lesens

eingesetzt, in denen es darum geht, die Bedeutung von Einzelinformationen aus dem Kontext zu erschließen oder Ursache und Wirkung von Ereignissen zu identifizieren.

- Über den Inhalt des Textes reflektieren: Während die Lösung von Aufgaben zu den ersten drei Aspekten ausschließlich auf der Basis textinterner Information erfolgen kann, muss zur Reflektion über den Inhalt des Textes diese Information mit Kenntnissen aus anderen Quellen verknüpft werden. Das externe Wissen kann dabei aus dem Wissensbestand der Schüler stammen, aus anderen Texten, die ebenfalls im Test enthalten sind, oder aus Überlegungen bzw. Ideen, die in den Fragen explizit formuliert werden. Aufgaben zu diesem Aspekt fragen beispielsweise, ob eine beschriebene Handlung erfolgsversprechend erscheint, welches von zwei Argumenten besser begründet ist oder welche Argumente die Gegner einer bestimmten Position vermutlich anführen würden.
- Über die Form des Textes reflektieren: Bei Aufgaben zu diesem Aspekt müssen sich die Leserinnen und Leser noch stärker vom Text lösen, ihn objektiv betrachten und seine Beschaffenheit und Angemessenheit beurteilen. Dazu müssen sie in der Lage sein, Textmerkmale wie Ironie, Humor, und logischen Aufbau kritisch zu bewerten und in ihren Auswirkungen zu verstehen. Dieser Aspekt enthält auch die Fähigkeit, Voreingenommenheiten aufzuspüren und Versuche zu erkennen, Leser auf subtile Weise von etwas zu überzeugen. Typische Fragen verlangen Beurteilungen der Brauchbarkeit eines Textes für einen angegebenen Zweck oder der Art und Weise, wie der Autor bestimmte Textmerkmale einsetzt, um diesen Zweck zu erreichen. In anderen Aufgaben soll beschrieben und kommentiert werden, wie ein bestimmter Stil eingesetzt wurde und welche Absichten und Einstellungen dies reflektiert.

Die dem internationalen Lesetest zugrunde gelegte Rahmenkonzeption basiert auf einem Ansatz von KIRSCH und MOSEN-

THAL (KIRSCH / JUNGEBLUT / MOSENTHAL, 1998). Diese Konzeption wurde bereits in anderen Schulleistungsuntersuchungen eingesetzt (z. B. in der International Adult Literacy Study der OECD) und hat sich zur Beschreibung des verstehenden Umgangs mit Texten bewährt. Lesekompetenz umfasst jedoch nicht nur die Fähigkeit, Texte zu verstehen, sondern auch Inhalte von Texten zu behalten und sich zu eigen zu machen. Diese Fähigkeit ist insbesondere in Prüfungssituationen und damit vor allem für Schule und Ausbildung von Bedeutung. Aber auch in vielen anderen Zusammenhängen ist es oft notwendig, sich Informationen aus Texten so anzueignen, dass sie zu einem späteren Zeitpunkt noch verfügbar sind. So kann man beispielsweise im Rahmen von Arbeitsbesprechungen oder privaten Diskussionen in der Regel nicht auf die Texte zurückgreifen, auf die man sich beziehen möchte.

Um auch diesen Aspekt der Lesekompetenz zu untersuchen, wurde innerhalb der nationalen Ergänzung von PISA die Fähigkeit erfasst, Textrepräsentationen im Gedächtnis aufzubauen, die es erlauben, das Gelesene auch noch zu einem späteren Zeitpunkt zu nutzen. Dies wurde durch eine Trennung der Lese- und Lernphase von der Testphase realisiert. Während die Schülerinnen und Schüler bei der Bearbeitung des internationalen Lesetests auf den jeweiligen Text zurückgreifen konnten, um die Fragen dazu zu beantworten, war dies im nationalen Ergänzungstest nicht möglich, d. h. in der Testphase konnte kein Einblick in den Text genommen werden. Mit den nationalen Aufgaben wird also eine Mischung aus Verstehens- und Behaltensleistungen abgebildet, was üblicherweise als Lernleistung bezeichnet wird. Dabei wird nach der kognitionspsychologischen Theorie des Textverstehens von VAN DIJK und KINTSCH (1983) und KINTSCH (1994, 1998) zwischen drei Komponenten der Textrepräsentation unterschieden: Die wörtliche Repräsentation bildet die Textoberfläche ab (z. B. den Wortlaut eines Satzes) und ist das Ergebnis solcher grundlegenden Verarbeitungsprozesse wie Buchstaben- und Worterkennung. Die propositionale Repräsentation enthält die Bedeutung eines Textes, ohne über die im Text enthaltenen Informationen hinauszugehen. Die situative Repräsentation schließlich ist das Produkt sinnverstehenden Lesens, das resultiert, wenn Leser die Textinformation mit ihrem Vorwissen integrieren und den Sinn des Gelesenen aktiv konstruieren.

Eine weitere nationale Ergänzung im Bereich Lesen betrifft die Vorhersage von Leseleistungen. Im internationalen Teil von PISA werden hauptsächlich Faktoren zur Vorhersage von Lesekompetenz erfasst, die relativ weit vom eigentlichen Leseprozess entfernt sind, wie zum Beispiel der soziokulturelle Hintergrund der Schülerinnen und Schüler oder auf das Lesen bezogenes Unterstützungsverhalten der Eltern. Diese Faktoren wurden innerhalb der nationalen Erweiterung durch Variablen ergänzt, von denen angenommen werden kann, dass sie den Prozess des Lesens unmittelbar beeinflussen. Hierbei wurden insbesondere solche Faktoren berücksichtigt, die durch geeignete Fördermaßnahmen beeinflussbar sind, wie zum Beispiel Motivation und Interesse, Lesererfahrungen und Lernstrategien.

Aspekte mathematischer Grundbildung

Im Rahmen von PISA hat man sich auf ein Konzept mathematischer Grundbildung verständigt, das sich am Modell eines realistischen, an der Wirklichkeit orientierten Mathematikunterrichts anlehnt. Nach der PISA-Konzeption gehören zur mathematischen Grundbildung ein Verständnis der Rolle, die Mathematik in der sozialen, kulturellen und technischen Welt spielt, und die Fähigkeit, Sachverhalte unter mathematischen Gesichtspunkten angemessen zu beurteilen. Weiterhin schließt mathematische Grundbildung die Fähigkeit ein, Mathematik aktiv zu nutzen, um die Anforderungen zu bewältigen, die im Leben eines konstruktiven, engagierten und reflektierenden Mitglieds der Gesellschaft auftreten. Auch diese Definition basiert also auf einem anwendungsorientierten Verständnis von Grundbildung. Dabei wird jedoch davon ausgegangen, dass eine verständige Anwendung mathematischer Kenntnisse im Alltag nur auf der Grundlage eines begrifflichen Verständnisses möglich ist.

Innerhalb des internationalen PISA-Testprogramms ist mathematische Grundbildung im ersten Zyklus zunächst eine Nebenkomponente und wird daher weniger breit erfasst als Lesekompetenz. Im zweiten Zyklus wird die Mathematik dann ins Zentrum der Untersuchung rücken. Es ist zu erwarten, dass sich aus dieser Schwerpunktverschiebung auch Änderungen der für den ersten Durchgang entwickelten internationalen Rahmenkonzeption im Bereich Mathematik ergeben werden.

Die internationale PISA-Konzeption mathematischer Grundbildung orientiert sich an dem didaktischen Modell der „realistischen Mathematik," das auf HANS FREUDENTHAL (siehe z.B. 1977, 1983) zurückgeht. Nach diesem Modell stellen mathematische Konzepte, Strukturen und Ideen Werkzeuge dar, die zur Erschließung und Strukturierung von Phänomenen der physischen, sozialen und geistigen Welt entwickelt worden sind. Die Nützlichkeit dieser Werkzeuge zur Erschließung der Welt entfaltet sich vor allem durch die Anwendung mathematischer Begriffe und nicht etwa nur durch den Einsatz von Rechenoperationen. Dieser Grundidee entsprechend stehen in der internationalen PISA-Rahmenkonzeption das Verständnis mathematischer Konzepte und die Fähigkeit zur mathematischen Modellierung im Vordergrund.

Die mathematischen Inhalte des internationalen PISA-Tests orientieren sich in erster Linie an Leitideen (big ideas), die das mathematische Denken strukturieren (z. B. Zufall, Raum und Form, Wahrscheinlichkeit). Die Entscheidung, die Domäne anhand dieser allgemeinen Konzepte zu organisieren, basiert auf der Annahme, dass mathematische Grundbildung die Fähigkeit umfasst, mathematische Muster zu erkennen und ihre

Regelhaftigkeit und Wechselbeziehungen zu verstehen. Da mathematische Grundbildung im ersten Zyklus als Nebenkomponente erfasst wird, konzentriert sich der Test zunächst auf zwei Leitideen: Veränderung und Wachstum sowie Raum und Form. Diese Bereiche erlauben eine weitgehende Berücksichtigung zentraler Inhalte des Mathematikunterrichts, beugen aber gleichzeitig einer Verengung der Erhebung auf Rechenfertigkeiten vor. Die in Lehrplänen unterschiedenen Inhaltsbereiche (Algebra, Geometrie usw.) werden in der internationalen Rahmenkonzeption ebenfalls – allerdings nur als sekundärer Aspekt – berücksichtigt, um zu gewährleisten, dass diese im Test angemessen abgedeckt werden.

Der PISA-Mathematiktest enthält Aufgaben, die sowohl verschieden hohe als auch strukturell unterschiedliche Anforderungen an das mathematische Denken stellen. Zur Lösung dieser Aufgaben sind eine Reihe von Kompetenzen notwendig, wie z. B. die Fähigkeit, mit symbolischen, formalen und technischen Elementen der Mathematik umzugehen, die Fähigkeit zur mathematischen Modellierung oder die Fähigkeit, mathematisch zu argumentieren. Die internationale Rahmenkonzeption bündelt diese Fähigkeiten in drei *Kompetenzklassen.* Zur ersten Kompetenzklasse gehören einfache Berechnungen und die Wiedergabe von Definitionen, wie sie in herkömmlichen Mathematiktests häufig vorkommen. Aufgaben, die der zweiten Kompetenzklasse zugerechnet werden, verlangen bereits mathematisches Modellieren und die Herstellung von Querverbindungen. Bei Aufgaben der dritten Kompetenzklasse schließlich werden mathematisches Denken, Verallgemeinern und Verstehen von Zusammenhängen erforderlich. Hier müssen Schülerinnen und Schüler die mathematischen Aspekte der Situation erkennen und die zugrunde liegende Problemstellung mathematisch strukturieren und formulieren. Die mathematischen Einzelfähigkeiten spielen in jeder Kompetenzklasse eine Rolle, allerdings sind die Schwerpunkte unterschiedlich gelagert. Während beispielsweise bei

Aufgaben der ersten Kompetenzklasse die Fähigkeit zum Umgang mit symbolischen, formalen und technischen Elementen im Vordergrund stehen, sind in der zweiten Kompetenzklasse Fähigkeiten wie mathematisches Argumentieren und mathematische Modellbildung sowie das Stellen und Lösen von Problemen wichtiger.

In den PISA-Tests müssen mathematische Kenntnisse situationsbezogen angewendet werden. Die Anwendungssituationen reichen vom privaten und schulischen Bereich bis hin zu einfachen wissenschaftlichen Fragestellungen oder Problemstellungen, die das öffentliche Leben betreffen.

Im internationalen PISA-Mathematiktest steht also begriffliches Verständnis und die praktische Anwendung mathematischer Kenntnisse im Vordergrund. Diese Aspekte mathematischer Grundbildung werden auch in deutschen Lehrplänen vorgeschrieben. Darüber hinaus spielen jedoch innermathematische Problemstellungen und Aufgaben, die lediglich die Ausführung von Routineverfahren verlangen, eine größere Rolle. Die nationale Expertengruppe, hat daher im Rahmen von PISA einige nationale Ergänzungen entwickelt, mit denen die Ergebnisse des eher kalkülorientierten Mathematikunterrichts in Deutschland differenzierter erfasst werden können und die dem Allgemeinbildungsauftrag des Mathematikunterrichts, in dem die Begegnung mit Mathematik als einer Welt eigener Art und einer spezifischen Kulturleistung eigenen Rechts eine Rolle spielt, Rechnung tragen. Diese Ergänzungen werden ausdrücklich als komplementäre Erweiterungen des internationalen Ansatzes betrachtet, den die nationale Expertengruppe als einen allgemeinen normativen Horizont bewertet, vor dem man auch die Leistungen deutscher Schülerinnen und Schüler betrachten darf.

Die wichtigsten der nationalen Ergänzungen umfassen eine Ausdifferenzierung der ersten und zweiten Kompetenzklassen, eine Orientierung der Aufgabenentwicklung an traditionellen Stoffgebieten (Arithmetik, Algebra, Geometrie usw.)

und eine Variation von Aufgabenstellungen nach der Art ihrer Kontextualisierung, wobei authentische, realitätsbezogene und innermathematische Kontexte unterschieden werden. Die von der nationalen Expertengruppe entwickelten Aufgaben beziehen sich auf Standardstoffe der Sekundarstufe I, die bis zum Ende der 9. Klasse behandelt werden.

Aspekte naturwissenschaftlicher Grundbildung

Naturwissenschaftliche Grundbildung wird im ersten Zyklus von PISA ebenfalls als Nebenkomponente erfasst. Nach der Definition, auf die man sich im internationalen Rahmen verständigt hat, gehört zur naturwissenschaftlichen Grundbildung ein Verständnis grundlegender naturwissenschaftlicher Konzepte, die Vertrautheit mit naturwissenschaftlichen Denk- und Arbeitsweisen sowie die Fähigkeit, dieses Konzept- und Prozesswissen vor allem bei der Beurteilung von naturwissenschaftlich-technischen Sachverhalten anzuwenden. Naturwissenschaftliche Grundbildung in diesem Sinne umfasst ferner das Erkennen von Fragen, die naturwissenschaftlich untersucht und bearbeitet werden können, das Ziehen von Schlussfolgerungen aus Beobachtungen und Befunden, das Prüfen der Gültigkeitsbedingungen solcher Schlussfolgerungen sowie das Wissen um die Grenzen naturwissenschaftlicher Erkenntnis.

In der internationalen Rahmenkonzeption werden drei Dimensionen naturwissenschaftlicher Grundbildung unterschieden: naturwissenschaftliche Konzepte, naturwissenschaftliche Prozesse und naturwissenschaftliche Anwendungssituationen. Während die Berücksichtigung der letzten Dimension vor allem zur Konstruktion von relevantem und reichhaltigem Aufgabenmaterial dient, bieten die ersten beiden Dimensionen eine Basis für die Beschreibung von Schülerleistungen. Um Vorgänge in der Natur und durch den Menschen bewirkte Veränderungen zu verstehen, ist es notwendig, über ein Verständnis naturwissenschaftlicher Konzepte zu verfügen. Die PISA-Aufgaben, die diese Dimension abbilden, berücksichtigen zentrale Konzepte aus der Physik, Chemie, Biologie sowie den Geowissenschaften (z.B. Wärmeleitfähigkeit, Reaktionsgeschwindigkeit, Zelle, Kontinentalverschiebung). Diese Konzepte werden jedoch nicht einfach abgefragt, sondern sie müssen auf wirklichkeitsnahe naturwissenschaftliche Fragestellungen angewendet werden. Dabei stehen drei Anwendungsbereiche im Vordergrund: Leben und Gesundheit, Erde und Umwelt sowie Technologie.

Die naturwissenschaftlichen Testaufgaben zur zweiten Dimension sollen ferner erfassen, inwieweit Jugendliche ein Verständnis naturwissenschaftlicher Denk- und Arbeitsweisen erworben haben. Die Aufgaben stellen jedoch nicht die eigene Erhebung von Daten oder das selbständige Experimentieren in den Vordergrund, sondern die Fähigkeit, vorliegende Befunde zu beurteilen, aus Experimenten und Ergebnissen begründete Schlüsse zu ziehen und deren Gültigkeitsbedingungen und -grenzen zu beurteilen. Im Einzelnen deckt der PISA-Test die folgenden naturwissenschaftlichen Prozesse ab:

- Fragestellungen erkennen, die naturwissenschaftlich untersucht werden können,
- Belege und Nachweise identifizieren, die in einer naturwissenschaftlichen Untersuchung benötigt werden,
- aus Befunden Schlussfolgerungen ziehen und bewerten,
- gültige Schlussfolgerungen kommunizieren und
- ein Verständnis naturwissenschaftlicher Konzepte beim naturwissenschaftlichen Argumentieren und Arbeiten beweisen.

Für alle fünf genannten Prozesse wird naturwissenschaftliches Wissen benötigt. Die ersten vier Prozesse decken jedoch vor allem jene Kompetenzen ab, die bei der Erhebung, Beurteilung und Kommunikation von gültigen naturwissenschaftlichen Belegen ausschlaggebend sind. Lediglich beim fünften

Prozess wird das Verständnis naturwissenschaftlicher Konzepte an sich gemessen.

In PISA werden die Anwendungssituationen, in die die naturwissenschaftlichen Probleme eingebettet sind, hauptsächlich dem Alltagsleben entnommen. Sie reichen von persönlichen und privaten Angelegenheiten, zum Beispiel der Ernährung, bis hin zu Fragen von allgemeinem Interesse, zu denen etwa die Trinkwasseraufbereitung oder der Treibhauseffekt gehören.

Auch im Bereich der Naturwissenschaften wurde das internationale Erhebungsprogramm durch eine deutsche Expertengruppe ergänzt. Durch die Berücksichtigung zusätzlicher Facetten und eine stärkere Differenzierung nach Schulfächern können die Testleistungen der Schülerinnen und Schüler direkter auf das deutsche Bildungssystem bezogen werden. Im Wesentlichen folgen die Ergänzungen der nationalen Expertengruppe, die vor allem aus Didaktikern der Fächer Biologie, Chemie und Physik besteht, der internationalen Konzeption als einer übergeordneten Zielbeschreibung für naturwissenschaftliche Grundbildung. Im Anschluss an BYBEE (1997) unterscheidet sie jedoch die folgenden vier Literalitätsniveaus, die sich qualitativ voneinander abheben:

- Nominale Literalität: Bestimmte Fachausdrücke sind bekannt. Das Verständnis einer Situation ist jedoch im Wesentlichen auf die Ebene naiver Theorien beschränkt.
- Funktionale Literalität: Personen sind in der Lage, naturwissenschaftliche Begriffe zu benutzen, deren Gebrauch ist jedoch auf Einzeltätigkeiten beschränkt.
- Konzeptuelle und prozedurale Literalität: Diese Ebene entspricht weitgehend dem, was nach Auffassung der internationalen Expertengruppe das Verständnis naturwissenschaftlicher Konzepte und die Anwendung von prozeduralen Fähigkeiten ausmacht.

- Multidimensionale Literalität: Auf diesem Niveau wird ein Verständnis vom Wesen der Naturwissenschaften, ihrer Geschichte und ihrer Rolle in Kultur und Gesellschaft erreicht.

Der internationale PISA-Naturwissenschaftstest prüft insbesondere das Verständnis naturwissenschaftlicher Denk- und Arbeitsweisen. Dies sind auch Anforderungen der deutschen Lehrpläne. Die nationale Untersuchungskomponente ergänzt diesen Schwerpunkt um Aufgaben, die eine getrennte Darstellung der Leistungen in den Fächern Biologie, Chemie und Physik erlauben (für viele Staaten mit integriertem naturwissenschaftlichen Unterricht ist diese Unterscheidung zweitrangig) und um Aufgaben, die das Spektrum zentraler Konzepte des naturwissenschaftlichen Unterrichts in der Sekundarstufe I verbreitern. Zu den Letzteren gehören Aufgaben, die eng begrenzte Kenntnisse von Terminologien, Gesetzen oder Definitionen erfassen – also Dinge, die häufig im Zentrum des naturwissenschaftlichen Unterrichts der Mittelstufe stehen –, aber auch solche Aufgaben, die naturwissenschaftliches Problemlösen verlangen und Auskunft über den aktiven und kreativen Gebrauch des erworbenen Wissens geben.

Die Untersuchung zielt insgesamt auf theoretisch wie praktisch bedeutsame Erkenntnisse, die über einen beschreibenden Leistungsvergleich deutlich hinausgehen. Anhand der Unterscheidung von Konzepten und Prozessen und der Unterteilung in fachspezifische Bereiche soll überprüft werden, ob hierdurch empirisch voneinander abgrenzbare Fähigkeiten gemessen werden. Weiterhin soll der Frage nachgegangen werden, inwieweit Ebenen naturwissenschaftlicher Kompetenz unterschieden werden können, die – dem Modell der Entwicklung naturwissenschaftlicher Kompetenz von BYBEE entsprechend – aufeinander folgende Entwicklungsniveaus beschreiben.

Erfassung fachübergreifender Kompetenzen

Der funktionalen Orientierung der Studie entsprechend legt PISA besonderen Wert auf die Erfassung fachübergreifender Kompetenzen. Dabei handelt es sich um Fähigkeiten, die nicht an bestimmte Situationen oder Inhalte gebunden, sondern in unterschiedlichen Anforderungssituationen einsetzbar sind und in verschiedenen Fächern bzw. Lerngebieten gefordert und gefördert werden. In Deutschland wird diese Art von Kompetenz unter dem Schlagwort „Schlüsselqualifikation" diskutiert, das Anfang der 1970er-Jahre von dem Arbeitsmarktforscher Mertens geprägt worden ist (KLIEME et al., in Druck). Dieses Konzept hat nicht zuletzt aufgrund der weit verbreiteten Erwartung, die Anforderungen der Zukunft würden sich immer rascher wandeln und damit schwerer vorhersagbar werden, ein hohes Maß an Popularität gewonnen. Wäre es nämlich möglich, Schlüsselqualifikationen zu fördern, die auf verschiedenartige Situationen transferiert werden können, so die Hoffnung, könnte man Kinder und Jugendliche auf die Bewältigung von Anforderungen vorbereiten, die zum Zeitpunkt ihrer Ausbildung noch nicht vorhersehbar waren. Trotz (oder möglicherweise gerade wegen) seiner Popularität, wird das Konzept der Schlüsselqualifikation in der Literatur allerdings häufig unscharf und mehrdeutig formuliert (WEINERT, 1998, 1999). So fanden beispielsweise DIDI et al. (1993) in der pädagogisch-psychologischen Literatur über 650 Verwendungsvarianten des Begriffs. Um jedoch sinnvoll von fachübergreifenden Kompetenzen sprechen und sie gezielt fördern zu können, müssen diese zunächst einmal präzise beschrieben und von anderen Fähigkeiten und Persönlichkeitsmerkmalen abgegrenzt werden.

Im Rahmen von PISA wird erstmals in einer internationalen *Schulleistungsstudie* versucht, fachübergreifende Kompetenzen systematisch und auf der Basis bewährter theoretischer Modelle zu untersuchen. Die einbezogenen Kompetenzbereiche sind in der Psychologie gut erforscht, so dass klar definierte und abgrenzbare Konzepte sowie valide Messverfahren übernommen bzw. adaptiert werden können. Im Rahmen des internationalen Programms von PISA werden im ersten Zyklus auf der Basis eines psychologischen Modells von BOEKAERTS (1997) kognitive und motivationale Komponenten selbstregulierten Lernens erfasst, und für den zweiten Zyklus ist geplant, fachübergreifende Problemlösefähigkeiten zu untersuchen. In Deutschland hat das nationale PISA-Konsortium bereits im ersten Zyklus Indikatoren für Problemlösen sowie für Kommunikation und Kooperation entwickelt, um die Möglichkeiten und Grenzen des Konzepts der fachübergreifenden Kompetenzen auszuloten. Diese Indikatoren und ihre theoretischen Grundlagen sollen im Folgenden kurz dargestellt werden.

Aspekte selbstregulierten Lernens

Die Entwicklung der Fähigkeit zum selbstregulierten Lernen wird gerade im Zusammenhang mit der Vermittlung von Sach- und Fachwissen als eine der Hauptaufgaben institutionalisierter Bildungsprozesse angesehen. Selbstreguliertes Lernen ist gleichzeitig Ziel und Mittel schulischer Lernprozesse. Das Untersuchungskonzept für diesen Teilbereich geht von einem dynamischen Modell lebenslangen Lernens aus, das kontinuierliches Weiter-, Um- und Neulernen verlangt. Zentrale Elemente in diesem Modell des dynamischen Wissenserwerbs sind die Anschlussfähigkeit des erworbenen Wissens und die Selbstregulationsfähigkeit des Lernens. Der theoretische Ausgangspunkt der Erfassung von Komponenten selbstregulierten Lernens in PISA besteht in der Annahme, dass authentische Anwendungssituationen in der Regel auch *Lernsituationen* darstellen. Selbstregulation beim Lernen bedeutet, in der Lage zu sein, Wissen, Fertigkeiten und Einstellungen zu entwickeln, die zukünftiges Lernen fördern und erleichtern und die – mit den nötigen Anpassungs- und Abstimmungsleistungen – auf andere Lernsituationen übertragen werden können. Die Selbstregulation beim Lernen äußert sich in der planvollen und adaptiven Nutzung kognitiver, metakognitiver, motivationaler und verhaltensbezogener Strategien. Kennzeichnend hierfür ist die Verantwortungsübernahme für den eigenen Lernprozess und die aktive Steuerung der zur Zielerreichung notwendigen Schritte.

BOEKAERTS (1999, 1997) kennzeichnet das selbstregulierte Lernen, indem sie drei Regulationsebenen unterscheidet, die eng miteinander in Beziehung stehen. Auf der ersten Ebene, die als Regulation des Verarbeitungsmodus beschrieben wird, geht es um die Auswahl geeigneter kognitiver Strategien für den Lernprozess, und auf der nächst höheren Ebene um metakognitives Wissen (z. B. Wissen darüber, was effektives Lernen ausmacht) und metakognitive Strategien. Die metakognitiven Strategien der Planung, Überwachung, Steuerungen und Evaluation des Lernprozesses dienen der Regulation des Lernprozesses. Die letzte Ebene, die BOEKAERTS als Regulation des Selbst bezeichnet, enthält die Wahl von Zielen. Hierzu sind lernfördernde motivationale Orientierungen, Merkmale des situationalen Motivationszustandes sowie volitionale Komponenten der Handlungssteuerung notwendig. Im Rahmen des Modells wird selbstreguliertes Lernen als ein dynamisches Wechselspiel kognitiver, metakognitiver und motivationaler Aspekte des Lernens gesehen. In Anlehnung an dieses Modell wurden Skalen konstruiert, die alle drei Ebenen abbilden und damit zentrale Voraussetzungen für die effektive Selbstregulation beim Lernen kennzeichnen. Im internationalen Programm wurden einzelne Lernstrategien erhoben und vor allem der motivationale Bereich stark differenziert erfasst. Im Rahmen der nationalen Erweiterung wurde eine detailliertere Erhebung der Lern- und metakognitiven Strategien beim Lesen ergänzt. Durch die Erfassung einzelner am selbstregulierten Lernen beteiligter Komponenten kann der Regulationscharakter dieser Lernform nicht hinreichend abgebildet werden. Es lässt sich jedoch beschreiben, welche Potenziale für die Selbstregulation des Lernens vorhanden sind.

Ähnlich wie in der pädagogischen Diskussion werden auch im Rahmen von PISA Elemente selbstregulierten Lernens als Zielkomponenten und Prozessfaktoren betrachtet. Die Vermittlung der Fähigkeit zum selbstregulierten Lernen kann als ein schulischer Bildungsauftrag gesehen werden. Die relative Ausprägung und das Verhältnis der in PISA erhobenen kognitiven, metakognitiven und motivationalen Komponenten können auch vor dem Hintergrund der Debatte um multiple Zielerreichung in Schulen als Indikator für die Qualität schulischer Bildung betrachtet werden. Darüber hinaus eröffnet die differenzierte Erfassung der verschiedenen Komponenten des Lernprozesses eine weitere pädagogisch relevante Erklärungsmöglichkeit für Leistungsunterschiede.

Aspekte allgemeiner Problemlösekompetenzen

Besonders bei der Messung von Problemlösekompetenzen kann PISA an umfangreiche psychologische Forschung und etablierte Messverfahren anknüpfen. Problemlösen wird als komplexe Handlungskompetenz verstanden, die zum zielorientierten Denken und Handeln in Situationen befähigt, zu deren Bewältigung keine Routinen verfügbar sind. Diese Kompetenz beruht auf kognitiven Prozessen wie dem Planen, Ausführen und Bewerten von Handlungsschritten, auf der kontinuierlichen Verarbeitung von Information und Feedback in dynamischen Situationen, auf Regel- und Strategielernen sowie auf Transfer. Ferner spielen selbstregulative Kognitionen (z. B. Selbstwirksamkeitsüberzeugungen), metakognitive Prozesse (z. B. Monitoring) sowie motivationale Faktoren (z. B. thematisches Interesse und Zielorientierung) eine entscheidende Rolle.

Zur Messung unterschiedlicher Aspekte des Problemlösens wurden sowohl Papier-und-Bleistift-Tests als auch computergestützte Verfahren eingesetzt. Die Verfahren bezogen sich auf verschiedene Paradigmen der Problemlöseforschung, sie waren in diverse schul- und alltagsbezogene Kontexte eingebettet und sie unterschieden sich im Hinblick auf ihre Komplexität und Dynamik. Im PISA-Design kommt dem Konzept des „komplexen Problemlösens" eine besondere Bedeutung zu. In diesem Paradigma wird das Verhalten von Menschen im Umgang mit umfangreichen, hoch vernetzten und dynamisch sich verändernden Systemen untersucht. Hilfsmittel solcher Untersuchungen sind oft Computersimulationen. Problemlöseaufgaben lassen sich damit anspruchsvoller und realitätsnäher gestalten, und es können so neben der Güte der Problemlösung auch Prozessqualitäten wie etwa die Effizienz und Systematik von Lern- und Problemlösestrategien erfasst werden.

Die Papier-und-Bleistift-Tests in PISA messen vorrangig analytisches Problemlösen. Hierbei geht es sowohl um die Übertragung von mehrschrittigen Planungen auf strukturell ähnliche Probleme als auch um kombinatorisch-schlussfolgerndes Denken (Zielanalyse, Planung, Ausführung und Bewertung). Die Erfassung komplexen Problemlösens am Computer konnte aufgrund des hohen Erhebungsaufwands lediglich in 30 Schulen (ca. 810 Schülerinnen und Schüler) realisiert werden. Hierbei kamen zwei Systeme zum Einsatz. Beim Raumfahrtspiel handelt es sich um ein diskretes System, bei dem Problemlösen in der effizienten Steuerung dieses Systems besteht. Damit können Lern- und Explorationsstrategien, Prozesse des Wissenserwerbs und Steuerungsleistungen untersucht werden. Beim zweiten computergestützten System handelt es sich um ein ökologisches Planspiel, welches ursprünglich für den Geographieunterricht in der Sekundarstufe I entwickelt wurde. Das System ist für den Bearbeiter relativ intransparent und weist im Vergleich zum Raumfahrtspiel eine hohe Eigendynamik auf. Problemlösen setzt hier wiederum Explorationsverhalten, Wissenserwerb und zielorientiertes Handeln voraus.

Den Ergebnissen der Felderprobung zufolge kann die Adaptation von Verfahren der Problemlöseforschung für die Schulleistungsstudie in der Zielpopulation der 15-jährigen Schüler als gelungen bezeichnet werden. Ferner haben erste Strukturanalysen die Erwartung bestätigt, dass zwei verschiedene Aspekte der Problemlösefähigkeit zu unterscheiden sind: ein eher abstrakt-schlussfolgernder Aspekt, der relativ eng mit schlussfolgerndem Denken zusammenhängt, und ein auf komplexe, dynamische, realistischere Problemstellungen ausgerichteter Aspekt, der unter Umständen stärkeren Kontexteinflüssen unterliegt.

Aspekte von Kooperation und Kommunikation

Kooperation und Kommunikation ist ein weiterer fachübergreifender Kompetenzbereich, dem in der aktuellen Diskussion über Schlüsselqualifikationen ein hoher Stellenwert beigemessen wird. Dies basiert unter anderem auf der Annahme, dass z. B. aufgrund der zunehmenden Verbreitung von Teamarbeit und der wachsenden Bedeutung des Dienstleistungszweiges soziale Kompetenzen für den beruflichen Erfolg immer wichtiger werden. Und auch in Diskussionen über schulbezogene Themen, wie z. B. Disziplinprobleme im Unterricht oder Gewalt in Schulen, wird die Bedeutung sozialen Lernens betont.

Ähnlich wie die Fähigkeit zum selbstregulierten Lernen handelt es sich bei Kooperation und Kommunikation nicht um einheitliche Persönlichkeitsmerkmale, die als solche erfasst werden können, sondern um facettenreiche und vielschichtige Handlungskompetenzen, die durch verschiedene Fähigkeiten, Fertigkeiten, Wissensstrukturen, motivationale Tendenzen, Einstellungen, Präferenzen usw. bestimmt werden. Effektive Kooperation und Kommunikation ist also immer das Resultat eines erfolgreichen Zusammenspiels dieser Faktoren in sozialen Situationen, wobei als „erfolgreich" solche

Konstellationen bezeichnet werden, die es einer Person erlauben, ihre persönlichen Ziele zu erreichen und dabei gleichzeitig positive soziale Beziehungen zu erhalten. In PISA wird eine Auswahl dieser Faktoren erhoben und untersucht. Darüber hinaus wird ein wichtiger Bereich sozialen Handelns - kooperatives Problemlösen – mit Hilfe einer Gruppenaufgabe verhaltensnah erfasst.

Kognitive Aspekte

Kognitive Aspekte von Kooperation und Kommunikation umfassen zum einen das Wissen über soziale Ereignisse und Beziehungen und zum anderen den Prozess der Verarbeitung sozialer Informationen (z. B. Interpretation des Verhaltens anderer). Es sind Grundkompetenzen, die Vorbedingung für erfolgreiches soziales Handeln sind.

Eine grundlegende kognitive Voraussetzung für die angemessene Verarbeitung sozialer Informationen ist die Fähigkeit, Perspektiven anderer Personen zu übernehmen, also Situationen aus der Sicht dieser Personen zu betrachten und damit ihre Reaktionen (Handlungen, Gedanken, Gefühle, Motive), die mit dieser Situation verknüpft sind, zu verstehen. Diese Fähigkeit, die im Rahmen von PISA mit einem Selbstberichtverfahren erfasst wird, spielt in so gut wie jeder Interaktionssituation eine Rolle (z. B. beim Versuch, einen sozialen Konflikt zu lösen oder andere Personen von einer Meinung zu überzeugen) und hängt unter anderem mit der Kontrolle aggressiver Verhaltensimpulse nach Provokationen und Bedrohungen des Selbstwertgefühls zusammen.

Interaktionen werden jedoch nicht nur von Wahrnehmungen und Interpretationen der sozialen Umwelt bestimmt, sondern auch von Kognitionen, die sich auf die eigene Person beziehen. Kognitionen bezüglich der eigenen sozialen Fähigkeiten und sozialen Akzeptanz durch die Umwelt beeinflussen soziale Zielsetzungen sowie Erfolgserwartungen, und zwar unabhängig davon, ob sie zutreffen oder nicht. Um diesen handlungsregulierenden Einfluss selbstbezogener Kognitionen auf Sozialverhalten abzubilden, werden im Rahmen von PISA soziale Selbstwirksamkeitsüberzeugungen erfasst, also Einschätzungen der eigenen Effektivität in Interaktionssituationen. Dabei werden insbesondere solche Situationen einbezogen, die sich auf das Initiieren sozialer Kontakte beziehen (z. B. Freunde finden, Gespräche beginnen).

Emotionale und motivationale Aspekte:

Soziale Informationen angemessen dekodieren und interpretieren zu können ist zwar eine notwendige, aber keine hinreichende Bedingung für konstruktives Sozialverhalten. Eine Person, die es versteht, Handlungen, Gedanken, Gefühle und Motive anderer angemessen zu deuten, kann diese Information zur Erreichung mehr oder weniger positiver sozialer Ziele einsetzen. Daher werden in PISA auch Tendenzen, in bestimmter Weise mit anderen mitzuempfinden oder bestimmte Arten sozialer Ziele zu verfolgen, erhoben.

Ein häufig untersuchter emotionaler Aspekt von Kooperation und Kommunikation, der auch in PISA erfasst wird, ist Empathie. Während Perspektivenübernahme das Verstehen psychologischer Vorgänge in anderen Personen beschreibt, handelt es sich bei Empathie um das Miterleben und Mitfühlen emotionaler Reaktionen anderer. Befunde verschiedener Studien weisen darauf hin, dass empathische Reaktionen eine Vorbedingung für altruistisches Hilfeverhalten sind.

Als motivationale Aspekte von Kooperation und Kommunikation werden in PISA unter anderem allgemeine soziale Orientierungen untersucht. Dabei handelt es sich um generalisierte Tendenzen, in sozialen Situationen bestimmte Ziele zu verfolgen. Diese Tendenzen manifestieren sich insbesondere in Situationen, die einen Konflikt zwischen dem eigenen Nutzen und dem Nutzen anderer Personen enthält. Dabei wird in der psychologischen Literatur zwischen altruistischen, kooperativen, individualistischen, konkurrenzorientierten und aggressiven Tendenzen unterschieden. Befunde empirischer Untersuchungen weisen darauf hin, dass soziale Orientierungen Hilfeverhalten und die Effektivität von Teamarbeit beeinflussen.

Soziales Handeln – Kooperatives Problemlösen

Zusätzlich zu den beschriebenen kognitiven, emotionalen und motivationalen Aspekten von Kooperation und Kommunikation, die mit Fragebogenverfahren erhoben werden, wird im Rahmen von PISA der Versuch unternommen, soziales Handeln in einem Bereich direkt, in einer Gruppensituation zu erfassen. Bei dem für PISA entwickelten Verfahren handelt es sich um eine Problemlöseaufgabe, die verschiedene Teilaspekte umfasst. Nachdem die Schülerinnen und Schüler zunächst jeweils einzelne Teilaspekte des Problems individuell bearbeitet haben, setzen sie sich in Dreiergruppen zusammen, um eine gemeinsame Lösung zu finden, die alle Aspekte integriert. Dabei sind die drei Mitglieder einer Gruppe jeweils für unterschiedliche Ziele verantwortlich, die partiell unvereinbar sind und daher zu Interessenskonflikten führen. Vom Ergebnis der Gruppenarbeit lassen sich zwei Indikatoren ableiten: Der erste Indikator bildet ab, wie gut das Problem gelöst wurde, während der zweite Indikator beschreibt, inwieweit die Gruppe die Interessen der einzelnen Mitglieder ausgewogen berücksichtigt hat. Befunden erster Erprobungen zufolge sind die Resultate der Gruppenarbeit das kombinierte Ergebnis von Problemlösefähigkeiten und Aspekten von Kooperation und Kommunikation. So hing die Güte der Gruppenlösung nicht nur mit Leistungen bei individuell bearbeiteten Problemlöseaufgaben zusammen, sondern auch mit der durch Lehrer eingeschätzten Kooperationsfähigkeit der Schülerinnen und Schüler. Weiterhin war eine ausgewogenere Berücksichtigung der Interessen der einzelnen Gruppenmitglieder eher in Gruppen zu verzeichnen, deren Mitglieder eine relativ ausgeprägte altruistische Orientierung und hohe Werte auf der Empathie-Skala aufwiesen. Wenn sich diese Erprobungsergebnisse bestätigen, wäre es erstmals gelungen, im Rahmen einer großen Schulleistungsstudie Kooperation innerhalb eines wichtigen Verhaltensbereichs (kooperatives Problemlösen) auf Gruppenebene direkt und verhaltensbezogen zu erfassen.

Durchführung der Erhebung und Berichte über die Ergebnisse

Im Juli 2000 wurde die Datenerhebung für die PISA-Hauptuntersuchung abgeschlossen. Dank des großen Engagements der beteiligten Schulen, Schülerinnen und Schüler sowie Testleiterinnen und Testleiter verlief auch dieser Teil der Studie ohne nennenswerte Störungen. Weiterhin weisen eine Reihe von Befunden (z. B. Ergebnisse von schriftlichen Befragungen der Testleiterinnen und Testleiter sowie der aufsichtsführenden Lehrkräfte) darauf hin, dass die Schülerinnen und Schüler die Tests in hohem Maße konzentriert und motiviert bearbeitet haben.

Eine der wichtigsten Voraussetzungen für die Aussagekraft der Ergebnisse von Schulleistungsstudien ist eine hohe Beteiligungsrate der zufällig ausgewählten Schulen sowie der Schülerinnen und Schüler. Um sicherzustellen, dass die Ergebnisse die tatsächlichen Gegebenheiten in den Teilnehmerstaaten widerspiegeln, wurden von der internationalen Projektleitung Mindestbeteiligungsquoten von 85 Prozent auf Schulebene und 80 Prozent auf Schülerebene festgelegt. In Deutschland haben alle 220 Schulen, die für die internationale Stichprobe ausgewählt wurden, an der Untersuchung teilgenommen. Innerhalb dieser Schulen lag die Beteiligungsrate der Schülerinnen und Schüler bei insgesamt etwa 83 Prozent. Damit wurde auch im internationalen Vergleich ein gutes Beteiligungsergebnis erreicht.

Der erste internationale Bericht über die Ergebnisse der PISA-Erhebungen wird Ende 2001 erscheinen. Zum gleichen Zeitpunkt wird das deutsche PISA-Konsortium eine Darstellung der Befunde aus nationaler Sicht vorlegen. Weiterhin plant die OECD eine Reihe von thematischen Berichten, die sich eingehend mit spezifischen Fragestellungen (z. B. Zusammenhang zwischen soziokulturellem Hintergrund und Schülerleistungen) befassen werden. Ähnliche Analysen sollen auch auf nationaler Ebene durchgeführt und veröffentlicht werden.

Literatur

BAUMERT, J. / ARTELT, C. / KLIEME, E. / STANAT, P. (in Druck). PISA (Programme for International Student Assessment) – Zielsetzung, theoretische Konzeption und Entwicklung von Messverfahren. In: F. E. WEINERT (Hrsg.) Leistungsmessungen in Schulen – Eine Zwischenbilanz. Weinheim.

BOEKAERTS, M.: Self-regulated learning: A new concept embraced by researchers, policy makers, educators, teachers, and students. Learning and Instruction, 7, 1997, 161–186.

BOEKAERTS, M.: Self-regulated learning: Where we are today. International Journal of Educational Research, 31, 1999, 445–475.

BYBEE, R. W.: Towards an understanding of scientific literacy. In: W. GRÄHER / C. BOLTE (Eds.), Scientific Literacy – an International Symposium (S. 37–68). Kiel: Institut für die Pädagogik der Naturwissenschaften an der Universität Kiel 1997.

DIDI, H. J. / FAY, E. / KLOFT, C. / VOGT, H.: Einschätzungen von Schlüsselqualifikationen aus psychologischer Perspektive. Bonn 1993.

FREUDENTHAL, H.: Mathematik als pädagogische Aufgabe (Bd. 1, Bd. 2). Stuttgart 1977.

FREUDENTHAL, H.: Didactical phenomenology of mathematical structures. Dordrecht 1983.

KIRSCH, I. / JUNGEBLUT, A. / MOSENTHAL, P. D.: The measurement of adult literacy. In: T. S. MURRAY / I. S. KIRSCH / L. JENKINS (Hrsg.). Adult literacy in OECD Countries: Technical report on the First International Adult Literacy Survey (S. 105–134). Washington, DC.: U.S. Department of Education, National Center for Education Statistics 1998.

KINTSCH, W.: Kognitionspsychologische Modelle des Textverstehens: Literarische Texte. In: K. REUSSER / M. REUSSER-WEYENETH (Hrsg.). Verstehen (S. 39–54). Bern 1994.

KINTSCH, W.: Comprehension. A paradigm for cognition. Cambridge: University Press 1998.

KLIEME, E. / FUNKE, J. / LEUTNER, D. / REIMANN, P. / WIRTH, J. (in Druck): Problemlösen als fachübergreifende Kompetenz. Konzeption und erste Resultate aus einer Schulleistungsstudie. Zeitschrift für Pädagogik, 1, 2001.

ORGANISATION FÜR WIRTSCHAFTLICHE ZUSAMMENARBEIT UND ENTWICKLUNG (OECD) (1999) / Deutsches PISA-Konsortium (2000). Schülerleistungen im internationalen Vergleich. Eine neue Rahmenkonzeption für die Erfassung von Wissen und Fähigkeiten. Berlin.

VAN DIJK, T. A. / KINTSCH, W.: Strategies of discourse comprehension. New York 1983.

WEINERT, F. E.: Neue Unterrichtskonzepte zwischen gesellschaftlichen Notwendigkeiten, pädagogischen Visionen und psychologischen Möglichkeiten. In: „Wissen und Werte für die Welt von morgen" (S. 101–125). Dokumentation zum Bildungskongress. München 1998.

WEINERT, F. E.: Konzepte der Kompetenz. Paris 1999.

Grundlagenliteratur – „Aktuelle Schulkonzepte“

ANWEILER, OSKAR u. a.: Bildungssysteme in Europa. Weinheim 1996.

AVENARIUS, HERMANN / HECKEL, HANS: Schulrechtskunde. Neuwied, Kriftel 2000.

AVENARIUS, HERRMANN / BAUMERT, JÜRGEN / DÖBERT, HANS / FÜSSEL, HANS-PETER: Schule in erweiterter Verantwortung. Neuwied, Kriftel 1998.

ARBEITSGRUPPE BILDUNGSBERICHT: Das Bildungswesen in der Bundesrepublik Deutschland. Strukturen und Entwicklungen im Überblick. Reinbek bei Hamburg 1994.

BILDUNGSKOMMISSION NRW: Zukunft der Bildung – Schule der Zukunft. Neuwied u. a. 1995.

BÖNSCH, MANFRED: Praxishandbuch gute Schule. Baltmannsweiler 2000.

CHOTT, PETER O.: Schulkonzepte zum „Lehren des Lernens“: Analysen zur Grundlegung und zur Revision von Lehrplänen. Weiden 1996.

DÖBERT, HANS / GEIßLER, GERT (Hrsg.): Schulautonomie in Europa. Baden-Baden 1997.

FAUSER, PETER: Wozu die Schule da ist. Eine Streitschrift. Seelze 1996.

FÜHR, CHRISTOPH: Deutsches Schulwesen seit 1945. Grundzüge und Probleme. Bonn 1996.

FÜHR, CHRISTOPH / FURCK, CARL-LUDWIG (Hrsg.): Handbuch der deutschen Bildungsgeschichte. München 1998.

GONSCHOREK, GERNOT / SCHNEIDER, SUSANNE: Einführung in die Schulpädagogik und die Unterrichtsplanung. Donauwörth 2000.

GÖHLICH, MICHAEL (Hrsg.): Offener Unterricht, Community education, Alternativpädagogik, Reggiopädagogik: die neuen Reformpädagogiken; Geschichte, Konzeption, Praxis. Weinheim, Basel 1997.

HAARMANN, DIETER (Hrsg.): Handbuch elementare Schulpädagogik: Handlungsfelder institutionalisierter Grund- und Allgemeinbildung in den Klassen 1 bis 10. Weinheim, Basel 1997.

HINTZ, DIETER / PÖPPEL, KARL GERHARD / REKUS, JÜRGEN: Neues schulpädagogisches Wörterbuch. Weinheim und München 1993.

JÜRGENS, EIKO: Die Grundschule: Zeitströmungen und aktuelle Entwicklungen. Baltmannsweiler 1997.

KAHLERT, JOACHIM (Hrsg.): Grundschule – sich Lernen leisten: Theorie und Praxis. Neuwied, Kriftel 2000.

LENHART, VOLKER / MARSCHELKE, EKKEHARD (Hrsg.): Einführung in die Schulpädagogik. Rheinstetten 1976.

LIKET, THEO M. E.: Freiheit und Verantwortung. Das niederländische Modell des Bildungswesens. Gütersloh 1993.

ROLFF, HANS-GÜNTER: Wandel durch Selbstorganisation. Theoretische Grundlagen und praktische Hinweise für eine bessere Schule. Weinheim, München 1993.

SEIBERT, NORBERT (Hrsg.): Problemfelder der Schulpädagogik. Bad Heilbrunn 2000.

SEIBERT, NORBERT (Hrsg.): Anspruch Schulkultur: interdisziplinäre Darstellung eines neuzeitlichen schulpädagogischen Begriffs. Bad Heilbrunn 1997.

STEFFENS, ULRICH / BARGEL, TINO: Erkundungen zur Qualität von Schule. Neuwied 1993.

Sachwortverzeichnis

Autoren

ARTELT, CORDULA, Dr.; tätig im deutschen PISA-Konsortium am Max-Planck-Institut für Bildungsforschung, Berlin.

BECKER, MICHAEL RD; Referatsleiter im Ministerium für Bildung, Wissenschaft und Kultur Mecklenburg-Vorpommern, arbeitet besonders an der Umsetzung einer schulischen Förderung für Schüler mit Schwierigkeiten im Lesen, Rechtschreiben und Rechnen in Kooperation mit dem Landesinstitut für Schule und Ausbildung, dem Landesverband Legasthenie und den Schulämtern.

EDER, FERDINAND, A., Univ. Prof. am Institut für Pädagogik und Psychologie der Universität Linz, Hauptarbeitsgebiete: Schulforschung, Lehrerbildung, Interessenforschung. Neuere Buchpublikationen: Schul- und Klassenklima (1996); Schule und Demokratie (1998); Linzer Fragebogen zum Schul- und Klassenklima für die 8.–13. Klasse (1998); Linzer Fragebogen zum Schul- und Klassenklima für die 4.–8. Klassenstufe; Qualitätsentwicklung und Qualitätssicherung (gem. mit J. Thonhauser u. a., 2001).

MARKSTAHLER, JÜRGEN; Dr. phil., zur Zeit Lehrer an einem Frankfurter Gymnasium. Daneben Abordnung an das Pädagogische Institut Wiesbaden im Hessischen Landesinstitut für Pädagogik mit dem Arbeitsgebiet Bildungskonzeptionen, Qualitätsentwicklung und Qualitätssicherung.

PFEIFFER, HERMANN, Dipl.-Soz, Dr. Soz.; seit 1983 wissenschaftlicher Angestellter und Leiter verschiedener Forschungsprojekte am IFS der Universität Dortmund; Forschungs- und Interessensbereiche: Soziale Organisation von

Wissen, Schulkultur, Informations- und Kommunikationstechnologische Grundbildung, Schulentwicklungsplanung (allgemein bildende und berufliche Schulen), Schulmitwirkung und Öffnung von Schule, Evaluation von Bildungsinstitutionen, Schulleitungshandeln.

RADNITZKY, EDWIN ist Mitarbeiter der Abteilung I/3 (Forschung – Planung – Internationale Kooperation) des Bildungsministeriums in Wien. Arbeitsschwerpunkte: Schulentwicklung, Qualitätsfragen. Mitgestalter und -autor der Initiative Q.I.S.-Qualität in Schulen.

VON SALDERN, MATTHIAS; Univ.-Prof. Dr., Universität Lüneburg, Autor „Schulleistung in Diskussion“ 1999.

SPIEß, PIT; seit 1996 Referent im Pädagogischen Landesinstitut Brandenburg in Ludwigsfelde und dort verantwortlich für „Grundsatzfragen pädagogischer Schulentwicklung“ und „Qualifizierung der Schulaufsicht in Brandenburg“.

STANAT, PETRA, Dr.; tätig im deutschen PISA-Konsortium am Max-Planck-Institut für Bildungsforschung, Berlin.

STEFFENS, GUIDO; Gymnasiallehrer. Abordnung an das Pädagogische Institut Wiesbaden im Hessischen Landesinstitut für Pädagogik mit dem Arbeitsgebiet Bildungskonzeptionen, Qualitätsentwicklung und Qualitätssicherung.

THONHAUSER, JOSEF, Univ. Prof. für Erziehungswissenschaft an der Universität Salzburg, Hauptarbeitsgebiete: Schulforschung und Lehrerbildung. Neuere Buchpublikationen: Schulqualität (hrsg. gem. m. W. SPECHT) 1996; Woraus werden in Zukunft lernen? (gem. m. H. ASTLEITNER und J. SAMS), 1998; Qualitätsentwicklung und Qualitätssicherung (gem. mit F. EDER u. a.) 2001.

Inhaltsverzeichnisse der weiteren Bände

Band I: Neue Schulkultur

Band II: Finanzierung und Öffnung von Schule

Band III: Schulen in staatlicher und freier Trägerschaft

Band IV: Schulen mit besonderem Profil

Band V: Flexibilisierung von Bildungsgängen

Basiswissen Pädagogik

Teilbereich: **Aktuelle Schulkonzepte**

Hrsg. von **Hans Döbert** und Christian Ernst.

Im Rahmen einer Buchreihe „**Basiswissen Pädagogik**“ wollen die sechs Bände zu „Aktuellen Schulkonzepten“ neuere Erkenntnisse und Entwicklungen in Erziehungswissenschaft und Pädagogik zur Schule in ihrem pädagogischen Anspruch und in ihrer Bedeutung für die Schulpraxis entfalten. Jeder Band für sich sowie die sechs Bände insgesamt sollen Überblick, Querschnitt und Vertiefung in leicht zugänglicher, handlicher und verständlicher Form in einem bieten. Die Beiträge in den sechs Bänden wurden um die folgenden Themenbereiche versammelt: Neue Schulkultur, Finanzierung und Öffnung von Schule, Schulen in staatlicher und freier Trägerschaft, Schulen mit besonderem pädagogischen Profil, Flexibilisierung von Bildungsgängen sowie Schule und Qualität.

Band 1: **Neue Schulkultur**

2001. VI, 207 Seiten. Kt. ISBN 3896764622. FPr. DM 24,–

Der vorliegende Band „**Neue Schulkultur**“ beleuchtet die Thematik aus der Perspektive von zehn Beiträgen, in denen jeweils auch internationale Trends Berücksichtigung fanden. Aus Praxis, Verwaltung und Wissenschaft konnten für den Band folgende Autoren gewonnen werden: Horst Wollenweber, Gerhard de Haan, Dorothee Harenberg, Hans Döbert, Joachim Thoma, Pit Spieß, Christian Ernst, Gerhard Hüfner, Klaus Wenzel, Hans Peter Füssel, Christoph Burkard und Botho von Kopp.

Band 2: **Finanzierung und Öffnung von Schule**

2001. VII, 205 Seiten. Kt. ISBN 3896764632. FPr. DM 24,–

Der vorliegende Band „**Finanzierung und Öffnung von Schule**“ beleuchtet die Thematik aus der Perspektive von elf Beiträgen, in denen jeweils auch internationale Trends Berücksichtigung fanden. Aus Praxis, Verwaltung und Wissenschaft konnten für den Band folgende Autoren gewonnen werden: Manfred Weiß, Jens-Uwe Böttcher, Ulrike Lexis, Gerhard H. Duismann, Helmut Meschenmoser, Norbert Rixius, Zita Götte, Annette Czerwanski, Volker Esch-Alsen, Peter Herrmann, Sabine Lilienthal, Bob van de Ven und Wolfgang Mitter.

Band 3: **Schulen in staatlicher und freier Trägerschaft**

2001. VI, 219 Seiten. Kt. ISBN 3896764640. FPr. DM 24,–

Der Band beleuchtet die Thematik aus der Perspektive von zehn Beiträgen, in denen jeweils auch internationale Trends Berücksichtigung fanden. Aus Praxis, Verwaltung und Wissenschaft konnten für den Band folgende Autoren gewonnen werden: Horst Weishaupt, Lutz R. Reuter, Gerhard Heck, Dietmar J. Bronder, Horst Wollenweber, Hans-Werner Fuchs, Matthias Heinrichs, Detlef Hardorp, Maria Canisia Engl und Bob van de Ven.

Band 4: **Schulen mit besonderem Profil**

2001. VI, 204 Seiten. Kt. ISBN 3896764659. FPr. DM 24,–

Der Band beleuchtet die Thematik aus der Perspektive von neun Beiträgen, in denen jeweils auch internationale Trends Berücksichtigung fanden. Aus Praxis, Verwaltung und Wissenschaft konnten für den Band folgende Autoren gewonnen werden: Wolff Fleischer-Bickmann, Agnes Raucamp, Sergio Ziroli, Johannes Mackensen, Hans-Jürgen Lambrich, Wilfried Steinberg, Bernhard Thomas Streitwieser, Eva-Maria Hartmann, Helge Sandner und Gisela Führing.

Band 5: **Flexibilisierung von Bildungsgängen**

2001. VI, 202 Seiten. Kt. ISBN 3896764667. FPr. DM 24,–

Der Band beleuchtet die Thematik aus der Perspektive von acht Beiträgen, in denen jeweils auch internationale Trends Berücksichtigung fanden. Aus Praxis, Verwaltung und Wissenschaft konnten für den Band folgende Autoren gewonnen werden: Bernd Frommelt, Hans Döbert, Diemut Kucharz, Katrin Liebers, Elvira Waldmann, Karlheinz Burk, Margitta Kuty und Rosemarie Beck.

Band 6: **Schule und Qualität**

2001. VI, 219 Seiten. Kt. ISBN 3896764675. FPr. DM 24,–

Der Band beleuchtet die Thematik aus der Perspektive von acht Beiträgen, in denen jeweils auch internationale Trends Berücksichtigung fanden. Aus Praxis, Verwaltung und Wissenschaft konnten für den Band folgende Autoren gewonnen werden: Matthias von Saldern, Hermann Pfeiffer, Jürgen Markstahler, Guido Steffens, Pit Spieß, Michael Becker, Ferdinand Eder, Josef Thonhauser, Edwin Radnitzky, Petra Stanat und Cordula Artelt.

Alle 6 Bände zusammen zum Sonderpreis von DM 98,–; ISBN 3896764683.

Schneider Verlag Hohengehren
Wilhelmstr. 13; D-73666 Baltmannsweiler